HOHE AUSSENSTÄNDE ODER BARES GELD – WAS IST IHNEN LIEBER?

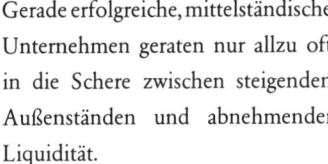

Gerade erfolgreiche, mittelständische Unternehmen geraten nur allzu oft in die Schere zwischen steigenden Außenständen und abnehmender Liquidität.

Bequeme Zahlungsziele für den Kunden sind gut für den Verkauf, aber sie bedeuten auch vermehrten Kapitaleinsatz, um die zwangsläufig steigenden Außenstände zu finanzieren. Nicht zu reden von einem evtl. größeren Ausfallrisiko, das den unternehmerischen Aktivitäten engere Grenzen setzt als nötig.

Factoring ist der Weg, Umsatzchancen wahrzunehmen. Es macht aus steigenden Außenständen bares Geld, verbessert die Liquidität und schützt gegen Forderungsausfälle. Ihr Partner beim Factoring ist die Diskont und Kredit AG. Verbunden mit der Allgemeinen Leasing gehört sie zu den leistungsfähigen und erfahrenen Factoring-Banken in Deutschland. Verkaufen Sie uns Ihre Forderungen und aus Ihren Außenständen wird bares Geld.

DISKONT UND KREDIT AG

ALLGEMEINE LEASING

Diskont und Kredit AG · Disko Leasing GmbH · Couvensi
4000 Düsseldorf 1 · Telefon (02 11) 36 76-0 · Telex 8 587

KG Allgemeine Leasing GmbH & Co · Tölzer Straße 30
8022 München-Grünwald · Telefon (0 89) 6 41 43-0 · Telex 5 22 554

Vertreten in: Berlin, Bielefeld, Bremen, Dortmund, Düsseldorf,
Duisburg, Essen, Frankfurt, Freiburg i. Br., Hamburg, Hannover,
Kassel, Köln, Mannheim, München, Nürnberg, Saarbrücken,
Stuttgart, Ulm, Wiesbaden

FACTORING-HANDBUCH

FACTORING-HANDBUCH

national − international

Herausgegeben von

PROFESSOR DR. K. F. HAGENMÜLLER

und

DIPLOM-VOLKSWIRT HEINRICH JOHANNES SOMMER

2. völlig neu bearbeitete Auflage

mit Beiträgen von

KLAUS BETTE · LEO BINDER-DEGENSCHILD
LEIF BERNHARD BJØRNSTAD · UWE BLAUROCK
CHRISTIAN GAVALDA · CHARLES J. GMÜR
ROYSTON M. GOODE · JEROEN KOHNSTAMM
MONROE R. LAZERE · CLAES-OLOF LIVIJN
HANS VOLKER MAYER · CARROLL G. (PETER) MOORE
NILS O. NIELSEN · GEORG SCHEPERS
SIEGFRIED SCHINDEWOLF · HARALD SCHRANZ
GERHARD STOPPOK · CHARLES E. VUKSTA

FRITZ KNAPP VERLAG · FRANKFURT AM MAIN

ISBN 3-7819-0379-6

© 1987 by Fritz Knapp Verlag, Frankfurt am Main
Gesamtherstellung: Druckerei Hugo Haßmüller, Frankfurt am Main
Umschlag: Wolfgang Kircher/Manfred Jung

Inhalt

Vorwort 7

I. Entwicklung des Factoring
   Development of Factoring

   1. Factoring with a View to History
      Factoring aus historischer Sicht
      CLAES-OLOF LIVIJN 13

   2. Die Entwicklung des modernen Factoring
      The Development of Modern Factoring
      LEO BINDER-DEGENSCHILD 25

   3. Factoring in the United States
      Factoring im Ursprungsland USA
      MONROE R. LAZERE 35

II. Betriebswirtschaftliche Aspekte
    Economic Aspects of Factoring

    1. Factoring als Finanzierungsinstrument
       Factoring as a Tool of Financing
       HANS VOLKER MAYER 43

    2. The Marketing Aspect in Modern Factoring
       Marketing-Gesichtspunkte des modernen Factoring
       LEIF BERNHARD BJØRNSTAD 55

    3. Die Spielarten des Factoring
       The Varieties of Factoring
       GEORG SCHEPERS 63

    4. Factoring in der Buchführung
       Factoring in the Book-Keeping
       SIEGFRIED SCHINDEWOLF 71

    5. Factoring and Data Processing
       Factoring und Datenverarbeitung
       NILS O. NIELSEN 83

III. Rechtliche Aspekte des Factoring
     Legal Aspects of Factoring

     1. Der Factoring-Vertrag
        The Factoring Contract
        GERHARD STOPPOK 93

     2. Factoring und verlängerter Eigentumsvorbehalt
        Factoring and Prolonged Retention of Property Title
        KLAUS BETTE 109

3. Abtretungsausschluß und Factoring
   Contractual Exclusion of the Right to Assign and Factoring
   UWE BLAUROCK 117

4. The Law Governing Factoring in the United States
   The Uniform Commercial Code and its Antecedents
   Die rechtlichen Grundlagen des Factoring in USA
   Der Uniform Commercial Code und seine Vorgänger
   CARROLL G. (PETER) MOORE/CHARLES E. VUKSTA, JR 127

5. „Subrogation" und „Cession" –
   Ihr Einfluß auf Factoring-Verträge in Frankreich
   "Subrogation" and "Cession" –
   Their Influence on Factoring Contracts in France
   CHRISTIAN GAVALDA 139

6. The Legal Aspects of International Factoring
   Rechtliche Gesichtspunkte des Internationalen Factoring
   ROYSTON M. GOODE 149

IV. Internationales Factoring
    International Factoring

   1. Wirtschaftliche Bedeutung des Internationalen Factoring
      Economic Aspects of International Factoring
      HARALD SCHRANZ 165

   2. The Geographic Spread of Factoring
      JEROEN KOHNSTAMM 185

V. Forfaitierung
   Exportfinanzierung für Investitionsgüter

   Forfaiting
   Export Financing of Capital Goods
   CHARLES J. GMÜR 195

   Literaturhinweise 200

VI. Anhang
    Appendix 201

    Sachregister 238

VORWORT zur 2. Auflage

Seit Erscheinen der ersten Auflage dieses Buches Ende 1982 hat das Finanzierungsinstrument Factoring noch mehr an Bedeutung gewonnen. Entwicklungen in Asien und nunmehr auch in Südamerika lassen erwarten, daß auch in diesen Regionen Factoring, insbesondere für die Abwicklung von Export in stärkerem Umfang eingesetzt wird.

Mit dieser revidierten Auflage haben wir versucht, einige neue Tendenzen, auch in der Rechtsprechung aufzuzeigen.

Erstmalig können wir mit diesem Buch einer breiten Öffentlichkeit den Entwurf einer „Convention on International Factoring" vorlegen, das von einer Expertenkommission von Unidroit, dem Institut zur Vereinheitlichung des Privatrechts in Rom, erarbeitet und von Regierungsvertretern aus allen Kontinenten überprüft wurde. Die Fachwelt erhofft von der bevorstehenden diplomatischen Konferenz eine breite Akzeptanz, da damit die Schwierigkeiten für internationales Factoring, insbesondere bei der Forderungsabtretung, gemindert wird.

Die Herausgeber haben die Anregungen der wohlwollenden Kritiker der ersten Auflage und die Ratschläge von Mitgliedern des legal committee der Factors chain International bei der Überarbeitung dankbar aufgenommen. Wiederum zu danken ist auch Herrn F. R. Salinger für seine Unterstützung.

KARL FRIEDRICH HAGENMÜLLER	HEINRICH JOHANNES SOMMER

VORWORT zur 1. Auflage

Modernes Factoring hat in den Vereinigten Staaten eine jahrzehntelange Tradition, vorwiegend im Textilbereich. Auch in Europa sind beachtliche Wachstumsraten in den letzten Jahren zu verzeichnen. In Deutschland wird dieses Finanzierungsinstrument in den kommenden Jahren noch stärker zum Einsatz kommen.

Die leider oft anzutreffende unzureichende Kapitalausstattung, das zunehmende Kreditrisiko und das Verlangen von ausländischen Käufern, gegen offene Rechnungen, also bei Fortfall von dokumentärer Absicherung, zu kaufen, macht Factoring zu einer notwendigen Finanzierungsalternative. In Deutschland müssen allerdings noch Vorbehalte, die zum Teil auf Unkenntnis beruhen, abgebaut werden.

Dieses Buch versucht einem Bedürfnis der Praxis nachzukommen, mehr über Factoring, auch in anderen Ländern, zu erfahren. Deshalb wurden deutsche und ausländische Autoren aus Wissenschaft und Praxis ausgewählt, um wirtschaftliche und rechtliche Teilaspekte darzustellen. Für deutsche Exporteure und Firmen mit Tochtergesellschaften im Ausland dürften besonders die Entwicklung und die Eigenheiten in einigen ausgewählten Industrieländern interessant sein.

Die Zusammenfassungen sind von dem rechtsunterzeichnenden Mitherausgeber angefertigt worden; bei der Übersetzung der Summaries war Herr Frederick R. Salinger sehr behilflich. Da einige Artikel schwierige Einzelfragen behandeln, beschränken sich die „Zusammenfassungen" zum Teil darauf, auf Probleme hinzuweisen.

Wir bedanken uns bei den Mitarbeitern der Diskont und Kredit AG, die zu der Erstellung des Buches beigetragen haben.

KARL FRIEDRICH　　　　　　　　　　　　HEINRICH JOHANNES
HAGENMÜLLER　　　　　　　　　　　　　SOMMER

Safety first
...auch im Exportgeschäft

Wir übernehmen Ihr wirtschaftliches Risiko zu 100 Prozent!

Sicherheit im Exportgeschäft bedeutet: Keine Forderungsverluste. Sofortige Barzahlung. Ausschaltung der Debitorenüberwachung. Schnelle, problemlose Abwicklung.

Wir bieten diese Sicherheit. Wir schützen vor Forderungsausfällen. Und sorgen für Liquidität. Denn wir bezahlen sofort. Sicherheit statt Risiko – die procedo-Garantie!

Das führende Unternehmen im Exportfactoring

Gesellschaft für Exportfactoring · D. Klindworth GmbH · Postfach 4706
6200 Wiesbaden · Tel.: 06121/379061-63 · Telex 4186356 cedo

I.
ENTWICKLUNG DES FACTORING
DEVELOPMENT OF FACTORING

1. Factoring – with a View to History
Factoring – aus historischer Sicht

Claes-Olof Livijn

Gliederung

	Seite
I. The Roots of Factoring	13
II. The Background of Modern Factoring	14
1. The Factoring Concept	14
2. Delcredere Obligations	15
3. Delcredere Commission	15
III. English Aspects	15
1. Common Law	15
2. Factor's Lien	16
3. Constructive Possession	16
4. Factor's Acts	16
5. Notifaction of Assignment	17
6. Factor's Favors	17
7. Finance for Colonies	17
IV. American Modification	17
1. Euro-American Trade	17
2. Europeans in New York	18
3. Prominent Factors	18
4. The Finance Factors Tries the Lien	18
V. The Road to Modern Factoring	19
1. A Case Study of Guaranty Factoring	19
2. Legal Break-Through	20
3. The Doom of Guaranty Factoring	20
4. The Birth of Purchase Factoring	20
5. President Roosevelt Sponsors a New Deal for Factoring	20
VI. Summary	21
1. Delcredere Factoring	21
2. Guaranty Factoring	21
3. Purchase Factoring	21

I. THE ROOTS OF FACTORING

The essence of business traditions of the millennia meets us in the modern form of financing, called factoring. Already in Mesopotamia in the third millennium B. C. people avoided tying up money in outstanding receivables. Instead they assigned them to a third party in exchange for cash. They also used to transfer future receivables to cash in the same manner. To complete the picture, financers of these distant days also guaranteed the payment of receivables.

In this way, business men as well as institutions and private individuals used to strengthen their finance muscles. No doubt, the idea of factoring remains unchanged also in our sophisticated world. I would describe it as financial and administrative cooperation in mutual interest between businesses and finances. The key word is symbiosis.

For more than 3000 years the idea of factoring was cultivated in domestic and international business, dominated by commission trade. In medieval Europe, commission merchants were called factors or synonyms in other languages. Factoring, however, is a modern term – no doubt derived from factor and meaning acting as a factor, i. e. as a commission merchant.

II. THE BACKGROUND OF MODERN FACTORING

The modern finance term factoring thus works as a rear mirror with regard to business and finance history. It reminds us of how factoring started in the East and how it developed to a high level during the palmy days of commission trading – until the middle of the 19th century.

When we say, that we run factoring, this means that we finance the outstanding account's portfolio of our customers in the same way as the "old" commission agents did:
– We give advances on outstanding accounts
– We take over the total credit risk in the same way as the delcredere factors did
– And thus we are back in modern times and ready for the next business!

1. The Factoring Concept

The term factoring is derived from factor, an old, international term for commission agent. The factor bought or sold goods in his own name for account of someone else. He thus basically was a commercial agent. In addition to his mercantile functions, the old factor also had financial functions: He extended advances and loans to his principal. If the factor had the permission to sell principal's goods on credit, he could assume responsibility for the due payment by his customers.

This undertaking usually had the form of a guaranty and was then usually called to stand delcredere. It should be remembered that the factors of ancient times selling or buying goods on commission never purchased receivables from their principals. The reason was that the factor invoiced in his own name and simply could not purchase receivables from himself.

2. Delcredere Obligations

The delcredere commitment most likely implied a strict guaranty whereby the merchant factor assumed responsibility for the due payment of receivables for commission goods sold by him on credit. Since the factor was responsible for delivery of the merchandise, he could not very well decline liability on the grounds of late delivery, shortage or defective goods.

In the contemporary literature, however, the delcredere obligation is often called a personal guaranty (Bürgschaft). In my view a personal guaranty means that the guarantor should have the same right as the buyer to lodge objections – for defects, shortage and late delivery, etc. The rules on personal guaranty could therefore not very well be applicable for merchant factors.

In the 1820's and 1830's delcredere agreements were common in international trade and, among others, the following commercial practices have been documented.

3. Delcredere Commission

The merchant factor's commission for covering the credit risk was called delcredere commission or, more commonly, only delcredere. Sometimes the term premium was used, probably because risk coverage was involved. The delcredere commission usually varied between ½% and 5%, or more depending on the general or individual assessment of the credit risk involved.

The rates were normally governed by usage at the location where the merchant factor had his office. The commission was lowest for receivables on buyers where the merchant factor had his place of business. It was assumed that he knew his colleagues well, the local merchants, and that he avoided making sales to merchants, whom he considered not good for their commitments. A normal credit period to the buyer was then assumed.

But in many cases the merchant factor sold to local retailers, who required extended terms. In such cases commercial custom allowed a higher delcredere commission to the factor. In the same way, a higher delcredere commission was charged when the factor sold on credit to the interior of the country or overseas. In these cases it was not only the credit period that governed the pricing, but also the fact that it was more difficult to assess the credit worthiness of distant buyers, whom he only had encountered in connection with annual meetings, fairs and the like.

III. ENGLISH ASPECTS

1. Common Law

Before 1823, English Common Law governed the relations between the merchant factors and their principals. According to the Common Law a trade factor could not freely dispose of goods consigned to him for account of his principal. The same was true for documents representing goods in consignment. In the language of the lawyers this legal principle was expressed with the words "Nemo dat quod non habet".

Thus English merchants, unlike their French competitors did not enjoy a lien and right or retention in the goods on consignments for claims on the principal. Quite naturally this state of affairs aroused wide discontent and led to pressure for a change in the law.

2. Factor's Lien

A change was indeed made in 1755, in the Kruger vs. Wilcox case, in which it was established in an English court for the first time that a trade factor had a special lien on the consignment inventory. This lien safeguarded all balances in the factor's favor evidenced in his ledger and was called factor's lien.

Through this court ruling the English merchants had been given a chance to compete with their French rivals with their own weapon — the famous maxim "En fait de meubles, possession vaut titre", that is "When it comes to movable property, possession is legally binding".

The court ruling of 1755 initiated a hundred-year-feud between various parties in the English commission trade and lawyers who upheld the traditional English principle. But, over time, the interests of the merchant factors became more and more satisfied.

3. Constructive Possession

In 1796 there came a new precedent judgement (in the Haille vs. Smith case), which granted the factor a lien on commission merchandise — now not only on goods in his "physical" but also on so called "constructive" possession. The latter meant that the factor had documents representing the goods in his possession.

4. Factor's Acts

Until 1823 English factoring was governed by Common Law and precedents. The first systematic commission law (Factor's Act) came in 1823. Amended versions of the Factor's Act then followed in 1842, 1877 and 1899. With each amendment the commission agents' interests were more and more satisfied. The merchant's points of view undeniably had considerable effects on the legislation.

5. Notification of Assignment

Also the systematic commission law was in need of supplementation by precedents. In 1828 it was established (in the Pearle vs. Hall and Loveridge vs. Cooper cases) that the assignment of customer receivables was void if the payee had not received notification of the assignment (denunciation). In the United States this principle soon was termed "the English rule" and it was adopted in most states of the Union.

6. Factor's Favors

Under English law a merchant factor could dispose rather freely of his principal's merchandise – provided he was in actual or constructive possession of it. At his own will, the factor could dispose of payments received for goods sold or the stock of commission goods and offset it against items or balances in his favor in the ledger account.

Payments to third parties, however, were not to be effected by the factor without prior instructions from the principal. Commission goods and invoice payments, then, afforded the factor excellent collateral, the exclusiveness of which is demonstrated by its name Factor's lien or Consignee's lien.

7. Finance for Colonies

In most cases plantation owners in British colonies were in need of credit to finance the plantation operations, the freight to England, the carrying of inventories and the period of waiting before a statement and ultimate payment was received from the factor.

The result was that European lenders soon lost interests in mortgage loans to the colonies.

IV. AMERICAN MODIFICATION

1. Euro-American Trade

In the beginning of the 19th century the population and area of the United States increased at a rapid pace.

The development of the huge North American continent required perpetual flows of capital and know-how. Most of it came from Europe.

European exports of capital and goods were arranged along the conventional pattern: commission trade on a "friends and relatives" basis. This meant that European merchants and manufacturers sent over sons and trusted relatives to strategic locations on the American continent, where they purchased and sold goods on commission for their European principals and relatives.

2. Europeans in New York

In New York several commission companies were formed and backed by European merchants and producers in Manchester, Liverpool, London, Paris, Lyons, Zürich, Hamburg, Bremen, Cologne, Amsterdam, Rotterdam, Antwerp and numerous other trading cities. Some names and other data:

3. Prominent Factors

In 1801 Isaac Iselin came to New York provided with letters of introduction to leading Swiss merchants in New York. This led to employment at the city's foremost Counting-House, with Le Roy, Baynard & McEvers. Here Isaac received excellent practical training in the various aspects of work of a merchant factor.

1814. After this year's financial crisis, Congress decided to form The Second Bank of the United States. Isaac Iselin, Jacob Astor and other prominent financial men were elected to the Board.

In 1816 Isaac Iselin became a partner of the firm of de Rham & Moore. To a large extent the firm was active as delcredere factor; the principal's risk for customer losses in credit sales were thus covered. In many cases this firm also granted direct advances to the European principals.

1827 Rusch & Co. was formed
1828 Fredrich Vietor arrived from Bremen
1834 His cousin Thomas Achelis followed the example
1838 The firm Schefer, Schramm & Vogel was founded
1839 The firm L. F. Dommerich & Co. was founded
1843 The firm Vietor & Achelis was founded

4. The Finance Factor Tries the Lien

As the merchant factoring business dwindled during the second half of the 19th century factors began to finance without selling as well. They gradually moved over into the field of finance factoring.

The question then arose of how the finance factor could retain the "factor's lien", when he could not invoice in his own name, or have stocks of goods in his own warehouses.

The following solution was adopted by many factors:
– The factor invoiced in the Seller's name.

- The following assignment clause was stamped on the invoice:
   This account is assigned to,
   owned by and payable
   only to X Factor & Co.
- The factor guaranteed the Buyer's solvency, but he did not buy the invoice.
- The Seller sold the goods himself, but from premises and show-rooms etc. which the factor had divided up and sub-let with fittings. Such sales offices were called "Departments".

V. THE ROAD TO MODERN FACTORING

1. A Case Study of Guaranty Factoring

A reliable account of the contents of a guaranty factoring agreement can be found in the documents from the court case, Shover et al vs Edmund Wright-Ginsberg Co. Inc. (New York State, Supreme Court, Appellate Division, November 14, 1924). I note the following points:

Concept of factor: The agreement is written in the form of a letter on letter paper where E W-G describe themselves as: "Factors and Commission Agents". This distinction is interesting. It probably indicates that E W-G use the term factor in its meaning of finance factor.

Selling: A special "selling agent", Charles Noonan, was responsible for selling activities.

Credit sales: required the written approval of the factor: "O. K. E. W." stamped on the order. Cf. Factor's obligations below. Initially the sales were invoiced in the factor's name with the addition of the "Department" which handled the business.

Factor's obligations: In the contract E W-G agreed to "act as factors". By this they did not mean to sell the goods but:
- Handle certain sales functions by providing sales premises for Mr. Noonan and pay for delivery in the Manhattan area, pay for local telephone calls, provide business forms, writing paper etc.
- Provide finance by making advances to the textile factory of up to 85% of the amount of outstanding invoiced receivables.
- Assume the credit risk by guaranteeing the solvency of the buyer – provided that the factor approved the granting of credit when the order was taken.

Most interesting is a pronouncement by Judge Dowling. It shows that collateral in the form of merchandise played an important role for the factor in the 1920's. We find that also during the 1920's factoring was still based upon financing. This was pointed out in an essential dictum by Judge Dowling:

"Significant also is the language with respect to advances. Advances and guaranties obviously are interdependent". This confirms that financing was just as normal in guaranty factoring as in loan factoring – the only difference being the credit risk coverage.

19

2. Legal Break-Through

The only way for the finance factors to get their lien was obviously a change in the law — viz. paragraph 45 on the N. Y. State Personal Property Law. It came about in 1931 and the new definition was:

"The terms factor and factors wherever used in this section include any consignee or consignees... whether or not such consignees are employed to sell merchandise."

So finally the finance factor had obtained his long-desired "factor's lien" (collateral in the seller's stock of merchandise) — but he had to share it with banks and finance companies. The favored position of the trade factor had been lost.

3. The Doom of Guaranty Factoring

At the beginning of the 1930's the insurance authorities in the State of New York declared that guaranty factoring implied a form of credit insurance and must therefore be handled by insurance companies — not by factors.

4. The Birth of Purchase Factoring

The result was that the factors ceased to guarantee the solvency of buyers. Instead, they bought the sellers' invoiced receivables without recourse. Thus purchase factoring (purchase of invoices) was introduced which is therefore about 50 years old.

5. President Roosevelt Sponsors a New Deal for Factoring

At the beginning of the 1930's factoring received important offical approval in the USA. During the depression it became clear that accounts receivable were appreciably better collateral than mortgages on factory buildings etc. The main reason for this was that collateral in the form of current receivables was normally "self-liquidating" within a few months, whereas factories and buildings were as good as unrealisable.

So, assigned accounts receivable became a normal form of collateral for support loans from the Reconstruction Finance Corporation.

VI. SUMMARY

The development of modern factoring is dealt with above and can be summed up as follows.

1. Delcredere Factoring

The European or American factor was a commission agent, i. e. a merchant factor. He used to extend advances and loans to his principal. He sold and invoiced goods in his own name, omitting the name of his principal. When he sold on credit, it was natural and common practice that he covered the inherent credit risk by standing delcredere – against an extra commission. The delcredere obligation was a form of guaranty. The factor, naturally, could not buy the invoices, as he had issued them himself. The merchant factor was granted an exclusive right to the so called factor's lien.

2. Guaranty Factoring

In the late 19th centry many merchant factors in the USA gave up selling and focused on financing. They became "finance factors", trying to retain the privilege called "factor's lien" by various procedures. These finance factors guaranteed the solvency of the buyers. It could therefore rightly be said about them that they "descended" from the delcredere factor. In the 1920's in the State of New York courts stuck to the old definition of a factor as a selling agent. Therefore, the Law had to be changed in order to give the finance factor his long-desired lien. However, the finance factor had to share this right with banks and finance companies in general. Thus the favoured position of the old merchant factor had been lost – and an Era in the History of Finance had come to an end.

3. Purchase Factoring

Guaranty factoring had to be abandoned since insurance authorities in the State of New York had declared it to be a type of credit insurance. Guaranty was now substituted for purchase factoring. This meant that the factor bought invoices outright – without recourse. This happened in the beginning of the 1930's. It is a landmark in the long and distinguished history of factoring:

Modern purchase factoring had been born – this happened less than 60 years ago.

Zusammenfassung

Das Wort Factor und der Grundgedanke des Factoring können bis in frühe Zeiten zurückverfolgt werden. Der damalige Handelsagent, der Factor, hat seine Tätigkeit oft auch auf finanzielle Funktionen erweitert, z. B. indem er auf eigenes Risiko Zahlungsziele gewährte, Bürgschaften für die Käufer übernahm oder Warenverkäufe schon vor Eingang des Kaufpreises an seinen Auftraggeber bezahlte.

Als Sicherheit dienten ihm zeitweise Pfandrechte an Kommissionswaren. Das Recht der Besicherung des Factors wurde stark durch die englische Rechtsprechung bestimmt, nicht zuletzt deswegen, weil Factoringgeschäfte besonders im englischen Kolonialreich üblich wurden. So haben die engen Handelsbeziehungen zwischen England und Amerika im 19. Jahrhundert zur Gründung von Factoringgesellschaften in New York beigetragen, deren Namen noch heute in der Branche eine Rolle spielen.

Zu Beginn des 20. Jahrhunderts hat die Rechtsprechung in den USA das Factoringgeschäft erschwert, aber der Durchbruch kam in der Depression Anfang der dreißiger Jahre. Damals, also vor etwa 50 Jahren, hat sich das moderne Factoring entwickelt, nämlich Factoring in der Form des Forderungskaufs.

Das Vernünftigste, was Sie mit Ihren Außenständen machen können:

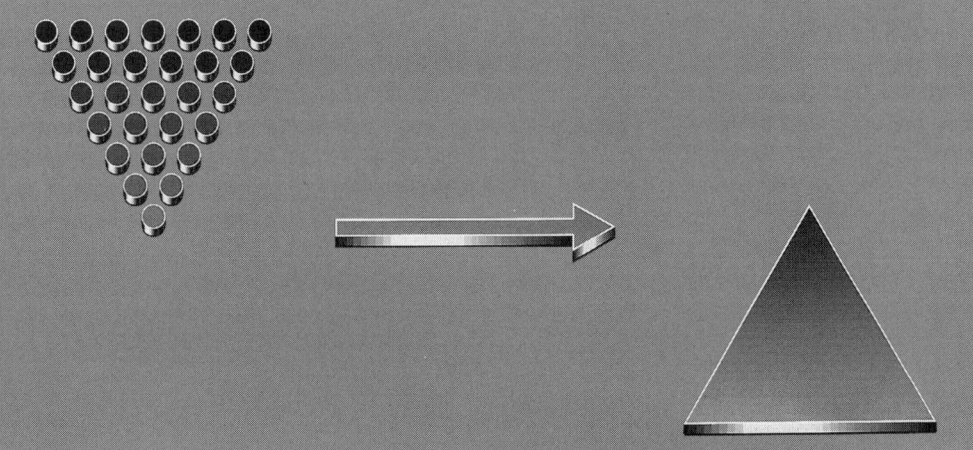

An die GEFA verkaufen.

GEFA-Factoring macht aus Ihren Forderungen liquide Mittel. Der Nutzen liegt auf der Hand: Sie können damit andere Vorhaben realisieren. Dazu kommen weitere Vorteile von der vollen Skontierung beim Einkauf bis zur Entlastung der Debitorenbuchhaltung. Factoring ist allerdings nur eine von mehreren Finanzierungsformen, die wir Ihnen anbieten. Sie können Ihre Investitionen und Ihren Absatz auch über Leasing finanzieren oder über einen Kredit.
In jedem Fall empfehlen wir zunächst einmal eine gründliche Beratung. Rufen Sie an, wir sind ganz in Ihrer Nähe.
GEFA, Laurentiusstraße 19/21, 5600 Wuppertal 1, Tel. (0202) 382-0

Berlin · Bielefeld · Düsseldorf · Frankfurt · Freiburg · Hamburg · Hannover · Karlsruhe · Kassel · Koblenz · München · Nürnberg · Regensburg · Saarbrücken · Siegen · Stuttgart · Ulm · Würzburg

...finanziert Absatz und Investition

2. Die Entwicklung des Modernen Factoring
The Development of Modern Factoring

Leo Binder-Degenschild

Gliederung

	Seite
1. Allgemeines	25
2. Historischer Rückblick	26
3. Beginn des modernen Factoring	26
4. Internationalisierung des Factoring	27
5. Definition des modernen Factoring	28
a. „echtes" Factoring (non-recourse-factoring, old-line factoring)	28
b. „unechtes" Factoring (Factoring mit Regreß, recourse factoring)	28
c. Stilles Factoring (confidential factoring, Finanzierungsfactoring)	29
d. Überblick über die wesentlichen Factoring-Arten	30
e. Branchen	31
6. Zusammenfassung und Ausblick	31
Anmerkungen	31

1. ALLGEMEINES

Factoring hat sich in Europa im Laufe von zweieinhalb Jahrzehnten zweifellos einen festen Platz im heutigen Wirtschaftsleben erobert. Es besteht kein Grund zur Annahme, daß sich an seiner Aufwärtstendenz in nächster Zeit etwas ändern könnte. Das für Factoring vorhandene Potential ist nur zu einem minimalen Teil ausgenützt. Die weltweit sinkenden Eigenkapitalanteile bzw. die steigenden Verschuldungsgrade bei den Unternehmen sowie auch die jährlich generell anwachsenden Insolvenzraten lassen erwarten, daß Factoring wesentlich mehr als bisher in anfallende Alternativüberlegungen bei der Finanzierung, Verwaltung und Risikoabsicherung von Forderungen einbezogen wird. Bis allerdings die heutige Bedeutung und der endgültige Durchbruch des Factoring erreicht werden konnte, verging, zumindest was das moderne Factoring betrifft, fast ein Jahrhundert; es waren konstante Anstrengungen notwendig, um die vorhandenen Widerstände und Vorurteile zu überwinden.

2. HISTORISCHER RÜCKBLICK

In historischen Untersuchungen findet man erste Ursprünge des Factoring im Altertum bereits bei Babyloniern, Chaldäern, Phöniziern und Römern. Später im Mittelalter verfügten beispielsweise die großen deutschen Handelshäuser, Fugger und Welser über Handelsniederlassungen in Übersee. Die Handelsniederlassungen hatten die Bezeichnung Faktoreien, die von einem Faktor geleitet wurden. Dieser hatte mit Hilfe seiner Kenntnisse des fremden Marktes, der Bonität der Kunden, der Gesetze und Handelsusancen etc. die vielfältigen Interessen seines Handelshauses zu vertreten.

Die Vorläufer des heutigen Factoring im Altertum und Mittelalter waren somit in erster Linie Agenten (franz. facteur), deren Aufgabenbereich sich im Laufe der Jahrhunderte ständig erweiterte.

So bediente sich im 18. und 19. Jahrhundert insbesondere die deutsche und englische Textilindustrie sogenannter „Factoring-Houses" oder „Cotton-Factors" in Nordamerika. Diese Agenten auf Kommissionsbasis (commission agents, Verkaufskommissionäre) übernahmen neben der Lagerung und dem Verkauf der Ware bereits die Forderungseintreibung und das Delkredererisiko (delcredereagents). Allmählich wurden auch Finanzierungsleistungen übernommen. Gesetzliche Grundlage war in den USA das Factors Act 1889. Mit diesem Datum beginnt auch der Wandel vom „Warenfactoring" (agent factoring), bei dem der Factor noch unmittelbar mit der Ware in Berührung kam, zum heute üblichen „Finanzierungsfactoring" (credit factoring), bei dem die Lagerungs- und Verkaufsfunktion vollständig aufgegeben wurde.

3. BEGINN DES MODERNEN FACTORING

Die amerikanische Bevölkerung zeigte ab 1800 ein außerordentlich starkes und schnelles Wachstum, wodurch ein großer Bedarf nach europäischen Gütern, insbesondere Textilien, verursacht wurde. Es wurden zahlreiche Factors, die Repräsentanten europäischer Fabriken waren, gegründet, die in erster Linie in der Textilbranche verankert waren.

Ab 1870 bis zur Jahrhundertwende setzte in den USA eine Industrialisierungswelle ein, bei der auch sukzessive Textilfabriken ins Leben gerufen wurden. 1890 wurde der McKinley Zoll-Tarif eingeführt, der mit dem prohibitiven Satz von 49,5% auf alle Importe den Import von Textilien aus Europa fast zum Erliegen brachte. Die Factors mußten daher nach einem neuen Betätigungsfeld Ausschau halten.

Viele Factors verschwanden vom Markt. Da die Verbleibenden über die größten Erfahrungen in der Textilindustrie verfügten, begannen sie, ihre Leistungen − Forderungseintreibung, Delkredereübernahme und neuerdings Finanzierung − der nunmehr besonders stark im Aufbau befindlichen Textilindustrie anzubieten. Die Funktionen − Lagerhaltung und Verkauf − mußten die Factors aufgeben, da die Textilunternehmen dazu selbst in der Lage waren und daran kein Interesse bekundeten.

Das (moderne) Finanzierungsfactoring (credit factoring) wurde, wie bereits erwähnt, mit dem Factors Act ins Lebens gerufen; es machte ein Jahr später, 1890, forciert durch die Folgen des Zolltarifs, sehr gute Fortschritte.

Um Factoring gegenüber ähnlichen Instrumenten (invoice discounting und receivables financing) klar abzugrenzen, hat sich die Bezeichnung „old-line" factoring eingebürgert. In den USA versteht man unter Factoring auch heute noch ausschließlich das „old-line" (non-recourse)-factoring, bei dem der Factor die Forderungen regreßlos ankauft, so daß der Factoring-Klient kein Delkredererisiko mehr trägt. Außerhalb der USA hat sich auch das recourse-factoring entwickelt (siehe Kapitel 5b).

Infolge der vorgenannten historischen Gegebenheiten ist es erklärlich, daß auch heute noch die amerikanischen Factoring-Gesellschaften fast ausschließlich in der Textilindustrie tätig sind.

Bis zur Weltwirtschaftskrise 1929/30 konnte sich Factoring sehr gut entwickeln, allerdings waren die Aktivitäten weiterhin in der Textilindustrie konzentriert. Erst in der Depression wurde gezielt versucht, in anderen Branchen Fuß zu fassen. Insbesondere wurde dieser Versuch nach dem 2. Weltkrieg mit teilweisen Erfolgen fortgesetzt. Auch heute noch sind die amerikanischen Factoring-Gesellschaften auf Textilfirmen spezialisiert;[1] daneben konnten sie aber auch beispielsweise in folgenden Branchen Fuß fassen:

Möbel, Leder, Plastik, Chemikalien, Musikgeräte, Gummiwaren, Schuhe, TV und HI-FI-Geräte, Sportgeräte, Spielwaren.

4. INTERNATIONALISIERUNG DES FACTORING

Aus der geschichtlichen Entwicklung ist ersichtlich, daß zunächst das Import-(Waren)-Factoring betrieben wurde. Im 19. Jahrhundert folgte Inlands-(Finanzierungs-)Factoring und erst nach dem 2. Weltkrieg wurde Export-Factoring entwickelt.

Ende der fünfziger Jahre und Beginn der sechziger Jahre wurden drei internationale Factoring-Gruppen, ohne die Exportfactoring nicht denkbar und möglich wäre, formiert.

Amerikanische Banken und Factoring-Organisationen gründeten gemeinsam mit europäischen Großbanken Gesellschaften, die auf Factoring spezialisiert waren. Es wurden im Laufe der Jahre auch Factoring-Gesellschaften in vielen Ländern außerhalb Europas und Nordamerikas als Mitglieder gewonnen. (Einzelheiten hierzu siehe den Beitrag von Jeroen Kohnstamm in diesem Buch.)

5. DEFINITION DES MODERNEN FACTORING

a. „echtes" Factoring (non-recourse-factoring, old-line factoring)

In den USA versteht man unter Factoring, wie bereits festgestellt, ohne Ausnahme den regreßlosen Ankauf von Forderungen:

„Factoring can be defined as involving the purchase of debts from a client by the factor, without recourse to the client by the factor in the event of a customer being unable to pay, with notification to all customers informing them that the factor has acquired the account and that payment should be made directly to the factor."[2]

Der regreßlose Ankauf kann in der Weise erfolgen, daß (i) sofort zum Zeitpunkt des Ankaufes Finanzierungsmittel zur Verfügung gestellt werden oder daß (ii) der Kaufpreis erst dann angeschafft wird, wenn der Abnehmer termingerecht bezahlt hat oder insolvent wurde:

„Payment by the factor for debts purchased, or the obligation to pay, can occur either substantially at the date of purchase of the book debt, the client enjoying an ‚old line' or ‚full' factoring facility, or on an agreed due date, the client enjoying a ‚maturity' factoring facility."[3]

„It is further normally accepted that factoring as distinguished from its blood relations, invoice discounting and accounts receivable financing, postulates (i) the giving notice of the transfer of ownership of each debt as it arises to such trade customers and (ii) the purchase of the debts without recourse to the supplier as regards the risk of non-payment by a customer by reason of the latter's insolvency (subject to approval by the factor of the customer's credit standing)."[4]

Auch der von Oswald Hahn im „Handbuch der Unternehmensfinanzierung", München 1971,[5] verwendete Begriff ist noch unter „old-line factoring" zu subsumieren:

„Unter Factoring versteht man den vertraglich festgelegten, laufenden Ankauf und die bedarfsweise Bevorschussung von Forderungen aus Warenlieferungen durch hierzu spezialisierte Unternehmen (Factoring-Gesellschaften).

Factoring wird in der Regel ohne Rückgriffsrecht auf den die Forderungen verkaufenden Lieferanten (Klient, Anschlußkunde) und grundsätzlich unter Anzeige der Abtretung an den Schuldner (Abnehmer) getätigt.

Daneben führt die Factoring-Gesellschaft eine Reihe von Dienstleistungsfunktionen für den Klienten aus".

b. „unechtes" Factoring (Factoring mit Regreß, recourse factoring)

In Europa wurde zunächst in der Aufbauphase das Factoring-Geschäft nach amerikanischem Muster (old-line factoring) praktiziert. Doch schon sehr frühzeitig wandte man sich dem Factoring mit Regreß (Factoring ohne Übernahme des Delkredererisikos) zu. Heute überwiegt diese Art in Europa insgesamt volumsmäßig bereits bei weitem gegenüber dem old-line factoring, wobei es allerdings je nach Land große Unterschiede gibt.

Auf diese, von Amerika unterschiedliche Entwicklung nimmt Biscoe in „Law and Practice of Credit Factoring", London 1975,[6] mit seiner Definition bereits Rücksicht:

„Credit factoring may be defined as a continuing legal relationship between a financial institution (the "factor"), and a business concern (the "client") selling goods or providing services to trade customers (the "customers") whereby the factor purchases the client's book debts *either without or with recourse to the client*, and in relation thereto controls the credit extended to customers and administers the sales ledger.

It has four functions:
a. Sales ledger administration
b. Credit control, including collections
c. Credit protection (when without recourse to the client)
d. Finance".

Ähnlich lautet der der österreichischen Praxis entsprechende Begriff:

„Unter Factoring versteht man den in der Factoring-Vereinbarung determinierten laufenden Ankauf, mit oder ohne Regreß, von sämtlichen, kurzfristigen (in der Regel 90–120 Tage) Inlands- und/oder Exportforderungen eines oder mehrerer Länder aus gewerbsmäßiger Warenlieferung und/oder Leistung an über den Forderungsverkauf informierte Produzenten, Groß- und Einzelhändler, wobei obligatorisch für den Factoring-Klienten Dienstleistungen in Form der Debitorenverwaltung samt Mahn- und Inkassowesen von der Factor-Gesellschaft erbracht werden. Darüber hinaus ist der Factor fakultativ bereit, eine sofortige Bevorschussung der Forderungen (Kaufpreiszahlung) vorzunehmen sowie eine Reihe von Statistiken zu erstellen."[7]

Nach dem österreichischen Kreditwesengesetz in der Fassung der Novelle 1986 zählt Factoring zu den Bankgeschäften, und zwar unabhängig davon, ob es sich um „echtes" oder „unechtes" Factoring handelt:

„§ 1 (2) ... Bankgeschäfte sind ... insbesondere:
§ 1 (2) 13. der Ankauf von Forderungen aus Warenlieferungen oder Dienstleistungen, die Übernahme des Risikos der Einbringlichkeit solcher Forderungen – ausgenommen die Kreditversicherung – und im Zusammenhang damit der Einzug solcher Forderungen (Factoringgeschäft)"

c. Stilles Factoring (confidential factoring, Finanzierungsfactoring)

Aus den vorhergehenden Definitionen geht hervor, daß unabhängig davon, ob recourse oder non-recourse factoring vorliegt, die Abnehmer des Klienten vom Verkauf der Forderungen verständigt werden sowie der Factor die Forderungen administriert und einzieht.

Als neue Entwicklung werden beim sogenannten stillen Factoring jedoch gerade diese Bedingungen nicht erfüllt. In diesem Fall liegt nur Finanzierung und/oder Risikoübernahme vor, da die Forderungsverwaltung zur Gänze beim Klienten verbleibt bzw. der Klient infolge des Forderungsverkaufes im Auftrag des neuen Forderungseigentümers (Factor) diese Leistungen zu erfüllen hat. Der Vertrag bezüglich des stillen Factoring kann auch als maturity factoring, also ohne Finanzierungsleistung, aber mit Delkredereübernahme ausgestaltet werden.

Es handelt sich beim stillen Factoring wegen des damit verbundenen Finanzierungs- und Delkredererisikos sowie des eingeschränkten Leistungsumfanges um eine derzeit noch seltenere und atypische Sonderform des Factoring, bei der allerdings große Umsätze mit relativ geringer Arbeitsbelastung für den Factor abgewickelt werden können. Man kann damit überwiegend größere und bonitätsmäßig starke Klienten ansprechen, während das typische (amerikanische und europäische) Factoring mit seinem gesamten Leistungsbündel noch auf Klein- und Mittelbetriebe zugeschnitten ist.

Der anhaltende Trend einer ständig billiger werdenden Hardware wird dazu führen, daß immer mehr Klein- und Mittelbetriebe über eine EDV-Anlage verfügen werden. Die von den Factor-Gesellschaften angebotenen Dienstleistungen in Form von Debitorenbuchhaltung, Mahn- und Inkassowesen und Statistiken werden an Attraktivität stark verlieren.[8] Als Grundlage der Finanzierung wird daher dem EDV-mäßigen Datenaustausch (Datenträger oder on-line) zwischen dem Klienten und dem Factor mittelfristig dominante Bedeutung zukommen; das gilt gleichermaßen für das Inlands- und Auslandsfactoring. Unternehmen werden in Zukunft die Debitorenverwaltung selbst vornehmen und das Inkassowesen erst ab einer bestimmten Mahnstufe dem Factor übertragen, wobei dann das Factoringverhältnis dem Debitor gegenüber offengelegt wird. Es besteht jedoch auch die Möglichkeit, daß die Debitoren von Anfang an notifiziert werden und vom Forderungsverkauf an einen Factor Kenntnis haben.

Dem hier aufgezeigten Trend werden die Factoringgesellschaften Rechnung tragen müssen, um in Zukunft Erfolg haben zu können.

d. Überblick über die wesentlichen Factoring-Arten

1. a. Factoring mit Übernahme des Delkredererisikos (old-line factoring)
   b. Factoring ohne Übernahme des Delkredererisikos (recourse factoring)
2. a. Inlandsfactoring
   b. Import-/Export-Factoring
      (wird zum überwiegenden Teil als old-line factoring betrieben)
3. a. Factoring mit Finanzierung zum Zeitpunkt des Ankaufes (advance factoring)
   b. Factoring mit Finanzierung zum Zeitpunkt der Fälligkeit (maturity factoring)
4. a. Factoring mit Debitorenverwaltung (offenes Factoring – undisclosed factoring)
   b. Factoring ohne Debitorenverwaltung (stilles Factoring – confidential factoring)

e. Branchen

Die amerikanischen Factorgesellschaften waren und sind traditionell der Textilwirtschaft verbunden. Obwohl in Europa das nicht der Fall ist, wurden von den neu gegründeten Factor-Gesellschaften unter dem amerikanischen Einfluß zunächst Unternehmen der Textilbranche akquiriert. Erst allmählich versuchte man, Kunden anderer Branchen zu gewinnen. Fest steht jedenfalls, daß auch außerhalb der USA die Factors nicht unbeträchtlich (etwa 40–50% der Umsätze) in der Textilbranche verhaftet sind. Andere bevorzugte Branchen bzw. Kunden gehören der Konsumgüter- und leichten Investitionsgüterindustrie an:

Nahrungsmittel, Leder, Lederprodukte, Spirituosen, Unterhaltungselektronik, Chemikalien, Kleinmaschinen, Metallwaren, Haushaltsgeräte, Holz, Baumaterialien, Fotoartikel, Elektronik, Baustoffe, Hi-Fi-Geräte, Uhren, Optik, Raumausstattung, Kosmetika, Papierprodukte, Sportartikel, Werkzeuge, Plastikprodukte, Autozubehör, Druckerei, Verpackung.

6. ZUSAMMENFASSUNG UND AUSBLICK

Factoring hat sich im Laufe der Jahrhunderte von einer reinen Vermittlertätigkeit zu einem modernen Managementinstrument entwickelt. Insbesondere ab Mitte der sechziger Jahre haben sich amerikanische Banken weltweit für Factoring interessiert, Factoring-Abteilungen geschaffen, oder Factor-Gesellschaften erworben. In Europa wurden von Anfang an Factoring-Gesellschaften von Banken ins Leben gerufen, und Factoring wird somit heute international von Banken dominiert. Weltweit belief sich 1985 das über Factoring-Gesellschaften abgewickelte Umsatzvolumen auf ca. $ 85 Mrd.

Die Pionierzeit des Factoring in Europa ist somit nach ca. 25 Jahren des Bestehens längst abgeschlossen. Teilweise noch existierende Vorbehalte, die meist aufgrund mangelnder Kenntnis psychologischer Natur sind und von falschen Betrachtungsweisen ausgehen, wurden allmählich von einer sachbezogenen und realistischen Einschätzung dieses Instruments moderner Unternehmenspolitik abgelöst. Dem heute vielfach anerkannten Finanzierungs-, Rationalisierungs- und Risikoabsicherungsinstrument Factoring können – unter der Voraussetzung der laufenden Anpassung der Serviceleistungen an die rasante Entwicklung auf dem EDV-Sektor – auch in Zukunft interessante Wachstumsraten vorausgesagt werden.

ANMERKUNGEN

1 Salinger, F. R.: Factoring, a Guide to Factoring Practice and Law, Tolley Publishing Company, Ltd., Croydon, 1984, S. 53.
2 Forman, Martin und Gilbert, John: Factoring and Finance, London 1976, S. 81.
3 Forman, Martin und Gilbert, John: Factoring... a.a.O., S. 81.

4 Salinger, F. R.: Factoring, Law and Practice in England, London, 1980, S. 1.
5 Hahn, Oswald: Handbuch der Unternehmensfinanzierung, München 1971, S. 728.
6 Biscoe, Peter M.: Law and Practice of Credit Factoring, London 1975, S. 3.
7 Binder-Degenschild, Leo: Factoring in Österreich, Darstellung und Vergleich mit anderen Formen der Finanzierung, Verwaltung und Risikoabsicherung von kurzfristigen Forderungen, Diss. Wirtschaftsuniversität Wien, 1979, S. 25.
8 Cox, Antony N. und MacKenzie, John A.: International Factoring, Euromoney Publications Ltd., London 1986, S. 73.

Summary

Over the course of the centuries factoring has developed from a poor agency arrangement to a modern management instrument. In the middle of the sixties American banks developed world-wide factoring by establishing factoring subsidiaries. In Europe, most factoring companies have been connected with banks from their inception.

The world-wide volume of factoring has reached 85 billion Dollars. After 25 years of factoring in Europe the growth of factoring has not ended.

But there are certain misunderstandings. Some people do not know the exact meaning of factoring and what factoring can do for them. But more and more companies acknowledge factoring as an instrument for modern management, especially in relation to financing, administration and covering risk. The factoring industry expects interesting opportunities for the future.

Stellen Sie Ihre Finanzierung unter ein sicheres Dach.

Mit DG DISKONTBANK-ProFi haben wir für die unterschiedlichsten Firmen- und Finanzkonzepte ein umfassendes Programm zur Finanzierung des Umlaufvermögens konzipiert.

Basierend auf Combi oder Factoring beinhaltet dieses Programm eine Reihe von interessanten Kombinationsmöglichkeiten, die die Ertragssituation gerade mittelständischer Unternehmen entscheidend verbessern.

Ob Import- oder Exportfinanzierung, Einkaufs-, Lager- oder Auftragsfinanzierung, DG DISKONTBANK-ProFi bietet individuelle Möglichkeiten der Mittelfreisetzung gebundener Kapitalressourcen.

Das DG DISKONTBANK-ProFi-Finanzierungsprogramm umfaßt:

- **Factoring** –
Liquiditätsbeschaffung durch Forderungskauf bei gleichzeitigem Schutz vor Forderungsausfällen
- **Combi** –
Forderungsfinanzierung für jederzeit umsatzangepaßte Liquidität,

jeweils ergänzbar durch:

- **Importfinanzierung**
- **Lagerfinanzierung**
- **Einkaufsfinanzierung**
- **Auftragsfinanzierung**
- **Gewerbliche Investitionskredite**

Darüber hinaus wird die Leistungspalette der DG DISKONTBANK durch **Zentralregulierung, Forfaitierung** und **Ankauf von Forderungen aus Leasinggeschäften** komplettiert.

Sprechen Sie mit uns über die Vorteile von DG DISKONTBANK-ProFi.

Das professionelle Programm zur Finanzierung des Umlaufvermögens.

DG DISKONTBANK,
Wiesenhüttenstraße 10, 6000 Frankfurt am Main 1,
Tel. (0 69) 74 47 04, Telex 4 170 681,
Btx *597001527#

 Im Verbund der Volksbanken und Raiffeisenbanken

3. Factoring in the United States
Factoring im Ursprungsland USA

Monroe R. Lazere

The term factor derives from the Latin word "facio" literally meaning "one who gets things done". From early Roman times it referred to an agent entrusted with the management of an owner's property. But modern factoring developed in the United States evolving from the mercantile commission agent. By modern factoring we mean the purchase of accounts receivable by a factor from a mercantile operation (client) without recourse to the client as to the credit worthiness of the client's customers. As we later shall see, "recourse factoring" (a European term) also blossomed in the United States but became known as accounts receivable financing to distinguish it from factoring.[1]

In the 19th Century, the local commission agent for a distant mill was called a factor. Transportation and communication were slow and cumbersome in those days. Hence the arrangement with the factor was an efficient method of operation. The mill effectively had its own agent in the local market performing key functions for it. He advised the mill of the styles and merchandise most likely to sell in the local market. Additionally he would receive bulk shipments of merchandise from the mill and sell it in the local market. Because he knew the local customers, the factor could and did guarantee their credit worthiness.

Each new function became an add-on. Since he was guaranteeing credit and billing in his own name, the factor could ease the financial burden of the mill by remitting to the mill a high percentage of uncollected accounts receivable. Experience indicated that a 20–25% reserve would be sufficient to cover disputes and claims for defective merchandise. Those claims would also be settled by the factor, but subject to the mill's consent, since they remained the mill's responsibility. Further, he would frequently make advances to the mill on the merchandise shipped. The amount advanced was usually 50% of the estimated cost of the merchandise, and the commission on sales was about 2½% to 5% of volume.

This arrangement enabled the English mills to sell to the American colonists. Subsequently as mills were opened on the American side of the ocean, they clustered around New England. Again, because of slow transportation and communication they required commission agents in New York where the apparel trade was concentrated. For example, in 1854 James Talcott arrived in New York to serve as factor for a knitting mill in New Britain, Connecticut and started that well known factoring company. The distance between New York and New Britain was and is approximately 110 miles, thus again illustrating the above described relationship between economic structure and technology. A factor located in New York could represent several New England mills. With a number of mills each producing one type of product with a limited season, the factor developed the practice of making pre-seasonal advances to the mills to assist them in creating the inventory that could be sold during the season.

Later with the improvement of communication and transportation, and the onset of increased competition, the mills developed their own sales and shipping organizations. While this replaced the business functions of the factor, the mills continued to subscribe to his financial services. Modifications of procedure resulted. Invoices now bore the mill's name plus a legend requesting payment to and indicating the purchase of the invoice by the factor. Further, the merchandise was no longer in the factor's possession. Hence the factor's advances were secured by receipts obtained by storing the merchandise in a public warehouse or relying on the legal device of the factor's lien. Legislation in many states created the factor's lien on merchandise not in his possession, provided an appropriate filing was made. New York State – an important center for textile activity – led the way in 1911.

The factor also sublet space in his own offices to his various clients. The sublet space served as offices for the mill's salesmen and permitted rapid access to the factor's advice and credit decisions on potential customers. The clients became known as "departments" which gave rise to the designation of "departmental risk" to describe a credit risk that the factor had not approved but that the mill assumed. More recently, undoubtedly because of the ease of telephone communication, the mills have rented showrooms away from the factor's office.[2] As the factoring procedures became more recognized and accepted, factoring was extended to some other industries in addition to apparel and textiles. Some manufacturers and wholesalers of shoes, hats, and furniture now utilize the services of a factor.

In the 1960's and 1970's the commercial banks in the United States were permitted by the regulatory authorities to provide factoring. They acquired existing factoring operations or hired specialists from factoring companies to start a bank operation. The result can be seen in the following table published in the February 4, 1987 issue of the Daily News Record, a New York City daily textile and apparel trade paper. It shows the volume of the major American factoring enterprises for 1986. Almost all are bank affiliated. Note that for the same year the total factoring volume in the United States was approximately $ 40.92 billion.

Thus an institution that originated as a mercantile operation evolved into a financial operation advancing funds and guaranteeing credit, and has been incorporated into the functions of the commercial bank.

COMPETITION AND EXPANSION IN FACTORING

The strong entry of the American commercial banks into factoring brought large reservoirs of money and large scale management to an industry that had originated in an entrepreneurial environment. The industry was concentrated in the textile and apparel markets but it was hoped that it could be steadily expanded into other markets. During the late 1970's and early 1980's it became apparent that factoring was not taking hold in other markets although the reasons were not clear. Among the explanations offered were that clients and customers in other markets were wary of the factor's notification legend on invoices; that credit information in other markets was more difficult to obtain; that the factor's relationships with the accountants in traditional markets could not be duplicated in other markets. Whether influenced by market limitations or not, Citicorp and Chase Manhattan sold their factoring operations.

In any event, factoring's failure to expand into other markets resulted in intensified competition in the traditional markets. Hence pressure was exerted to lower the rates charged to clients and increase the exposures accepted by factors. At the same time costs continued to rise. The solution to the costs vs. price dilemma will probably be found in new technology requiring less human intervention. The technology eliminates the mountains of paper otherwise generated by a factor with substantial volume. Computerization of the factor's approved customer credit lines available on a computer terminal at the client's premises is one such development. This eliminates the need for the client to call the factor for credit approval of a particular customer shipment and then await the factor's return call.

Modern technology also enables the client to post his sales and related inventory reductions as he types his invoices. Simultaneously, he can post to the factor's books on outstanding exposures for the customer whose invoices are being prepared. The development and continuous upgrading of this increasingly sophisticated technology is expensive. Hence the trend is toward larger and fewer players in the factoring market. It should be noted of course that client administration still requires executive talent and human judgment.

The types of factoring described in the prior edition of this book are still offered. Maturity factoring (payment to the client upon due date of invoice) and advance factoring (cash advances made to client before maturity of invoices) still contiue. Split factoring (between factors) continues for clients with extraordinarily large volume. The split may be alphabetical or geographical. The interest charge for advances remains geared to a bank's published prime or base rate. The commission charge remains based on the client's volume. Several factors now base their computation of charges on daily cash balances rather than on average due dates. This is similar to the method by which finance companies compute charges.

While several United States banks entered and then abandoned factoring, almost all United States banks have adopted non-notification recourse factoring (known here as accounts receivable financing). More recently it has become known as asset based financial services and includes loans secured by inventory and/or machinery and equipment. Accounts receivable financing was developed in the first half of the twentieth century by non-bank entrepreneurial lenders in the United States. In most states this was done without notification to the borrower's customers and without any public filing against the borrower. While this arrangement provided cash flow, the credit risk of the customer remained with the borrower. In practice and in law the arrangement constitutes a loan to the client secured by his accounts receivable.

In the nineteen sixties and seventies the Uniform Commercial Code was adopted by all fifty States except Louisiana. Factors and finance companies were required to publicly file financing statements against their borrowers in order to perfect their security interests.[3] The ease of perfecting security interests in accounts receivable encouraged banks to enter the commercial finance ("recourse factoring") field. They were further encouraged by the excellent experience of entrepreneurial commercial finance companies to whom they extended credit lines.

In the 1970's and early 1980's the banks acquired finance companies – sometimes with factoring operations – and became large players in the commercial financing or secured lending field. More recently the industry has been labeled the asset based financial services industry. The trend of banks entering the field was fueled by the fires of the leveraged buyouts that blazed and continue to blaze across the American economy in the 1970's and 1980's.

Entrepreneurs with a small percentage of the purchase price could acquire businesses by persuading commercial lenders to provide the debt that was substituted for the outgoing equity. The size of some acquisitions required billions of dollars of bank credit. And it was forthcoming. Factors also sometimes participated in leveraged buyouts. Generally however it was done by the asset based services area of a bank or bank holding company. At the same time small entrepreneurial asset based lenders find their niches in the bread and butter smaller transactions.

It is interesting to note that American factoring and accounts receivable financing originated as entrepreneurial operations. They were later adopted by American banks. When the banks entered these fields, those functions were more readily accepted by enterprises in various markets. For example, the Uniform Commercial Code requires a public filing against the borrower to perfect a security interest in accounts receivable, inventory and/or machinery and equipment. It has become apparent that a large borrower feels more comfortable if a bank rather than a non-bank lender does the filing. Nevertheless notification to the client's customers remains difficult in non-apparel and non-textile markets.

On the other hand in Europe notification accounts receivable management (factoring and "recourse factoring") was introduced by banks at inception. Acceptance of factoring in the European markets was not hampered by the notification arrangement. The fact that it constituted a regular bank service probably influenced the result.

Bibliography

Goldmann, Robert I., "Look to receivables and other assets to obtain working capital" in Harvard Business Review Boston 1979
Lazare, Monroe R., "Commercial Financing" New York 1968
Naitove, Irwin, "Modern Factoring" New York 1969
Prochknow, Herbert V., "American Financial Institutions" New York 1951
Shay, Robert P., and Greer, Carl C., "Banks move into high risk financing" in Havard Business Review, Volume 46, Boston 1968 – an inaccurate and unfortunate title but an interesting discussion

Silberfeld, Eli S., "Glossary for the Asset-Based Financial Services Industry" New York 1981

Silverman, Herbert R., "Factoring as a Financing Device" in Havard Business Review, Volume 27, Boston 1949

ANMERKUNGEN

1. As described in other chapters of this book, Bank of Boston and Heller Financial Inc. helped export and thereafter Factors Chain International helped develop factoring operations in Europe and other parts of the world.
2. For fuller discussion see "Commercial Financing", Monroe R. Lazere, 1968, National Commercial Finance Conference, Inc.
3. See chapter herein by Moore/Vuksta: "The Law Governing Factoring in the United States/The Uniform Commercial Code and its Antecedents".

Zusammenfassung

Factoring ist in den USA definiert als Verkauf von Warenforderungen an eine Finanzgesellschaft (factor) ohne Rückgriff (without recourse) auf den Forderungsverkäufer (client) für den Fall, daß der Schuldner (customer) seine Forderungen nicht bezahlen kann.

Das europäische „recourse factoring" wird in den USA zum deutlichen Unterschied meist „accounts receivable financing" genannt.

Das amerikanische Factoring hat in den vergangenen 150 Jahren verschiedene Phasen durchlaufen, beginnend mit den Handelsagenten bis hin zu dem Finanzfactor unserer Tage. Als Folge verbesserter Kommunikations- und Transportmöglichkeiten sind die zeitweilig vom Factor als Handelsagenten durchgeführten Verkaufsfunktionen vom Warenhersteller oder Großhändler übernommen worden. Der heutige Factor konzentriert sich auf die finanzielle Abwicklung des Warenverkaufs (Einzug und Finanzierung der auf ihn übertragenen Forderung, Übernahme des Risikos der Zahlungsfähigkeit).

In den 60er und 70er Jahren haben große Geschäftsbanken sich in dieses Geschäft eingeschaltet. Dies hat dem Factoring ohne Zweifel einen Auftrieb gegeben. 1986 wurden Factoringgeschäfte in Höhe von $ 40,92 Mia abgewickelt. Trotzdem konnte Factoring in anderen Branchen als Textil nicht so schnell wie erwartet eingeführt werden. Gründe hierfür waren die Offenlegung des Forderungsverkaufs und die mangelnden Informationsmöglichkeiten in anderen Bereichen als Textil. Dies hat zu zunehmendem Wettbewerb in den traditionellen Factoringbereichen geführt mit der Folge von niedrigeren Gebühren und der Übernahme höherer Debitorenrisiken bei gleichzeitiger Kostenerhöhung. Bessere EDV-Lösungen wurden eingeführt um dieses Problem zu bewältigen.

Einige Banken haben zwischenzeitlich ihr Engagement im Factoring wieder beendet, aber fast alle haben in der Zwischenzeit das „account receivable financing" aufgenommen im Rahmen ihrer sonstigen objektbezogenen Finanzierungen. Das von den großen Banken betriebene Factoringgeschäft wird ohne Zweifel die Einführung dieses Finanzierungsinstruments in andere Branchen erleichtern. Kleinere, bankunabhängige Factoringunternehmen werden sich mehr und mehr auf Marktnischen konzentrieren.

Siehe auch Tabelle auf der folgenden Seite.

Factoring Volume

Company (000.000 $ omitted)	1986	1985	% Change	1984	1983	1982
Ambassador Factors (Fleet Financial Group)	495	475	4	475	395	390
Associates Commercial Corp.	1.215	1.100	10	1.200	1.065	1.005
Barclays American/Commercial	2.909	2.582	13	2.381	1.686	1.447
BT Factors (Bankers Trust)	2.000	1.600	25	1.400	1.100	970
BancBoston Financial	2.783	2.568	8	2.634	2.262	1.960
CBT Factors (defunct)	–	350	–	405	305	230
Century Factors	503	460	9	574	588	505
Chemical Business Credit	1.710	1.600	7	1.600	1.400	1.400
Citizen & Southern Commercial	1.883	1.749	8	1.507	1.294	1.118
Commercial Credit Financial Services (Irving)	–	1.712	–	1.795	1.727	1.533
Congress Factors (Philadelphia National Bank)	1.662	945	76	980	831	720
First Union Commercial Corp.	575	399	45	301	210	215
Heller Financial (Fuji Bank)	3.760	3.300	20	3.400	3.111	2.688
Wm. Iselin & Co. (CIT Group)	1.490	1.600	−7	2.000	2.000	1.650
Irving Commercial Corp.	2.500	1.800	39	1.900	1.600	2.100
Manufacturers Hanover Commercial (CIT Group)	3.340	2.800	19	2.500	2.000	1.800
Meinhard-Commercial (CIT Group)	2.700	3.000	−10	3.525	3.600	2.950
Merchants Factors	51	19	168	–	–	–
Midlantic Commercial	507	445	14	380	309	269
Milberg Factors	720	675	7	600	545	510
NatWest Commercial Services	753	513	47	433	350	310
NCNB Financial (N.C. National Bank)	834	677	23	562	555	459
Republic Factors	2.300	1.750	31	1.625	1.400	1.235
Rosenthal & Rosenthal	826	730	13	700	604	530
Security Pacific Business Credit	1.250	1.100	14	1.100	1.030	1.070
Slavenburg Corp. (Credit Lyonnais Bank-Nederland NV)	671	587	14	511	354	285
Standard Factors (Sterling National Bank)	139	143	−3	188	195	203
James Talcott Factors (Philadelphia National Bank)	1.500	1.324	13	1.387	1.095	955
Trust Co. Bank (Trust Co. of Georgia)	1.853	1.543	20	1.303	1.077	817
TOTAL	$40.929	$37.527	9	$37.366	$32.688	$29.354

Source: Daily News Record, New York

II.
BETRIEBSWIRTSCHAFTLICHE ASPEKTE
ECONOMIC ASPECTS OF FACTORING

Factoring

eine Dienstleistung, die speziell auf die unterschiedlichen Bedürfnisse des einzelnen Unternehmens zugeschnitten sein sollte – denn die Anforderungen, die an das Factoring gestellt werden, sind meist von Fall zu Fall sehr verschieden.

Fragen Sie uns deshalb nach einem für Sie individuell ausgearbeiteten Lösungsvorschlag; wir beraten Sie gerne und unverbindlich.

CLARK CREDIT
.... die individuelle Factoring-Bank

CLARK CREDIT BANK GmbH
Friedrich-Ebert-Str. 120
Postfach 10 03 51
D-4330 Mülheim/Ruhr
☎ (02 08) 4 43 07-0
Telex 8 56 544

1. Factoring als Finanzierungsinstrument
Factoring as a Tool of Financing

Hans Volker Mayer

Gliederung

	Seite
1. Factoring als Finanzierungsinstrument	43
2. Allgemeine Bedingungen der Factoring-Finanzierung	45
3. Vorteile der Factoring-Finanzierung	46
4. Auswirkungen der Factoring-Finanzierung auf die Liquidität des Anschlußkunden	47
5. Auswirkungen der Factoring-Finanzierung auf die Rentabilität des Anschlußkunden	48
6. Abgrenzung der Factoring-Finanzierung zu dem Zessionskredit und der Warenkreditversicherung	50
7. Das Verhältnis des Debitors zu Factoring	51
8. Das Verhältnis des Vorlieferanten zu Factoring	53
9. Voraussetzungen für das Finanzierungsinstrument Factoring	53

1. FACTORING ALS FINANZIERUNGSINSTRUMENT

Bei dem sich derzeit abzeichnenden wirtschaftlichen Aufschwung in der Bundesrepublik Deutschland darf nicht vergessen werden, daß nicht alle Unternehmen von diesem Aufschwung profitieren. Besonders begünstigt werden die großen Kapitalgesellschaften, voran die Großindustrie, sein. Dagegen dürften es die mittelständischen Unternehmen wesentlich schwerer haben, ihren Anteil an dem wirtschaftlichen Aufschwung zu realisieren. Dies hängt nicht zuletzt damit zusammen, daß die mittelständische Wirtschaft nach wie vor unter einer erheblichen Eigenkapitalschwäche leidet. Maßgebend hierfür sind schlechte Erträge oder Verluste infolge hoher Lohn- und insbesondere Lohnnebenkosten, zu geringe Abschreibungs- und Wertberichtigungsmöglichkeiten und zu hohe ertrags- und ertragsunabhängige Steuern. Dies hat nach ständigen Untersuchungen des Instituts der Deutschen Wirtschaft (IW) dazu geführt, daß die Eigenkapitalquote, wie nachfolgend dargestellt, in Prozent zur Bilanzsumme der deutschen Unternehmen seit dem Jahr 1965–1985 von 29,8% auf ca. 18% gesunken ist.

Eigenkapitalausstattung deutscher Unternehmen
in % der Bilanzsumme

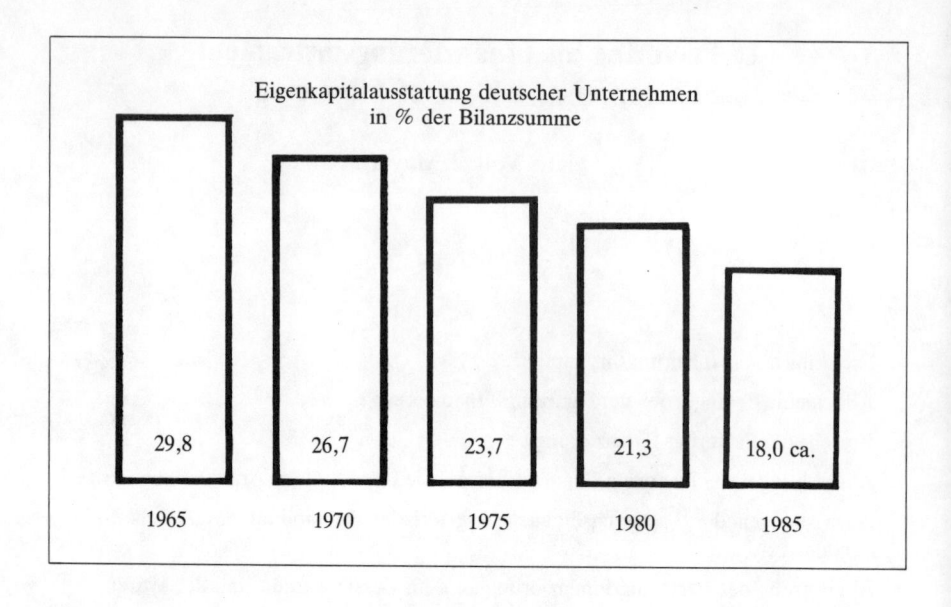

1965	1970	1975	1980	1985
29,8	26,7	23,7	21,3	18,0 ca.

Die für Industrieunternehmen ermittelte Eigenkapitalquote liegt bei den mittelständischen Unternehmen sogar häufig noch wesentlich niedriger. Nach weiteren IW-Angaben besteht bei den deutschen Unternehmen – verglichen mit einer Eigenkapitalausstattung, die vor 20 Jahren erreicht worden war – heute eine Eigenkapitalquote zwischen 160–180 Milliarden DM. Diese erhebliche Eigenkapitalschwäche wird mit dem traurigen Insolvenzrekord im Jahr 1985 untermauert, in dem ein weiteres erschreckendes Anwachsen der Insolvenzen um über 13% auf knapp 19.000 Pleitenfälle zu verzeichnen war. Ein Stillstand oder gar Abebben der Insolvenzen ist derzeit nicht in Sicht. In diesem Zusammenhang ist auch auf die von den Unternehmen zu tragende hohe Steuerlast einzugehen. Nach einer vergleichenden Erhebung des IW liegt die Steuerlast der deutschen Unternehmen bei nahezu 70%, während sie beispielsweise in Japan bei ca. 60%, in den USA bei ca. 54% und in der Schweiz gar nur bei 39% liegt. In Großbritannien sank sogar im Jahr 1986 die Steuerlast um ca. 10% auf jetzt 35% des Gewinns, während in den USA im Rahmen einer umfassenden Steuerreform derzeit die Steuerbelastung – allerdings unter Wegfall verschiedener Abschreibungsmöglichkeiten – auf maximal 28% gesenkt wird. Leider wird bei uns eine veränderte eigenkapitalstärkende Steuergesetzgebung noch auf sich warten lassen, so daß die mittelständische Wirtschaft ihre Probleme weiterhin selbst zu lösen hat. In Anbetracht der allseits bekannten Eigenkapitalprobleme wurden den Mittelstand unterstützende Förderungsmaßnahmen von Bund, Ländern und Gemeinden eingeleitet, die jedoch, betriebswirtschaftlich gesehen, lediglich einmaligen Charakter haben. Wurden so z. B. Erweiterungsinvestitionen gefördert, hat der Unternehmer schon bald neue Finanzsorgen, da diese Investitionen nicht nur höhere Vorräte mit sich bringen, sondern insbesondere durch die gewünschte vermehrte Umsatztätigkeit wesentlich erhöhte Außenstände, die es nun zu finanzieren gilt – mit dem Finanzierungsinstrument Factoring!

2. ALLGEMEINE BEDINGUNGEN DER FACTORING-FINANZIERUNG

Das Finanzierungsinstrument Factoring kann mit Recht als eine Hilfe für den Mittelstand angesehen werden. Bei den meisten Factoringinteressenten steht der Finanzierungsaspekt im Vordergrund und zwar gleichgültig, ob das echte Factoring (mit Übernahme des Ausfallrisikos) oder das unechte Factoring (ohne Übernahme des Ausfallrisikos) – in seiner Bedeutung stark zurückgegangen – eingesetzt wird. Im Rahmen dieses Beitrages werden ausschließlich die betriebswirtschaftlichen Aspekte der Factoringfinanzierung dargestellt.

Grundlage der Factoring-Finanzierung bildet ein Factoring-Vertrag mit einer Laufzeit von in der Regel zwei Jahren. Im Rahmen dieses Vertrages hat der Anschlußkunde dem Factor sämtliche Forderungen an seine Debitoren zum Kauf anzubieten. In Ausnahmefällen werden evtl. klar abgrenzbare Teilbereiche in das Factoring-Verfahren einbezogen. Eine Auswahl könnte nach Produktgruppen, Verkaufsgebieten, Kundenkreisen, etc. erfolgen.

Sodann wird für jeden einzelnen Debitor ein Warenkreditlimit festgelegt. Im Rahmen dieses Warenkreditlimits werden die Forderungen angekauft und der Gegenwert zwischen 80% bis 90% an den Anschlußkunden ausbezahlt oder auf Wunsch direkt dessen Konto bei der Hausbank gutgebracht. Da sich die Factoring-Finanzierung laufend den Außenständen anpaßt, spricht man auch von einer umsatzkongruenten Finanzierungsform. Factoring wird daher insbesondere bei umsatzexpansiven Unternehmen eingesetzt, weil hier die herkömmlichen Finanzierungsmittel in aller Regel nicht mehr ausreichen. Darüber hinaus kann der Anschlußkunde die Höhe der jeweiligen Factoring-Valuta selbst bestimmen. So kann er sich die Gegenwerte ständig in voller Höhe auszahlen lassen, er kann die Factoring-Finanzierung aber auch nur saisonal oder überhaupt nur sporadisch einsetzen.

Bei Auszahlung des Forderungspreises erfolgt in der Regel ein Sicherheitseinbehalt zwischen 10 bis 20%, der dann nach Eingang der jeweiligen Forderung ebenfalls zur Auszahlung gelangt. Dieser Sicherheitseinbehalt ist für den Factor unabdingbar, weil seitens der Debitoren Abzüge von den Rechnungsbeträgen gemacht werden können, für Mängelrügen, Warenretouren oder für gemäß den Zahlungsbedingungen vorgenommene Skonti.

Die durch den Forderungsverkauf bedingte Abtretung wird dem Debitor grundsätzlich angezeigt, damit dieser seine Zahlungen nicht mehr an den Anschlußkunden (Lieferanten), sondern an den Factor leistet. (Das in diesem Zusammenhang zu beachtende Abtretungsverbot wird in einem anderen Beitrag erläutert.) In den Anfängen des Factoringgeschäftes in Deutschland wurde die Factoringzession nicht offengelegt. Im nachhinein besehen, war dies ein großer Fehler, der sich bis Anfang der siebziger Jahre sehr nachteilig auf die Entwicklung des bundesdeutschen Factoringgeschäftes auswirkte.

Die für den normalen Geschäftsablauf vereinbarte Nichtoffenlegung der Factoringzession („stilles Verfahren") hatte nämlich zur Folge, daß wie beim Zessionskredit die Offenlegung nur in kritischen Fällen vorgenommen wurde, und zwar erst kurz vor oder bei bereits eingetretener Insolvenz des Anschlußkunden; so entstand der Eindruck, daß das Finanzierungsinstrument Factoring nur bei notleidenden Unternehmen, die bereits kurz vor der Insolvenz stehen, eingesetzt wird. Der dadurch aus den Anfängen heraus dem Factoring anhaftende Makel konnte in den letzten fünfzehn Jahren beseitigt werden, da seither grundsätzlich die Factoringzession offengelegt (offenes Verfahren)[2] und damit nach außen sichtbar der Beweis angetreten wurde, daß Factoring bei expansiven, ertragsstarken und in ihrer Struktur gesunden Unternehmen eingesetzt wird.

3. VORTEILE DER FACTORING-FINANZIERUNG

Das Finanzierungsinstrument Factoring bringt dem Anschlußkunden, sofern es richtig eingesetzt ist, mannigfache Vorteile. An erster Stelle wäre hier die Liquidisierung der Forderungen zu nennen. Damit werden die Außenstände zu Bargeld und also sofort verfügbar. Mit der dadurch gewonnenen Liquidität kann nun der Anschlußkunde sämtliche Lieferantenrechnungen voll skontieren.[3] Das sind heute Skontobeträge von zwei und mehr Prozenten. Der hieraus resultierende Zinseffekt liegt häufig über 30% p. a. Hinzu kommen noch die Vorteile eines Barzahlers, der meistens bessere Einkaufspreise erzielt und ansonsten seitens seiner Lieferanten bevorzugt, insbesondere auch bei Lieferengpässen, bedient wird.

Häufig ist der Lieferant gezwungen, nur Abnehmer zu beliefern, die auch skontieren. Um den Zahlungseingang noch mehr zu beschleunigen, bietet der Lieferant einem Abnehmer auch noch Eil-Skonto. Als Anschlußkunde eines Factors kann der Lieferant auf diese teure, weit über den Kosten des Factoring liegende Finanzierungsmethode verzichten.

Die Liquidität aus Factoring macht den Anschlußkunden auch frei und unabhängig von der Einhaltung der Zahlungsziele seitens seiner Debitoren.[4] Diese Unabhängigkeit ist insbesondere in Zeiten von Hochzinsphasen oder bei schlechtem Geschäftsverlauf bei den Abnehmern wichtig, weil dann die meisten Debitoren den Lieferantenkredit verstärkt in Anspruch nehmen.

Somit ermöglicht das umsatzkongruente Finanzierungsinstrument Factoring jedem Anschlußkunden eine problemlose Umsatzexpansion. In besonders gelagerten Fällen kann mit der Factoring-Finanzierung sogar in beträchtlichem Maße Eigenkapital gespart werden. Auch ist es wegen der aus Factoring gewonnenen Liquidität möglich Gesellschafter oder Erben auszubezahlen, ohne dadurch z. B. bisherige Skontovorteile aufgeben zu müssen. Insbesondere in wirtschaftlich schwachen Zeiten und bei ständig anwachsenden Insolvenzfällen bringt die durch die Factoring-Finanzierung bedingte laufende Bonitätsüberprüfung und Überwachung der Debitoren für den Anschlußkunden erhebliche Vorteile, weil er unabhängig, ob echtes oder unechtes Factoring eingesetzt wird, Forderungsausfälle nicht mehr oder nur in ganz geringem Umfang zu befürchten hat, sofern er sich an die Warenkreditlimite des forderungserfahrenen Factors hält. Auch das konstante und dennoch individuelle Mahnsystem des Factors wirkt sich in dieser Richtung positiv aus.

4. AUSWIRKUNGEN DER FACTORING-FINANZIERUNG AUF DIE LIQUIDITÄT DES ANSCHLUSSKUNDEN

Das nachfolgende Beispiel soll die vorangegangenen Thesen an einem willkürlich aus der Praxis herausgegriffenen Fall, einem mittelständischen Textilgroßhandelsbetrieb mit einem jährlichen Umsatzvolumen von DM 5,5 Mio., beweisen. Im Interesse einer sachlichen und informativen Darstellung wurde bewußt darauf verzichtet, einen möglichst positiven Fall aufzuzeigen. Dies gilt auch für das weitere Praxisbeispiel in bezug auf Kosten und Nutzen des Factoring. Im übrigen ermöglichen die Praxisbeispiele jedem Factoring-Interessenten, mit den eigenen Zahlen zu überprüfen, ob Factoring in seinem Unternehmen sinnvoll eingesetzt werden kann.

Die Bilanz vor und nach Factoring

Aktiva	vor Factoring in TDM	%	nach Factoring in TDM	%
Forderungen	875	35	190	10
Barvermögen	1	–	70	4
Vorräte	687	28	687	37
sonstige Forderungen	77	3	77	4
Anlagevermögen	844	34	844	45
Bilanzsumme	2.484	100	1.868	100

Passiva	vor Factoring in TDM	%	nach Factoring in TDM	%
Kreditoren	900	36	284	15
Bankverbindlichkeiten	672	27	672	36
Langfristige Verbindlichkeiten	637	26	637	34
Eigenkapital	275	11	275	15
Bilanzsumme	2.484	100	1.868	100

Das Beispiel zeigt die Auswirkung der Factoring-Finanzierung anhand des letzten Jahresabschlusses dieses Unternehmens. Diesem Bilanzvergleich ging eine Debitorenprüfung im Hause des Textilgroßhändlers voraus, bei der festgestellt wurde, daß mit TDM 685 ankaufsfähigen Forderungen zu rechnen ist. Die verbleibenden Restforderungen waren entweder rechtsanhängig oder mit dem Abtretungsverbot einzelner Großabnehmer (z. B. Kaufhäuser) belegt. Wie sich nun aus dem Beispiel ergibt, ermäßigen sich nach Factoring die Forderungen auf TDM 190. Gleichzeitig erhöht sich das Barvermögen um TDM 69, da 10% der angekauften Forderungen auf einem Sperrkonto zur Verrechnung von Skonti, Rabatten, Retouren, etc. vom Factor einbehalten werden.

Auf der Passivseite ermäßigen sich nach Factoring die Kreditoren um den Liquiditätszufluß in Höhe von TDM 616. Damit ergab sich bilanzanalytisch ein Kreditorenziel von 26 Tagen. Da in diesem Fall dem Textilfabrikanten seitens seiner Lieferanten generell eine 30tägige Valuta zugestanden wurde, erreichte man mit der Factoring-Finanzierung mühelos das Ziel der vollen Skontierfähigkeit, das sind in der Textilbranche immerhin 4%. Als weitere Folge ergibt sich eine relative Erhöhung des Eigenkapitals in diesem Beispiel von 11% auf 15% der Bilanzsumme.

Bei betriebswirtschaftlicher Einordnung der Factoring-Finanzierung ist diese Finanzierungsvariante von der Mittelherkunft gesehen eine Außen- und Fremdfinanzierung, von der Mittelverwendung her eine Absatzfinanzierung, da die Factoring-Erlöse vorrangig zur Abdeckung von Lieferantenverbindlichkeiten zu verwenden sind. Von der Finanzierungsdauer her ist Factoring ein kurzfristiges Finanzierungsmittel.[5]

Die Factoring-Finanzierung ermöglicht nicht zuletzt eine wesentlich verbesserte Finanzplanung. Bei Planungen des Zahlungsrückflusses war man bisher von vielen Unabwägbarkeiten abhängig, z. B. wie zahlen Neukunden, wie wirkt sich der jeweilige Konjunkturverlauf auf die Zahlweise aus, etc. Mit dem Einsatz von Factoring ist jetzt der Forderungsrückfluß eine exakt planbare Größe.

5. AUSWIRKUNGEN DER FACTORING-FINANZIERUNG AUF DIE RENTABILITÄT DES ANSCHLUSSKUNDEN

In beidseitigem Interesse wird der Factor vor Abschluß eines Factoringvertrages generell eine Kosten/Nutzen-Analyse anfertigen. Das nachfolgende Beispiel baut auf dem vorangegangenen Beispiel des Textilfabrikanten bezüglich Liquidität auf. Die Kosten/Nutzen-Analyse beweist, daß Factoring, richtig eingesetzt, nicht teuer ist, wie vielfach behauptet wird, sondern in vielen Fällen, so auch bei diesem mittelständischen Textilbetrieb, zur Ertragsverbesserung beiträgt.

Die Haupteinsparungen durch Factoring ergeben sich aus der erreichten vollen Skontierfähigkeit, so daß der Unternehmer 4% Skonto aus seinem gesamten Wareneinsatz erzielen kann, was in diesem Beispiel Einsparungen in Höhe von DM 145.200,– ergab. Da der Textilfabrikant bei seinen Lieferanten nunmehr als Barzahler auftreten konnte, waren die hieraus zu erwartenden verbesserten Einkaufskonditionen mit wenigstens DM 10.000,– zu veranschlagen. Ebenso wurden die Einsparungen von Verwaltungs- und Sachkosten äußerst niedrig mit DM 15.000,– angenommen und dürften in der Praxis wesentlich höher liegen, da in dieser Position die Kostenfaktoren Personal, Porto, sonstige Sachkosten, Kreditauskunftsgebühren, etc. enthalten sind. Als nächstes konnten Gewerbesteuereinsparungen in Höhe von ca. DM 7.200,– angesetzt werden, da durch Factoring das Dauerschuldverhältnis reduziert wurde. Als letztes ergaben sich Einsparungen in Höhe von DM 10.000,– durch den Wegfall des Delkredererisikos.

Kosten und Nutzen des Factoring

Meßbare Faktoren	Aufwendungen in DM	Einsparungen in DM
1,40% Factoringgebühren aus DM 5,5 Mio.	77.000	
7,5% Sollzinsen aus TDM 760 finanziertem Forderungsbestand	57.000	
6,00% Habenzinsen aus TDM 76 Sperrkonto		4.560
4,00% Skonto aus DM 3,63 Mio. Wareneinsatz		145.200
Verbesserte Einkaufskonditionen	ca.	10.000
Verwaltungs- u. Sachkonten	ca.	15.000
Gewerbesteuer	ca.	7.200
Wegfall Delkredere-Risiko	ca.	20.000
Ertragserhöhung durch Factoring	134.000 67.960	201.960
	201.960	201.960

Wie sich aus der Kosten/Nutzen-Analyse ergab, löste Factoring bei diesem Textilbetrieb nicht nur die Liquiditätsprobleme, sondern trug darüber hinaus noch mit DM 67.960,– zur Ertragsverbesserung bei.

Factoring als Finanzierungsinstrument ermöglicht häufig in beträchtlichem Maße Umsatzsteigerungen, woraus wiederum entsprechende Renditensteigerungen folgen.

Da kein Unternehmen dem anderen gleicht und Factoring in der Praxis daher dem Anschlußkunden individuell und quasi als Maßanzug anzupassen ist, kann der Factor nicht mit einer Gebührentabelle, aus der die Kosten leicht ablesbar wären, arbeiten. Allgemein gliedern sich jedoch die Gebühren wie folgt:

a) Sollzinsen: Vom Zeitpunkt des Forderungsankaufs bis zu deren Bezahlung werden banküblich Sätze für Kontokorrentkredite berechnet.
b) Factoringgebühr: Für den Dienstleistungsbereich – Debitorenbuchhaltung, Inkasso, Mahnaktionen – berechnet der Factor 0,5% – 2,5% vom Umsatz.

c) Delkrederegebühr: Für die Übernahme des 100%igen Ausfallrisikos berechnet der Factor zwischen 0,2%–0,4% vom Umsatz.
Factoringkosten sind variable Kosten. Dies wissen insbesondere Anschlußkunden zu schätzen, die aufgrund des Konjunkturverlaufes mit Umsatzschwankungen rechnen müssen.

6. ABGRENZUNG DER FACTORING-FINANZIERUNG ZU DEM ZESSIONSKREDIT UND DER WARENKREDITVERSICHERUNG

Factoring	Warenkreditversicherung	Zessionskredit
Wirtschaftliche Unterschiede		
Vertragsverhältnis ist langfristig	Vertragsverhältnis ist kurzfristig	Vertragsverhältnis ist kurzfristig, zum Teil saisonal
Finanzierung bis zu 90%	–	Finanzierung im Durchschnitt 50%
Finanzierung ist umsatzkongruent	–	Finanzierung ist nicht umsatzkongruent
Übernahme des Ausfallrisikos zu 100%	Übernahme des Ausfallrisikos zu 70%	–
Führung der Debitorenbuchhaltung	–	–
Übernahme des Mahn- und Inkassowesens	–	–
Bonitätsprüfung der Debitoren	Bonitätsprüfung der Debitoren	–
Lieferung von Informationsmaterial, z. B. Umsatzstatistiken, Exportstatistiken, Provisionsabrechnungen etc.	–	–
Reduzierung der Debitorenlaufzeit durch konstantes, versachlichtes Mahnen	–	–
Forderungsverkauf bewirkt Bilanzverkürzung und damit relative Erhöhung des Eigenkapitals	Forderungen sind weiterhin vom Unternehmer zu bilanzieren	Forderungen sind weiterhin vom Unternehmer zu bilanzieren
Reduzierung der Personal- und Sachkosten	–	–
Einsparung von Kreditauskunftsgebühren	Teilweise Einsparung von Kreditauskunftsgebühren	–
Delkredereeintritt 90-120 Tage nach Fälligkeit ohne Nachweis	Delkredereeintritt erst mit gerichtlichem Nachweis der Zahlungsunfähigkeit	Kein Delkredereeintritt
Einsparung der Rechtsverfolgungskosten		

Factoring	Warenkreditversicherung	Zessionskredit
Rechtliche Unterschiede		
Factoring ist ein Forderungskauf und wird daher mit einem Kaufvertrag geregelt	Die Warenkreditversicherung ist ein Debitorenausfallversicherungsgeschäft und wird daher mit einem Warenkreditversicherungsvertrag geregelt	Der Zessionskredit ist ein Kreditgeschäft im Rahmen von Beleihungsrichtlinien und wird daher mit einem Kreditvertrag geregelt
Forderungen werden zur Erfüllung des Kaufvertrages abgetreten	–	Forderungen werden zur Sicherung abgetreten
Beim echten Factoring hat der Factor keinen Anspruch auf Rückzahlung des Kaufpreises	–	Die Bank hat Anspruch auf Rückzahlung bei Fälligkeit des Zessionskredites
Kein Anspruch auf Rückübertragung der abgetretenen Forderungen	–	Anspruch auf Rückübertragung der abgetretenen Forderungen nach Rückzahlung des Zessionskredites
Steuerliche Unterschiede		
Factoring begründet steuerrechtlich kein Dauerschuldverhältnis, dadurch verringerte Aufwendungen für Gewerbekapital- und ertragsteuer	–	Zessionskredit begründet steuerrechtlich ein Dauerschuldverhältnis bei einer Inanspruchnahme von mehr als 1 Jahr, dadurch erhöhte Aufwendungen für Gewerbekapital- und -ertragsteuer

7. DAS VERHÄLTNIS DES DEBITORS ZU FACTORING

Obwohl täglich in der Wirtschaftspresse zu lesen ist, daß die mittelständische Wirtschaft unter einem bald chronischen Eigenkapitalmangel zu leiden hat und heute an erster Stelle – so paradox es klingen mag – die Liquidität und erst an zweiter Stelle die Rentabilität eines Unternehmens steht, hat fast jeder Factoring-Interessent zunächst Angst davor, ob sich Factoring nicht möglicherweise negativ auf seinen Abnehmerkreis auswirken könne. Oft wird er von seinem Unternehmensberater gewarnt mit dem Hinweis bei Einsatz von Factoringkunden und damit Umsätze zu verlieren. Aber die meisten Unternehmer wissen, wie schnell die herkömmlichen Finanzierungsmittel erschöpft sind und ein expansives Unternehmen sich ständig um die Beschaffung der erforderlichen Liquidität bemühen muß. Daher braucht der Lieferant, der sich heute des Factoring bedient, nicht mehr ein eventuelles Standing-Problem bei seinen Abnehmern befürchten. Factoring wirkt sich nicht negativ auf die Beziehung zwischen Anschlußkunden und dessen Abnehmer aus. Das Gegenteil ist der Fall.

Nahezu sämtliche Anschlußkunden konnten nach dem Einsatz von Factoring ihre Umsätze mit den Abnehmern erheblich steigern!

Viel wichtiger als ein via Factoring veränderter Zahlungsweg sind für das Lieferanten-Kundenverhältnis die Ware und Leistung des Lieferanten. Entscheidend ist also das perfekte Produkt, die Zuverlässigkeit, das Know-how, die Lieferfähigkeit und die Einhaltung von Terminen, um nur einige Beispiele zu nennen.

Werden die sogenannten Waren- oder Dienstleistungsprobleme seitens der Lieferanten branchenüblich gelöst, werden die Abnehmer mit Sicherheit nichts gegen Factoring einzuwenden haben. Dies wird vorher auch der Factor genau untersuchen, da er ja nur mit solventen Firmen zusammenarbeiten will.

Auch das ausgefeilte und individuelle Mahnsystem des Factors wird die Lieferbeziehungen nicht stören, da es lediglich den unabdingbar richtigen Zahlungsfluß zu gewährleisten hat und für diesen ist der Factor zuständig. Sämtliche Probleme, die mit der Ware selbst zusammenhängen, wie Mängelrügen, Liefertermine, Retouren, etc. sind nach wie vor ausschließlich zwischen Käufer (Debitor) und Lieferant (Factoring-Anschlußkunde) abzuklären.

Ganz davon abgesehen wird der Debitor mit der neuen Zahladresse in aller Regel nicht unverhofft konfrontiert. Vielmehr wird der Abnehmer bei Beginn einer Factoring-Zusammenarbeit in einem Rundschreiben des Lieferanten, bei wenigen Kunden auch persönlich, über das Factoring-Verfahren informiert. Die neue Zahladresse ist die einzige Änderung bei Factoring, praktisch vergleichbar mit einer auch sonst vorkommenden Änderung des Bankkontos des Lieferanten.

Im übrigen werden die Vorteile, die der Debitor hat, wenn sein Lieferant sich des Factoring bedient, häufig unterschätzt. Mit der aus Factoring gewonnenen Liquidität kann der Lieferant mit rechtzeitigen Wareneinkäufen auch bei steigenden Umsätzen termingerechte Lieferungen gewährleisten. Zudem führen günstige Wareneinkäufe, z. B. durch Ausnutzung von Skonti oder Preisschwankungen zu günstigen Verkaufspreisen oder verhindern längere Zeit Preiserhöhungen. Ganz davon abgesehen kann sich der Lieferant bei Factoring in erheblich größerem Umfang um seine eigentlichen Aufgaben, wie Produktentwicklung, Wareneinkauf, Warenverkauf, etc. kümmern.

Wer sich also für Factoring interessiert, braucht keine Angst davor zu haben, Kunden und damit Umsätze zu verlieren. Im Gegenteil: Durch Factoring wird das Lieferanten-Kundenverhältnis entspannt, weil Lieferant und Vertreter sich nur noch um Beratung und Verkauf bemühen müssen.

8. DAS VERHÄLTNIS DES VORLIEFERANTEN ZU FACTORING

Wenn der Anschlußkunde die aus Factoring fließende Liquidität richtig einsetzt und hiermit vorrangig die Lieferantenverbindlichkeiten abbaut, um damit den höchstmöglichen Skontonutzen zu erzielen, werden dessen Lieferanten mit Sicherheit keine Einwände gegen Factoring haben. Im Gegenteil. Die Lieferanten werden den Anschlußkunden künftig in der ersten Bonitätsstufe führen und ihn somit als Barzahler bevorzugt bedienen. Dies wirkt sich bei Reklamationen, die dann auf dem Kulanzwege geregelt werden, ebenso positiv aus wie bei Lieferengpässen, bei denen nach herrschenden Usancen zuerst die Barzahler bedient werden.

9. VORAUSSETZUNGEN FÜR DAS FINANZIERUNGSINSTRUMENT FACTORING

Das Finanzierungsinstrument Factoring kommt vor allem für Produktionsbetriebe und Großhandelsunternehmen in Frage, die rentabel, überdurchschnittlich expansiv und in ihrer Struktur gesund sind. Anders ausgedrückt kann gesagt werden, daß sich Factoring insbesondere für Unternehmen, die fungible Verbrauchsgüter produzieren und vertreiben, eignet. Für die Factoring-Finanzierung eignen sich vorwiegend folgende Branchen: Textil, Möbel, Schuhe, Nahrungsmittel, Leder, Spirituosen, Unterhaltungselektronik, Chemikalien, Kleinmaschinen, Metallwaren, Haushaltsgeräte, Holz, Baumaterialien, Fotoartikel, Elektronik, Hi-Fi-Geräte, Uhren, Optik, Raumausstattung, Kosmetika, Papierprodukte, Sportartikel, Werkzeuge, Plastik-Produkte, Autozubehör, Druckerei, Verpakkung, etc.

Diese Unternehmen sollten jährlich einen Umsatz von mindestens DM 1 bis DM 2 Mio erzielen bei durchschnittlichen Rechnungsbeträgen von wenigstens DM 400,–. Dabei sollten die sich für Factoring eignenden mittelständischen Betriebe möglichst einen gleichbleibenden Kundenkreis gewerblicher Abnehmer bei Zahlungszielen von nicht über 120 Tagen beliefern. Ein privater Abnehmerkreis eignet sich für das Factoringverfahren ebensowenig wie Barzahler. Auch langfristige Forderungen eignen sich grundsätzlich für das Factoring-Verfahren nicht. Factoring ist auch nicht für Forderungen aufgrund von Bauleistungen geeignet sowie für alle sonstigen Forderungen, die ihrer Art nach mit einem erheblichen Risiko und Einreden behaftet sind.

Deutlich muß gesagt werden, daß Factoring nicht zur Lösung von Problemen notleidender Betriebe geeignet ist. Unternehmen, die meinen, diese Finanzierungsform könne man als letzte Rettung – gewissermaßen als letzten Notnagel – vor der drohenden Insolvenz einsetzen, haben den Sinn des Factoring als modernes Finanzierungs- und Dienstleistungsinstrument verkannt. Auch zur liquiditätsmäßigen Abdeckung von Verlusten kann Factoring nicht dienen. Abgesehen davon, daß kein Factor notleidende Engagements übernehmen wird. Jeder Factor wird vor Abschluß eines Factoring-Vertrags den Interessenten kreditmäßig auf

Herz und Nieren prüfen, wobei er weniger Gewicht auf die Kapitalkraft als auf die Ertragskraft und die Absatzfähigkeit der Produktpalette des Unternehmens legen wird.

Zusammenfassend ist festzuhalten:

Die Factoring-Finanzierung wirkt sich, sofern richtig eingesetzt, positiv auf Liquidität und Rentabilität des jeweiligen Anschlußkunden aus. Negative Auswirkungen auf Kunden und Lieferanten des Anschlußkunden sind nicht zu befürchten. Wenn möglichst viele Funktionen aus dem Factoringangebot, Finanzierung, Delkredereübernahme und Dienstleistung übernommen werden, ist der Erfolg sicher. Vor Abschluß eines Vertrags ist auf jeden Fall wichtig, daß überprüft wird, ob die gewünschten Liquiditätsziele erreicht werden und das Kosten/Nutzenverhältnis stimmt.

Literaturhinweise

Bette, Klaus: Das Factoring-Geschäft, Stuttgart/Wiesbaden 1973
Ehling, Heinrich: Zivilrechtliche Probleme der vertraglichen Ausgestaltung des Inland-Factoring-Geschäfts in Deutschland, Berlin 1977
Bette, Klaus: Aktuelle Fragen zum Factoringgeschäft in Rechtspraxis und Rechtsprechung, Köln 1980

ANMERKUNGEN

1 Blaurock, ZHR 142 (1978), 325 (340) Bette, Factoring-Geschäft, 51 ff. Serick, Eigentumsvorbehalt.
2 Rödl, BB 1967, 1301
3 Bernhardt, 2KW 1982, 753 (754).
4 Löffler, BB 1967, 1304 (1305).
5 Löhr, DB-Beilage 1976 (Heft 36).
6 BGH WM 1981, 1350 (1352).

Summary

Financing by means of factoring has a positive effect on the liquidity and the profitability of a client. The experience to date shows that there are no adverse effects on the client's customers and suppliers. If the client makes as much as possible use of the factoring package, which includes financing, risk covering and some special services, he will achieve the best financial results. Before signing a contract, the client should in any case examine whether the required liquidity target can be achieved and whether the relation between profit and cost is right. It must be emphasized that factoring does not meet the needs of companies which are already in financial difficulties.

2. The Marketing Aspect in Modern Factoring
Marketing-Gesichtspunkte des modernen Factoring

Leif Bernhard Bjørnstad

Gliederung

	Seite
Which Needs Were Served?	55
Before 1900 – Knowledge of the Market	55
1900–1960 – Financing and Credit Control	56
After 1960 – Mass Handling of Accounts Receivable	56
Mass Handling of Accounts Receivable Gives Increased Market Knowledge	57
From Specialization to Full Branch Coverage	57
Payment Ability Effects on the Factoring Barometer	57
Increased Factoring Volumes Improve the Product	57
Factoring as a Tool in the Market Planning of the Company	58
Traditional Factoring Services	58
The Factor as a Market Specialist and Consultant	59
Factoring Promotes International Trade	59
Export/Import Factoring Today	59
The Factoring Company – the Trading House of the Future?	60

Factor means "he who does something", and the name indicates that the services of factors have been more than financing. Factoring has played a very important part as a service in national and international trade since ancient times, and it can initially be useful to take a look at the way in which factoring services have developed in line with the need for them.

– WHICH NEEDS WERE SERVED?

Before 1900 – Knowledge of the Market

Other authors describe the development of factoring in terms of history. I only wish to touch on the important *market* functions that factoring has served between trading partners through thousands of years. Sellers of a commodity were often dependent on using a factor who knew the market, who could sell the commodity and who could see to collection of payment. It was also a part of the service that the factor kept the books of the seller, and it was not unusual for the factor to give the seller advances against the goods or guaranteeing the buyer's ability to pay. Warehousing was also a natural part of the service. The factor charged a commission for his services, and interest on any advances.

The basis for the factoring service in ancient times was in other words the factor's knowledge of the market, his judgement and financial strength. The seller needed these services because communications were poor and it was difficult for him to know markets and customers beyond his own surroundings. The factor's guaranty was also an important service to the seller.

1900–1960 – Financing and Credit Control

The following quotation is a good description of what happened around the turn of the century:

"Between 1889 and 1905 the selling functions of the factoring houses gradually disappeared and the factor became a specialized banker. The McKinley tariff of 1890 practically forced European textiles out of the American market and the factoring houses naturally turned to American mills and converters, for whom they performed the same financial services they had been providing to the European mills, but as the American mills had their own sales departments, there was no occasion for the factor to act in a selling capacity."*

Mass production signalled the start of a rapid development of trade and communication at that time, and we recognize a clear change in the services that were needed from factors – from marketing, financing and credit control to only financing and credit control.

After 1960 – Mass Handling of Accounts Receivable

Until 1960 factoring was restricted almost exclusively to the United States, while Europe and the rest of the world almost forgot the factoring function.

The development of modern technology, specially in data processing, was probably the most important reason for factoring rising up again like a Phoenix, specially in Europe. As mentioned, the result of mass production was mass sales and a large increase in the number of customers and accounts receivable. Mass handling of outstanding accounts receivable became necessary, and this became a natural growth area for modern factoring. The factoring industry has thus grown strongly since the sixties. From an initial 8–10 companies in all of Europe at the beginning of the sixties, there are today more than 80 companies, most of them bank- or insurance owned.

Credit control and the handling of accounts receivable have, together with financing of the accounts receivable and extensive reporting, been the most important needs of the client. The marketing aspect has been left in the background for many years, just as credit protection has been in little demand in many countries, e.g. Scandinavia.

The factoring companies have been become specialists in the use of data processing in their handling of accounts receivable and this has made it possible to produce better surveys and reports, which again lead to a safer basis for decisions.

It is this fact that will lead to factoring playing a far more important role in supporting the marketing organizations of the clients in future.

MASS HANDLING OF ACCOUNTS RECEIVABLE GIVES INCREASED MARKET KNOWLEDGE

From Specialization to Full Branch Coverage

Textiles, clothing, shoes and furniture have traditionally been the typical fields with which factoring has been involved, and they are still important in this respect.

Development has, however, led to diversification into different fields particularily in Europe. European factors now approach most trades that are suitable for factoring, i. e. where invoicing takes place after completion of deliveries, where the spread of customers is good, and where payment is due in full at a later due date. The fact that most trades are involved gives factoring a good reputation as a general business tool.

"Can we check the debtors?" – is no longer the main concern; rather: "Is the client sound and does he produce a product or provide a service which is factorable". The investment necessary in obtaining experience with new debtors could be large, but will eventually pay off in increased business. European factoring companies have build up a basis of experience in most trades over the last twenty years, and the factoring service is thus more useful than ever.

Payment Ability Effects on the "Factoring Barometer"

A factoring company often has a number of clients selling to any one debtor, and can thus more easily register changes in the payment pattern than the client himself, who only handles his own receivables. It can occasionally happen that a debtor at some time will favour a supplier with rapid payments because he needs those particular goods more than others, while he in reality is nearing bankruptcy. The supplier can therefore happen to send new shipments in the belief that all is well. The factor will in such situations often be in a position to warn the client at an earlier time, and is thus in other words providing an important service to the company's market and credit planning.

Increased Factoring Volumes Improve the Product

One of the most interesting features of modern factoring is that the quality of the factor's service increases proportionally with the increase in the company's volume. Since the sixties the factoring companies have been continuously building up information about their respective markets through an increase in the number of clients and receivables on their customers. Rapid updating in safe online-systems gives the factors a market knowledge which surmounts what is available to anyone else. This market knowledge is being made available to the clients in a continuously more improved form – and it is immediate information, not only a historic survey.

The knowledge of the payment ability of the debtors in mixed fields of business is especially valuable because it is based on client experiences from different branches, as mentioned above.

FACTORING AS A TOOL IN THE MARKET PLANNING OF THE COMPANY

Traditional Factoring Services

I have so far given a short and very summary introduction to the background of modern factoring as this service exists today, and it may be useful to sum up which services a factoring client today expects of his factoring company:

– Financing — Up to 80% of assigned receivables
– Handling — Full handling and control of the accounts receivable until they are paid
– Reporting — Full ledgering, payment reporting and other special debtors surveys, sales statistics etc.
– Risk coverage — Most companies can offer this service
– Consultant/advisor — This applies both to the financial planning of the company as well as the control of the customer base.

Which of these services effect and contribute to an effective market planning for the company?

Financing remains the most important service sought by the clients in a number of European countries. 50–70% of a company's assets are normally outstanding accounts receivable, and these are an excellent basis for financing. The other services provided by the factor are often considered secondary products which are included in the package, and it is not until one has had some experience that one realizes the advantage of the other services. The companies do, however, have an excellent control tool in the *reports* they receive. The factoring system ensures an updating of the relationship between seller and buyer which is of great importance to the company's credit and customer policies, and many customer losses could have been avoided if the companies had used this service fully, combined with the use of the factor as a consultant or advisor.

The factoring companies often have undeveloped resources in this field, and they have certainly not been good enough at marketing this part of the product themselves.

As will be seen from the above, the factor often has a far better reference material on the customer base within a field of business than the company itself, and as this becomes marketed to a greater extent the factoring concept should become a better quality package for potential users.

The Factor as a Market Specialist and Consultant

The last twenty years since factoring was again introduced to Europe can almost be considered an "apprenticeship". It has taken time to build up systems to secure rational handling of outstanding accounts receivable, and it has taken time to build up sufficient volume to give a basis for satisfactory market knowledge. The time is now ripe to move on and exploit this market knowledge in a new service.

The clients usually benefit from the knowledge of the factoring companies through the reporting systems that have been developed.

It would in my opinion be natural for the factor to specialize also in qualified *market information* as a separate product. This service could consist of the following:
- Quantifying the market according to field of business
- Information on the methods of distribution according to fields of business
- General information on payment ability and habits according to fields of business, category of customers and districts
- Advice on representation
- Information on legal questions and control instances for product control etc.

The factor already has the basis for most of these products, but it needs a systematic build-up of the information, and it should be marketed by specialized marketing staff.

Some people may maintain that this is outside the scope of normal factoring activities. I will maintain that the institutions that today offer such services do not have the detailed knowledge of the market that the factoring companies do, but if the advice is to have a qualified content, the factor's know-how must be supplemented with the judgement of the market specialist.

FACTORING PROMOTES INTERNATIONAL TRADE

Export/Import Factoring Today

The export factor finances an exporter and covers the credit risk on his customers, sees to collection of the outstanding accounts receivable and provides full reports. In order to do this, the export factor collaborates with an import factor in the importers country, who has sufficient knowledge of the market, and who can cover the credit risk on the debtor. It is on the basis of such credit risk coverage that the export factor can finance the export.

The information that the exporter receives about his potential customers in a foreign country naturally makes it safer for him to export. He will also discover that the cooperating factoring companies can assist him in other ways, as will be seen from the above.

The Factoring Company – the Trading House of the Future?

History has shown that the commercial aspect has previously been of great importance to the factoring function. In a way it can be said that we have reverted to the beginning that modern mass handling of accounts receivable has given the factoring companies the sort of market knowledge that the old factors had – they know the debtors in the various fields of trade and have first-hand knowledge on the various distribution structures.

It would not be inconceivable to use this experience in a specialized commercial activity such as a trading house specialized in import and export, warehousing, distribution, and financing. Despite the greater degree of specialization the trading houses are not yet a thing of the past, and the factoring companies should be in a position to use their knowledge of the market in this way. The future, however, will probably show that the factoring companies first and foremost will act as market consultants in addition to the additional functions of financing, accounts receivable handling, and risk coverage.

With the rapid expansion that has taken place in the computer field, it will in any case be necessary to give the traditional factoring services greater scope and it seems to me to be reasonable that this takes the form of qualified market information.

ANMERKUNGEN

* R. I. Livingston: "Assignment of Accounts receivable", Illionois Bar Journal, Vol. 42, pp. 773 (Supplement 1954).

Zusammenfassung

Die Factoringgesellschaften sind mit Hilfe der elektronischen Datenverarbeitung Spezialisten für die Verwaltung von Forderungen geworden. Zunächst waren sie, wie in den USA, vornehmlich im Konsumgüterbereich tätig. Heute erstrecken sich ihre Erfahrungen auf fast alle Bereiche des Massengütergeschäfts. Der Einblick in das Zahlungsverhalten der Debitoren – oft bezahlt z. B. ein Debitor seine verschiedenen Lieferanten unterschiedlich – vermittelt dem Factor ein zuverlässiges Bild von der tatsächlichen Zahlungsfähigkeit. Für die Verkaufsplanung des Factoringkunden kann dies eine wichtige Hilfe sein. Der Factor berichtet regelmäßig über den Stand der Beziehungen zu den einzelnen Käufern. Die darauf aufbauende Beratung trägt dazu bei, Verluste bei Debitoren zu vermeiden. In der Zukunft werden Factoringgesellschaften als Teil ihres Angebotes möglicherweise weitere Informationen zur Verfügung stellen, z. B. über Märkte, Zahlungsgewohnheiten, regionale Besonderheiten, etc. Besonders im Exportgeschäft wird dies von großer Bedeutung sein. Damit entwickelt sich der Factor wieder stärker zum Marktspezialisten. Aufbauend auf den vielfältigen Erfahrungen, könnten sich einige Factoringgesellschaften zu einer neueren Art von Handelshäusern entwickeln.

Credit Factoring International

Ankauf von Inlands- und Exportforderungen
Debitorenverwaltung
Forderungsfinanzierung
Exportforderungs-Service

Die Credit-Factoring-Gruppe ist eine Gründung der National Westminster Bank unter Beteiligung weiterer namhaften Banken in den wichtigsten westeuropäischen Ländern und den USA.

Ihr Partner
in Deutschland:

Credit Factoring International GmbH
Zeil 81 – Postfach 10 05 59
6000 Frankfurt 1
Telefon (0 69) 28 17 34 – Telex 4 13 653

3. Die Spielarten des Factoring
The Varieties of Factoring

Georg Schepers

Gliederung

	Seite
Einleitung	63
1. Standard-Factoring (echtes Factoring)	65
2. Fälligkeitsfactoring	66
3. Eigenservice-Factoring	66
4. Export-Factoring	66
5. Import-Factoring	67
6. Factoring ohne Delkredereübernahme („unechtes Factoring")	67
7. Stilles Factoring	68
8. Halboffenes Factoring	68

EINLEITUNG

Es darf als allgemein geläufig unterstellt werden, daß Factoring in den USA seinen Ausgang nahm. Dort von Spielarten des Factoring zu sprechen, trifft kaum die Gegebenheiten. Factoring in den USA heißt Kauf der Forderungen und damit automatisch, daß der Factor den Kaufpreis bevorschußt, die von ihm gekauften Forderungen bucht, damit das Mahn- und Inkassowesen durchführt und das Delkredererisiko trägt. Dieses Verfahren wird als *old line-Factoring* bezeichnet.

Der Gedanke des Factorings entsprang der Sorge exportierender englischer Tuchlieferanten, auf dem entfernten und damit schwer überschaubaren amerikanischen Markt Geld infolge Insolvenz dortiger Abnehmer zu verlieren. Erster Schritt zur Entwicklung zum Factoring war die Gewährleistung der Zahlungsfähigkeit der Abnehmer durch die ortsansässigen Verkäufer, das heißt die Übernahme der Delkrederefunktion. Erst später kam die Finanzierungsfunktion hinzu, die mit dem Verzicht auf die Verkaufstätigkeit einherging und zu einem eigenen Berufsstand führte, der wie die Textilbranche selbst in New York konzentriert war. Noch heute ist Factoring in den USA fast ganz auf die Textilbranche beschränkt.

Nach aller Erfahrung legen in den USA an Factoring interessierte Firmen unverändert besonderen Wert auf den Delkredereschutz. Infolgedessen kommt es vor, daß der Kaufpreis für die an den Factor verkauften Forderungen nicht in Form von Vorschüssen beansprucht wird. Vielmehr zahlt der Factor in solchen

Fällen den Rechnungsgegenwert erst dann, wenn der Abnehmer des Factoringkunden gezahlt hat, spätestens aber zu dem mit dem Factor vereinbarten Termin. Dieses Verfahren nennt man *Collection-Factoring*.[1] Als weitere Form wird mitunter auch das *Maturity-Factoring*[2] angewendet, bei dem der Factor im Gegensatz zum Collection-Factoring die Rechnungsgegenwerte nach dem gewogenen Schnitt bevorschußt.

In allen Verfahren ist auf der Originalrechnung deutlich sichtbar der Verkauf der Forderungen an den Factor angezeigt. Man spricht auch vom notifizierten oder auch offenen Verfahren. Die Abnehmer der Factoringkunden zahlen mithin direkt an den Factor.

In der Bundesrepublik Deutschland hat sich Factoring gänzlich anders entwickelt, als sich das vermutlich die Initiatoren selbst vorgestellt haben. Aus heutiger Sicht kann man sich des Eindrucks nicht erwehren, daß grundlegende Mißverständnisse Schwierigkeiten schon im Ansatz verursacht haben. Es fällt auf, daß mit der Einführung des Factoringverfahrens in der Bundesrepublik Deutschland Anfang der sechziger Jahre Factoringverträge zunächst stets ohne die Übernahme des Delkredererisikos abgeschlossen worden sind, soweit es sich um Inlands-Factoringverträge handelte. Dagegen war es von Anfang an üblich, bei Factoringgeschäften „über die Grenze", das heißt bei Export- und Import-Factoringverträgen, das Delkredererisiko zu tragen. Begründet wurde diese Einstellung einerseits mit der geringen Nachfrage nach der Absicherung des Delkredererisikos im Hinblick auf die geringen Insolvenzzahlen damals sowie das bessere Angebot der Kreditversicherer, andererseits mit der Verpflichtung aus international abgeschlossenen Verträgen, beim Import- und Exportfactoring den gesamten zum Factoring zählenden Service zu bieten. Damit fehlte in der Bundesrepublik Deutschland von Anfang an der Teil des Factorings, der in den USA – wie erwähnt – das größte Interesse auslöste. Die Begründungen für diese Entwicklung überzeugen nicht. Vielmehr ist zu vermuten, daß in der Bundesrepublik Deutschland Factoring von Anbeginn als ein dem Bankgeschäft nahes Finanzierungsgeschäft mißverstanden wurde. Darauf deutet auch die Tatsache, daß praktisch sämtliche deutschen Factoringinstitute nicht nur von Banken gegründet wurden, sondern insbesondere auch von Mitarbeitern aus der deutschen Bankpraxis geleitet worden sind.

Unter diesen Gegebenheiten überraschte es nicht mehr, daß Factoring in der Bundesrepublik Deutschland besonders als ein Instrument der Umsatzfinanzierung angeboten wurde und auch noch wird. Die Sorge, mit den Zessionskrediten der westdeutschen Geschäftsbanken zu kollidieren, lag auf der Hand. Sie führte von Anbeginn zu einer höchst beklagenswerten Entwicklung, nämlich zum Angebot des „stillen" Factorings, von dem das als halboffen bezeichnete Factoring lediglich ein Ableger ist. Das stille Factoringverfahren dokumentiert nichts anderes als die Sorge vor Imageverlust des Unternehmens, das sich mit Factoring befaßt. Man geht kaum fehl in der Annahme, daß das stille Factoring nicht nur Ursache erheblicher Verluste im westdeutschen Factoring, sondern sogar für die Schließung ganzer Institute war.

Die Übernahme der Buchhaltung als eine Serviceleistung für den Factoringkunden zu offerieren, ist sicherlich ebenso als ein ursprüngliches Mißverständnis zu interpretieren. Es liegt auf der Hand, daß eine vom Factor gekaufte Forderung in dessen Buchhaltung gehört. Vermutlich war das immer wieder zu lesende Angebot: „Wir führen Ihre Debitorenbuchhaltung" nicht zuletzt auf die Euphorie Anfang der sechziger Jahre zurückzuführen, insbesondere mittelständischen Unternehmen „Computerweisheiten" nahebringen zu wollen. Es wirkt demgegenüber fast belustigend, noch heute in Teilbereichen des amerikanischen Factorings (whole-sale factoring) die Handbuchhaltung wiederzufinden.

Auch der Eifer westdeutscher Factoringgesellschaften, den Computerservice besonders zu betonen, ist da und dort teuer zu stehen gekommen. Angeregt durch vielfältige Vorschläge äußerten die meist EDV-unerfahrenen, vorwiegend mittelständischen Factoringinteressenten derart verschiedenartige Wünsche, so daß die Datenverarbeitung einzelner Factors schnell überdimensioniert und damit viel zu teuer wurde.

Infolge gesammelter Erfahrungen hat sich das zeitweilig verwirrende Bild des westdeutschen Factorings inzwischen geklärt. Der Trend geht eindeutig zum offenen Verfahren mit Delkredereübernahme. Dazu beigetragen haben auch zahlreiche Prozesse im Zusammenhang mit der Frage des verlängerten Eigentumsvorbehaltes und die Erkenntnis, daß das offene Factoring schlußendlich sowohl den Interessen des Factoringkunden als auch denen des Factors und gegebenenfalls auch der miteingeschalteten Hausbank des Factoringkunden am besten dient, zu schweigen von dem Nutzen selbst für die zahlungsverpflichteten Abnehmer des Factoringkunden.

Wenn also nachstehend die Spielarten des Factorings dargestellt sind, so bezieht sich das auf die Spielarten, die in der Bundesrepublik Deutschland bisher vorgekommen sind. Wichtig ist, daß diese Spielarten teilweise Entwicklungsform der Vergangenheit sind, die inzwischen eindeutig einmünden in das klassische Factoring, so, wie es auch heute noch in den Vereinigten Staaten gang und gäbe ist.

1. Standard-Factoring (echtes Factoring)

In den USA wird dieses Verfahren old line-Factoring genannt. Der Factor kauft im Rahmen der für die einzelnen Abnehmer vereinbarten Limite sämtliche Forderungen seines Factoringkunden. Sofort bei Rechnungseinreichung – der Factor erhält arbeitstäglich Kopien – werden diese Rechnungen mit 80 bis 90% bevorschußt. Die restlichen 10 bzw. 20% werden mit dem Factoringkunden abgerechnet, sobald der Abnehmer des Factoringkunden an den Factor bezahlt hat. Bei Nichtbezahlung durch den Abnehmer werden die restlichen 10 bzw. 20% bei Eintritt des Delkrederefalles (= Insolvenz des zahlungsverpflichteten Abnehmers bzw. Nichtzahlung in der Regel 90 bis 120 Tage nach Forderungsfälligkeit) vom Factor an den Factoringkunden bezahlt.

Damit ist klar, daß dieses Verfahren die drei Funktionen beinhaltet, die als die typischen Factoring-Dienstleistungen bezeichnet werden, nämlich Debitorenbuchhaltungs-, Delkredere- und Finanzierungsfunktion.[3] Da die Zahlungen der Abnehmer des Factoringkunden direkt an den Factor unterstellt werden, ist klar, daß es sich um das offene Factoringverfahren handelt.

2. Fälligkeitsfactoring

Dieses Verfahren ist identisch mit dem amerikanischen Collection-Factoring. Es handelt sich hierbei nur um eine verzögerte Zahlung des Kaufpreises. Mit Ausnahme der Bevorschussung gelten alle unter Standard-Factoring skizzierten Spielregeln: Übernahme der Debitorenbuchhaltung und des Delkredererisikos durch den Factor, offenes Verfahren. Der Factor zahlt den Rechnungswert erst dann, wenn der Abnehmer des Factoringkunden an den Factor gezahlt hat, spätestens aber zu dem mit dem Factor vereinbarten Termin (Eintritt des vermuteten Delkrederefalles).[4]

3. Eigenservice-Factoring

Durch den Einzug der Datenverarbeitung auch in Kleinstunternehmen[5] hat der Aspekt der Führung der Debitorenbuchhaltung durch den Factor an Bedeutung verloren. Hinzu kommt die Problematik der Kalkulation einer tragbaren Factoringgebühr, wenn eine große Menge kleiner Rechnungen zu verarbeiten ist. Dies wird um so wichtiger, als sich auch verstärkt größere Unternehmen mit dem Einsatz von Factoring beschäftigen.

Um den Factoringkunden sowohl die Nutzung vorhandener EDV- und Personalkapazitäten zu ermöglichen, als auch attraktive Konditionen zu kalkulieren, wird der Factoringkunde selbst treuhänderisch mit der Führung der Debitorenbuchhaltung für den Factor beauftragt. Bekannt sind diese Formen des Factorings unter Begriffen wie „Inhouse-Factoring, Eigenservice- und Bulk-Factoring". In jüngster Zeit hat sich auf diesem Gebiet eine Weiterentwicklung gezeigt. So haben die dargestellten Formen allesamt den Nachteil, daß der Factoringkunde in regelmäßigen Abständen dem Factor teilweise sehr umfangreiche Auswertungen in Listenform zur Verfügung stellen muß, deren Handhabung sowohl für den Kunden als auch für den Factor sehr mühsam ist. Um diesen Nachteil zu vermeiden, gibt es jetzt die Möglichkeit, diese Daten im Datenträgeraustausch – sowohl durch Datenfernübertragung als auch mittels EDV-Band oder Diskette – zu verarbeiten, somit zu wesentlich reduzierten Handlingkosten zu kommen. Delkredere- und Finanzierungsfunktion bleiben beim Factor, der streng genommen auch die Buchhaltungsfunktion hat, sie lediglich (bis zum Widerruf) an seinen Kunden (= einem Rechenzentrum) in Auftrag gibt.

Auch hier handelt es sich um offenes Verfahren, das heißt, die Abnehmer des Factoringkunden zahlen auch bei diesem Verfahren an den Factor.

4. Export-Factoring

Üblicherweise wird Exportfactoring als Ergänzung der unter 1 bis 3 beschriebenen Verfahren angeboten, um von den Factoringkunden sämtliche Forderungen ankaufen zu können. Von der Abwicklungsseite her wird es bis jetzt im Regelfall nur im Standard-Verfahren angeboten. Die jeweils vereinbarten Spielregeln gelten entsprechend. Grundsätzlich ist es möglich, sich auf reines Exportfactoring (evtl. sogar nur auf bestimmte Länder) zu konzentrieren.

Zur Übernahme des Delkredererisikos und der Durchführung des Inkassos schaltet der westdeutsche Factor im jeweiligen Land Korrespondenz- oder Schwestergesellschaften ein, für die dann das Verfahren Importfactoring bedeutet.

Zunehmend ist auch der Trend festzustellen, im europäischen Ausland vornehmlich unter Kostengesichtspunkten das Direktgeschäft zu forcieren, also Exportfactoring ohne Einschaltung eines im jeweiligen Abnehmerland ansässigen Factoring-Institutes anzubieten.

Das Verfahren ist stets offen, Ausnahmen kommen beim Direktgeschäft vor.

5. Import-Factoring

Der deutsche Factor kauft aufgrund vertraglicher Absprachen mit ausländischen Factoringgesellschaften nach üblichen Spielregeln Forderungen, die aufgrund von Lieferungen aus dem Ausland an westdeutsche Abnehmer entstehen. In der Regel werden diese Forderungen gegenüber dem ausländischen Factor nicht bevorschußt (Fälligkeitsfactoring). Die Bevorschussung der Forderungen dem (ausländischen) Factoringkunden gegenüber übernimmt der dortige Factor. Der deutsche Factor trägt also das Delkredere, er betreibt das Inkasso und bucht auch (jedoch nur für sich).

Abweichend von der Norm kommt es gelegentlich zu Forderungsvorschüssen an den ausländischen Factor.

Auch dieses Verfahren ist stets offen.

Eine andere Variante ist das direkte Import-Factoring. In diesem Verfahren tritt der Import-Factor unmittelbar in eine vertragliche Beziehung zum ausländischen Exporteur. Der Export-Factor mit der Bevorschussungsfunktion bleibt hier aus dem Spiel. Die Leistungen des Import-Factors beschränken sich weitgehend auf seine üblichen Aufgaben, nämlich Forderungs-Inkasso und Übernahme des Delkredere. Den Forderungskaufpreis zahlt der Import-Factor direkt an den ausländischen Exporteur; entweder bei Fälligkeit der Forderungen oder nach deren Bezahlung durch die inländischen Abnehmer. Dieses Verfahren ist vor allem für Export-Unternehmen geeignet, die an der Bevorschussung der Forderungen kein so großes Interesse haben.

6. Factoring ohne Delkredereübernahme („unechtes" Factoring)[6]

Factoring ohne Delkredereübernahme spielt praktisch seit der Entscheidung des Bundesgerichtshofes vom 14. 10. 1981[7] kaum noch eine Rolle in der Bundesrepublik Deutschland. Der Bundesgerichtshof hat in dieser Entscheidung das „unechte" Factoring als ein Kreditgeschäft angesehen.[8] Er hat weiterhin ausgeführt, daß in diesem Fall für die Kollision einer vorrangigen Globalzession zu Gunsten eines Factors im Rahmen „unechten" Factorings mit Ansprüchen von Warenlieferanten aufgrund Eigentumsvorbehaltes dieselben Grundsätze gelten, die der Bundesgerichtshof zur Kollision zur Globalzession zu Gunsten eines Geldkreditgebers mit Eigentumsvorbehaltsrechten entwickelt hat.[9]

Gelegentlich wird Factoring ohne Delkredere auch als „accounts receivable financing" bezeichnet. Das von den amerikanischen Factoringgesellschaften sehr häufig betriebene und meist sehr viel bedeutendere „accounts receivable financing" (meist nur kurz „accounts receivable" genannt) ist tatsächlich nichts anderes als ein Zessionskredit nach Factoring-Spielregeln, das heißt Forderungen werden nicht mit nur 40 bis 50%, sondern mit 80 bis 90% finanziert. Von „Bevorschussung" kann deshalb keine Rede sein, weil kein Delkredere übernommen wird. Es handelt sich mithin nicht um Forderungskauf. Die Forderungen werden beim Factor auch nur pauschal gebucht.

7. Stilles Factoring

Regelmäßig war bisher von offenem Factoring die Rede, bei dem das praktizierte Factoring „notifiziert", das heißt, den Abnehmern des Factoringkunden die Forderungsabtretung durch unmißverständlichen Aufdruck auf der einzelnen Rechnung angezeigt wird. Darauf wird beim stillen Factoring verzichtet. Die Zusammenarbeit mit einem Factor wird mithin nach außen nicht publik. Der Abnehmer des Factoringkunden zahlt folglich auch unverändert an seinen Lieferanten. Stilles Factoring gibt es auch nur beim Standard- und beim Eigenservice-Factoring (siehe 1 und 3), sieht man von den Ausnahmen im Direktgeschäft beim Exportfactoring ab.

Wird stilles Factoring angewendet, fällt es dem Factor ungemein schwer, das Delkredere zu tragen, fehlt ihm doch der dazu notwendige Einblick in die Zahlungsweise der Abnehmer, da die Zahlungen unverändert direkt an den Lieferanten (Factoring-Kunden) erfolgen.

So ist auch in den letzten Jahren eine Veränderung bei dem Angebotsverhalten der Factoringgesellschaften zu beobachten, wohl mit ausgelöst von Marketingüberlegungen. Einzelne Gesellschaften sind dazu übergegangen, Factoring grundsätzlich nur noch im offenen Verfahren anzubieten. Es ist davon auszugehen, daß dieser Trend anhalten wird.

8. Halboffenes Factoring

Als Versuch eines Kompromisses zwischen dem offenen und dem stillen Factoring ist das „halboffene" Verfahren zu sehen. Der Factor wird auf den einzelnen Rechnungen lediglich als Bankverbindung (Zahlstelle) aufgeführt. Gelegentlich bemüht man sich auch noch um einen Hinweis in den Lieferungs- und Zahlungsbedingungen. Fraglos ist das Verfahren im rechtlichen Sinne als stilles Factoring anzusehen. Damit gilt all das, was unter 7. erwähnt ist.

ANMERKUNGEN

1 Schepers, Georg: „Maturity factoring", in Handelsblatt Nr. 83 vom 30. 4. 1986, S. 25.
2 vgl. a.a.O., S. 25.
3 vgl. Bette, Klaus: Die Einordnung des Factoring in das deutsche Recht in: 25 Jahre Factoring in Deutschland, Deutscher Factoring-Verband e. V. (Herausgeber), Frankfurt 1985, Seite 15 ff.
4 vgl. Schepers, Georg: Maturity factoring, in Handelsblatt Nr. 83 vom 30. 4. 1986, S. 25.
5 vgl. Weschke, W.-Dieter: „Die Bedeutung der modernen Daten- und Kommunikationstechniken für das Factoring", in Möbel-Markt, Heft 4, April 1986, Seite 717.
6 Zu der u. E. unzutreffenden Bezeichnung siehe Ausführungen von Stoppok.
7 vgl. BGH, in ZIP 81, Seite 1313 ff.
8 a.a.O., Seite 1316.
10 a.a.O., Seite 1317.

Summary

The different forms of German factoring contracts are influenced by the experience of American factors who introduced factoring into Germany. At the outset German factors modified the American contracts; but owing to an absence of experience and as a result of advertising, the factoring business in Germany seemed to be somewhat confusing. Increasingly the following forms are offered:

Standard factoring (true-factoring, old-line factoring): Purchase of accounts receivable, notification of assignment, assumption of credit risk, advance payment of covered accounts.

Maturity factoring (collection-factoring): The factor collects and pays the factored client the purchase price of the accounts at their maturity.

Eigen-Service-Factoring (bulk-factoring, inhouse-factoring): The administration of the accounts receivable records is carried out by the client for and on behalf of the factor (the system is used if there is a large number of invoices of small amounts; and it demands a high standard on the part of the client).

Export and import factoring: As a rule limited to the well-known international factoring groups. An Exportfactor of the exporter's country markets the business and maintains relations with the client; an Importfactor of the importer's country collects and guarantees the importer's ability to pay. Sometimes Factors handle export or import business direct, i. e. without a correspondent factor.

Unechtes Factoring (factoring with recourse, un-true factoring): German factors are not very happy with the German word "unecht". No assumption of the credit risk, but advance payment on accounts receivable which are checked by the factor. The article by Klaus Bette in this book deals with the legal problems of this type of factoring.

Stilles Factoring: The debtor is not notified. As before he pays the client. This may increase the risk to the factor. This type of factoring is no longer widely used in Germany.

Halboffenes Factoring: The debtor ist not notified. The client can only discharge his liabilities by payment to a certain account which is assigned to the factor.

„Intermarket Factoring bedeutet für mich:

100%ige Absicherung meiner Skandinavienexporte."

GALLUS
HERRENSCHUHE
Hr. Hassler

„Unsere Vertreter können sich voll aufs Verkaufen konzentrieren, denn Intermarket kümmert sich um den gesamten Papierkrieg.
Dazu kommt, daß Intermarkets skandinavische Partnergesellschaften das Inkasso der ausständigen Beträge besorgen. Diese problemlose Abwicklung ist nur mit Intermarket möglich."

Herr Hassler weiß, wovon er spricht. Er arbeitet mit Intermarket, weil es sich für ihn lohnt.

Intermarket Factoring ist ein zeitgemäßer Finanzierungsservice für dynamische Unternehmer:

- Risikoabsicherung
- jederzeit Liquidität
- Steuervorteile

Es ist unmöglich, die umfassenden Vorteile, die Intermarket Factoring bietet, in einem Inserat ausführlich darzustellen. Wenn Sie aber mehr über Intermarket Factoring wissen wollen, senden Sie uns bitte Ihre Geschäftskarte:
Intermarket Factoring Ges.m.b.H.,
A-1150 Wien, Linke Wienzeile 234
Tel. 0222/85 76 26, Telex 135953 imfac.

Außenstelle: 6020 Innsbruck,
Meinhardstraße 5
Tel. 05222/20 7 66

GESCO

Intermarket Factoring ◆

Österreichs größte Factoring-Gesellschaft.
Die Profis für Sparkassen-Factoring.

4. Factoring in der Buchführung
Factoring in the Book-Keeping

Siegfried Schindewolf

Gliederung

	Seite
I. Einführung	71
1. Grundsätzliches zur Bilanzierung	71
2. Factoring durch Kreditinstitute	72
II. Factoring in der Buchführung	72
1. Debitorenbuchhaltung beim Factor	72
2. Verfahren bei der Datenerfassung	73
3. Kontoführung und Dokumentation	74
4. Factoring im Auslandsgeschäft	76
III. Bilanzierung	76
1. Ausweis beim Factor als Kreditinstitut	76
2. Ausweis beim Factor als Nicht-Kreditinstitut	79
3. Ausweis beim Veräußerer (Anschlußkunde)	79
IV. Schlußbemerkung	80
Literaturangaben	81
Anmerkungen	81

I. EINFÜHRUNG

1. Grundsätzliches zur Bilanzierung

Beim Factoring (Forderungsverkauf durch Abtretung i. S. d. §§ 433, 398 BGB) scheiden die verkauften Forderungen aus dem Vermögen und der Bilanz des Forderungsverkäufers (Anschlußkunde, Zedent) aus, stattdessen entstehen Forderungen an den Factor (Zessionar), die unter Beachtung der Abreden im einzelnen (Zinsregelung, Sperrbeträge, Ausfallrisiko) zu bilanzieren sind.[1]

Sofern der Factor den Kaufpreis nach Abzug eines Einbehalts und der Factoringgebühr sofort an den Veräußerer zahlt, bilanziert dieser die erhaltenen flüssigen Mittel und begründet eine Forderung gegen den Factor für den Einbehalt. Haftungsverhältnisse aus einem vertraglichen Rückgriffsrecht des Factors sind als solche unter dem Strich in der Bilanz zu vermerken. Dieser Anwendung der Grundsätze ordnungsmäßiger Buchführung und Bilanzierung auf das Factoring als eines Forderungsverkaufs hat sich auch der Bundesgerichtshof in seinem Urteil vom 10. 8. 1972 angeschlossen V R 64/68 BStBl 1973 II S. 37, da er auch beim sogenannten „unechten" Factoring den Forderungskauf ausdrücklich als wirtschaftlichen Tatbestand festgestellt hat.

Das Factoring Geschäft ist nicht im Katalog der Bankgeschäfte nach § 1 Kreditwesengesetz enthalten. Bähre/Schneider[2] weisen darauf hin, daß obwohl es sich beim unechten Factoring wirtschaftlich betrachtet um ein bankmäßiges Kreditgeschäft handelt, auch dieses Geschäft nicht von § 1 erfaßt wird. Wer es betreibt, bedarf daher nicht der Erlaubnis, es sei denn, daß diese bereits wegen Betreibens anderer Bankgeschäfte erforderlich ist.

2. Factoring durch Kreditinstitute

Fast alle Factors in der Bundesrepublik Deutschland sind Kreditinstitute im Sinne des Kreditwesengesetzes. Nach § 19 Abs. 3 dieses Gesetzes ist beim Factoring der Veräußerer von Forderungen dann als Kreditnehmer im Sinne der §§ 13–18 Kreditwesengesetz anzusehen, wenn er für die Erfüllung der übertragenen Forderungen einzustehen oder sie auf Verlangen des Erwerbers zurückzuerwerben hat; anderenfalls ist der Schuldner der Verbindlichkeit Kreditnehmer.

Über den Veräußerer von Forderungen als Kreditnehmer muß sich der Factor nach der generellen Vorschrift des § 18 KWG hinreichend informieren, wenn die Kreditgewährung über DM 100.000 hinausgeht. Bei im Rahmen des Factoring angekauften Forderungen gegen Debitoren, die laufend erworben werden, ohne daß der Veräußerer der Forderungen für deren Erfüllung einzustehen hat, und die innerhalb von 3 Monaten vom Tage des Ankaufs an gerechnet fällig werden, entfällt nach einer auf das Factoring bezogenen besonderen Regelung in § 18 Satz 3 KWG die Verpflichtung zum Offenlegenlassen der wirtschaftlichen Verhältnisse.

II. FACTORING IN DER BUCHHALTUNG

1. Debitorenbuchhaltung

Da der Factor die von ihm angekauften Forderungen nicht nur wirtschaftlich, sondern auch in rechtlich einwandfreier Weise durch Abtretung erworben, seinem Vermögen zugeführt und im Zusammenhang mit deren Erwerb Schulden begründet hat, ist er als Kaufmann zur Buchführung nach den Vorschriften des Handelsgesetzbuches und damit auch nach Steuerrecht verpflichtet.

Erst in zweiter Linie nimmt der Factor gegebenenfalls im Rahmen besonderer vertraglicher Verpflichtungen dem Veräußerer Belastungen durch dessen eigene aufwendige Debitorenbuchhaltung und die damit verbundene Verantwortung ab. Gleichzeitig liefert der Factor dem Veräußerer eine Dokumentation, die ihm nicht nur Aufschluß über seine Geschäftsbeziehungen zum Factor und seinen Abnehmern gibt, sondern auch vielfältige nützliche statistische Auswertungen als besonderen Service bieten kann. Im historischen Fall der vom Factor nur auf Treuhandkonten übernommenen nicht angekauften Kundenforderungen diente sie zudem mittelbar als Ersatz für die sonst in eigener Regie des Veräußerers zu führende Debitorenbuchhaltung.

In den Anfangsjahren des Factoring in Deutschland war für die rechtliche Beurteilung der werblich besonders herausgestellten Buchführungsfunktion des Factors die von Bette[3] nachhaltig vertretene Auffassung ein wesentliches Argument gegen die verschiedentlich vertretene Betrachtungsweise, welche die sogenannte Dienstleistungsfunktion des Factoring als eine Geschäftsbesorgung nach § 675 BGB ansah. Wirtschaftlich werden allenfalls Nebenleistungen zum Nutzen des Veräußerers erbracht, die beim Einsatz moderner Datenverarbeitungstechnik nahezu zwangsläufig als Nebenprodukt aus der eigenen und eigenverantwortlichen Tätigkeit des Factors bei der Wahrnehmung seiner Buchführungsaufgaben anfallen.

2. Verfahren bei der Datenerfassung

Im Rahmen des Factoring-Vertrages kauft der Factor die gegenwärtigen und die künftig entstehenden Forderungen aus Lieferungen und Leistungen des Veräußerers bis zur Höhe des aufgrund seiner eigenen Kreditwürdigkeitsprüfung festgelegten Limits je Debitor an. Für den Kaufvertrag werden Kopien der Ausgangsrechnungen benutzt. Sie enthalten alle wesentlichen Merkmale der Forderung gegen den Debitor und zur Erleichterung der Kontenführung beim Factoring zusätzlich die zwischen ihm und dem Veräußerer vereinbarten Debitorennummern. Die eingereichte Rechnungskopie (mitunter auch zusätzlich Versandpapiere) dient als Beleg, daß der Veräußerer seine Verpflichtung gegenüber dem Debitor durch Ausführung der Lieferung oder Leistung erfüllt hat und damit als Nachweis des Rechtsbestands der Forderung. In letzter Zeit hat auch das Verfahren des Datenträgeraustauschs in geeigneten Fällen Anwendung beim Factoring gefunden.

Die Annahme des Kaufantrags durch den Factor wird gegenüber dem Veräußerer durch die Gutschrift des vereinbarten Kaufpreises für die Forderung auf dem *Abrechnungskonto* vollzogen und durch Erteilung eines Kontoauszugs zum Ausdruck gebracht.

Die Gutschrift auf dem Abrechnungskonto erfolgt vorschüssig, sie wird fällig bei Zahlungseingang auf die angekaufte Forderung oder mit dem Selbsteintritt des Factors bei Ankauf mit Haftungszusage.

Der Veräußerer kann über das auf dem Abrechnungskonto durch Gutschrift des Kaufpreises nach Abzug eines Sperrbetrags und der Factoring-Gebühr vorhandene Guthaben wie über täglich fälliges Geld verfügen, er erhält eine Vorauszahlung auf eine noch nicht fällige Kaufpreisforderung, er schuldet Kontokorrentzinsen zu marktüblichen Sätzen für die Zeit von der Verfügung bis zum Eingang der Zahlung durch den Debitor beim Factor oder gegebenenfalls bis zum Selbsteintritt des Factors. Die Vorauszahlungen werden einem *Sonderkonto* belastet.

Fällig gewordene Guthaben auf Abrechnungskonten werden zugunsten des Veräußerers ebenfalls zu vertraglich vereinbarten Sätzen verzinst.

Der Factor erhebt als Entgelt für seine Tätigkeit eine *Factoring-Gebühr*. Sie orientiert sich von Vertrag zu Vertrag unterschiedlich an der normalerweise bei den einzelnen Veräußerern vorzufindenden durchschnittlichen Größenordnung der zum Kauf angebotenen Forderungen und beläuft sich auf einen Prozentsatz der Rechnungsbeträge sowie einen Festbetrag je Rechnung, damit bei Kleinbeträgen die Stückkosten des Factors nicht unterschritten werden. Wenn der Veräußerer für die Zahlungsfähigkeit seiner Debitoren nicht haftet, schließt die Factoring-Gebühr das Entgelt für die Delkredere-Übernahme durch den Factor ein.

Bei offener Zession der an den Factor verkauften Forderungen und bei Vermerk einer Zahlungsaufforderung ausschließlich an den Factor auf den dem Debitor vom Veräußerer zugeschickten Originalrechnungen geht die Kundenzahlung normalerweise unmittelbar beim Factor ein. Sofern die Regulierungen nicht an den Factor selbst geleistet werden, ist der Veräußerer verpflichtet, die Zahlungseingänge unter Beifügung der Originalbelege, z. B. Überweisungsträger, Wechsel, Schecks und Regulierungsbriefe unter Beachtung etwaiger Formvorschriften unverzüglich an den Factor weiterzuleiten. Zahlungseingänge beim Factor auf Forderungen, für die er das Delcredere nicht übernommen oder die er nicht angekauft hat, werden dem Abrechnungskonto ohne zusätzliche Wertstellungsfrist als verfügbar und fällig gutgeschrieben.

Für die vom Factor angekauften Forderungen haftet der Veräußerer jedenfalls für deren Rechtsbestand. Erlöschen von Forderungen durch Aufrechnung, oder andere bestandsgefährdende Beeinträchtigungen muß der Veräußerer dem Factor unverzüglich mitteilen. Reklamationen dieser Art führen zur Rückrechnung des vorschüssig gutgeschriebenen Kaufpreises.

3. Kontoführung und Dokumentation

Für die Führung einer ordnungsmäßigen Debitorenbuchhaltung liefert der Veräußerer dem Factor außer der Ausgangsrechnung alle Informationen wegen zwischenzeitlich eingetretener buchungspflichtiger Vorkommnisse und rechtzeitig die anfallenden Belege. Der Factor führt die Debitorenbuchhaltung in eigener Verantwortung und Verpflichtung beginnend mit der Eintragung im Grundbuch nach Soll- und Habenumsätzen und erteilt Auszüge über die Bewegung auf dem mit dem Veräußerer geführten Abrechnungs- und Sonderkonto. Über die Zeitabstände (täglich, wöchentlich, monatlich) sowie über die Anzahl und Art der zu liefernden Duplikatunterlagen werden individuelle Vereinbarungen mit dem Veräußerer getroffen. In der Regel werden die Buchhaltungsprogramme des Factors die vom Veräußerer gewünschten Zahlendarbietungen ohne zusätzliche Programmierungsleistung liefern können. Wöchentlich oder monatlich werden Offene-Posten-Listen nach Debitoren, freien Limiten und zum bestehenden Factoring-Obligo aufgelistet zu liefern sein, dazu Abstimmungsunterlagen für die abgelaufene Periode nach Rechnungsanfall, Gutschriftenanfall und Zahlungsanfall, nach Wunsch Kontoauszüge je Kunde, Altersgliederung des Factoring-Obligo und schließlich Aufgabe der vom Factor belasteten Zinsen und Gebühren.

Das vom Factor in laufender Rechnung für den Veräußerer geführte *Abrechnungskonto* nimmt in schematischer Darstellung die nachfolgend wiedergegebenen Buchungsposten auf:

Abrechnungskonto

Soll	Haben
	Gegenwert angekaufter Forderungen – täglich – Wert Fälligkeitstermin wie zwischen Factor und Veräußerer vereinbart
Rückrechnung des Gegenwerts angekaufter Forderungen wegen Rechtsbestandsmängeln	Zahlungseingänge auf Forderungen die wegen Haftung des Veräußerers bereits zurückbelastet waren
Rückbelastung von Forderungen bei Veräußerer-Haftung	
Verfügung des Veräußerers	
Vorschußzinsen	
Factoring-Gebühr	

Auf dem beim Factor gleichfalls in laufender Rechnung debitorisch geführten *Sonderkonto* werden die vom Veräußerer jeweils beanspruchten Vorauszahlungen auf noch nicht fällige, auf Abrechnungskonten gutgeschriebene Gegenwerte angekaufter Kaufpreisforderungen in Evidenz gehalten.

Der Factor führt die angekauften Debitoren nach Namen und Adresse geordnet. Ankäufe von verschiedenen Veräußerern resultieren in Gesamtforderungen gegenüber ein und demselben Debitor. Außerdem wird zur vollständigen Dokumentationsbereitschaft gegenüber den Kunden des Factors der Bestand an Debitoren zusätzlich in geeigneter Weise verdichtet, um das gesamte Obligo im Geschäft mit einzelnen Veräußerern – dem Einreicher-Obligo beim Wechseldiskont vergleichbar – evident zu halten:

Factoring-Obligo (Sammelkonto Debitoren je Veräußerer)

Soll	Haben
Gesamtbestand + Zugänge bei angekauften Forderungen (ehedem auch die auf Treuhand- bzw. Schwebekonto geführte Forderungen)	Zahlungseingänge Erlösschmälerung durch Abzüge (ehedem auch aus Sperrkonto)

Gegebenenfalls dient ein Obligoauszug dem Veräußerer zur zusätzlichen Information. Dem Factor gibt er Aufschluß über den Gesamtumfang seines Kreditengagements mit dem betreffenden Anschlußkunden, wenn dieser für die Einbringlichkeit der verkauften Forderungen haftet und damit Kreditnehmer des Factors im Sinne der einschlägigen Bestimmungen des Kreditwesengesetzes ist.

4. Factoring im Auslandsgeschäft

Wenn im Importfactoring die inländischen Factors von ausländischen Factoring-Gesellschaften Forderungen an deutsche Importeure mit oder ohne Regreß ankaufen, wird — wenn dies der Vertragsgestaltung zwischen den beteiligten Factoring-Instituten und der tatsächlichen Handhabung des Leistungsaustauschs entspricht — hinsichtlich der erfüllten Geschäftsvorfälle wie im Verkehr mit inländischen Geschäftspartnern gebucht und bilanziert.

Allerdings hat eine modifizierte Abwicklung der Geschäftsvorfälle durch eine Reihe von Factoring-Instituten in Deutschland im Rahmen ihrer Delkrederefunktion und bei der technischen Abwicklung des Inkassos zu Auffassungsunterschieden mit dem Bundesaufsichtsamt für das Kreditwesen geführt. Das Amt hat die Anwendbarkeit des § 18 Satz 3 Kreditwesengesetz für solche Fälle in Frage gestellt, in denen es in juristischer Betrachtungsweise die Voraussetzung des „entgeltlichen Forderungserwerbs" anzweifelt.

Tatsächlich geht in diesen Fällen die buchmäßige Handhabung durch die betreffenden deutschen Factoring-Institute dahin, die zunächst zu Inkassozwecken durch Abtretung erworbene Import-Factoring-Forderung als Sollposten und deren Gegenbuchung auf einem Inkasso-Verpflichtungskonto bis zur Zahlung oder dem Selbsteintritt des inländischen Factors nicht in den Bilanzausweis einzubeziehen, sondern vielmehr die Delkredereverpflichtung als ein Haftungsverhältnis unter dem Bilanzstrich zu vermerken. Damit ist den gesetzlichen Vorschriften und den Grundsätzen ordnungsmäßiger Bilanzierung genüge getan.

U. E. steht diese Handhabung bei wirtschaftlicher Betrachtungsweise der besonders für die Eigenart des Factoringgeschäfts bestimmten Regelung des Gesetzgebers in Satz 3 in § 18 Kreditwesengesetz nicht entgegen. Die ausdrücklich gewollte Erleichterung bezieht sich auf „einen Kredit aufgrund des entgeltlichen Erwerbs einer Forderung aus nicht bankmäßigen Handelsgeschäften, wenn Forderungen gegen den jeweiligen Schuldner laufend erworben werden, der Veräußerer der Forderung nicht für ihre Erfüllung einzustehen hat und die Forderung innerhalb von 3 Monaten, vom Tag des Ankaufs an gerechnet fällig ist". Die Garantie des inländischen Factors, dessen Geschäftstätigkeit schlechthin auf den entgeltlichen Erwerb von Forderungen aus nicht bankmäßigen Handelsgeschäften unter Delkredereübernahme ausgerichtet ist, ist nur eine Spielart der Kreditgewährung aus dem gleichen grundgeschäftlichen Zusammenhang.

Das *Exportfactoringgeschäft* mit den eigenen Anschlußkunden im Inland wird unter Einschaltung des Korrespondenz-Factoring-Instituts im Ausland in ähnlicher Weise wie das inländische Geschäft abgewickelt, abgerechnet und bilanziert.

III. BILANZIERUNG

1. Ausweis beim Factor als Kreditinstitut

Bei der nachfolgenden Erörterung wird zunächst unterstellt, daß es sich bei den Factoring-Instituten um Kreditinstitute im Sinne des Kreditwesengesetzes handelt, so daß die Verordnung über Formblätter für die Gliederung des Jahresabschlusses vom 20. 12. 1967 in der Fassung vom 27. 5. 1969[4] und die Richtlinien für die Aufstellung der Jahresschlußbilanz sowie der Gewinn- und Verlustrechnung der Kreditinstitute[5] anzuwenden wären.

Die Factors führen in ihrer Buchhaltung die *Forderungen* an die einzelnen Schuldner als *Forderungen an Kunden mit vereinbarter Laufzeit oder Kündigungsfrist von weniger als 4 Jahren*.[6] Systembedingt werden gegebenenfalls darunter auch solche Forderungen erfaßt, bei denen die globale Abtretung im Rahmen des Factoring-Vertrages infolge bestehender Abtretungsverbote seitens der Schuldner rechtlich nicht wirksam geworden ist. Vor Bilanzausweis sind diese Posten, da ihnen — vom Factor her gesehen — der Charakter eigener Forderungen fehlt, durch Saldierung mit entsprechenden Gegenwerten auf den Abrechnungskonten vom Gesamtausweis der Factoring-Obligen abzusetzen.

Die Bilanzierung des im Factoring ohne Übernahme der Delkrederehaftung durch den Factor angekauften Forderungen wird nicht von allen Factoring-Instituten wie bei den im „echten" Factoring mit vollem Ausfallrisiko erworbenen Forderungen gehandhabt.

Angesichts der Eigenart des Factoring als eines Forderungskaufs und nach mehrheitlicher Übung der Factoring-Institute ist dem Bruttoausweis anstelle einer Saldierung mit den entsprechenden Kaufpreisverbindlichkeiten der Vorzug einzuräumen. Andererseits läßt sich die Praxis der anders Bilanzierenden, die sich auf das Überwiegen des kreditgeschäftlichen Moments bei der Bevorschussung als auslösender Vorgang und damit nur deren debitorischen Ausweis stützen, gegenüber einer Realisierung schon des Forderungskaufs nicht gänzlich von der Hand weisen.

Hinsichtlich der Bewertung des Forderungsbestandes, der zu Anschaffungskosten erworben dem Factor zuzurechnen ist, bestehen keine Unterschiede zur Bewertung von Posten des Umlaufvermögens ohne einen feststellbaren Börsen- oder Marktpreis schlechthin: Übersteigen die Anschaffungskosten den Wert, der den Forderungen am Abschlußstichtag beizulegen ist, so ist auf diesen Wert abzuschreiben (§ 253 Abs. 3 Satz 2 Handelsgesetzbuch). Darüber hinaus sind bei Kreditinstituten die verbindlich vorgeschriebenen Sammelwertberichtigungen zu bilden und entweder vor Ausweis abzusetzen oder als Passivum gesondert auszuweisen.

Zum Bilanzausweis der ihrer Natur nach kreditorischen *Abrechnungskonten* sind über die Frage der Zulässigkeit bei Saldierung von Kaufpreisverbindlichkeiten gegen die entsprechenden, im unechten Factoring erworbenen Forderungen hinaus — wie oben erörtert — Zweifel an ihrer Klassifizierung als *Verbindlichkeiten aus dem Bankgeschäft gegenüber anderen Gläubigern* noch nicht gänzlich ausgeräumt. Das Factoring-Geschäft wird vom Bundesaufsichtsamt für das Kreditwesen und offenbar mehrheitlich auch in der Bilanzierungspraxis der Kreditinstitute wie ein Bankgeschäft behandelt; es fehlt indessen in der Aufzählung der Bankgeschäfte in § 1 des Kreditwesengesetzes (Begriffsbestimmungen). Folglich ist ein Ausweis unter der Position „Sonstige Verbindlichkeiten" nicht absolut auszuschließen.

Die geleisteten Vorauszahlungen werden zwar buchführungstechnisch von den Abrechnungskonten getrennt behandelt, die hierzu eingerichteten Sonderkonten verlieren aber nicht die Eigenschaft eines Unterkontos zum entsprechenden Abrechnungskonto. Die Kompensierung von Vorauszahlungen gegen die ihnen zugrundeliegende Kaufpreisverbindlichkeit ist wegen ihrer Gleichartigkeit ungeachtet unterschiedlicher Wertstellung und Verzinsung als zulässig anzusehen.

Wenn die Abrechnungskonten nach Kompensation durch Überziehung einen Forderungssaldo zeigen, sind sie zusätzlich den Factoring-Obligen als Kundenforderungen auszuweisen und zu bewerten.

In die zu passivierenden bzw. beim Forderungsausweis abzusetzenden *Sammelwertberichtigungen* sind nach Maßgabe der Anordnung des Bundesaufsichtsamtes für das Kreditwesen vom 17. 9. 1974 mit den vorgeschriebenen Sätzen die als Kundenforderungen erfaßten Debitoren und die als Aktivposten saldierten Abrechnungskonten mit einzubeziehen.

Ob die bei der Abrechnung vereinnahmten Factoring-Gebühren nach Maßgabe eines Leistungsanfallschlüssels pro rata temporis verzögert als Ertrag zu realisieren sind, so daß ein bei der Aufstellung des Jahresabschlusses als noch nicht erdient anzusehender Teilbetrag als *Rechnungsabgrenzungsposten* auszuweisen ist, hängt vom tatsächlichen Übergreifen in die Folgeperiode ab.

Beim Importfactoring ist in entsprechender Weise zu verfahren. Der inländische Debitor ist grundsätzlich Kunde im Sinne der Bilanzierungsrichtlinien nach der Bekanntmachung Nr. 1/1968 des Bundesaufsichtsamtes für das Kreditwesen vom 22. Juli 1968, nach deren Vorschriften auch angekaufte Forderungen als solche an Kunden zu bilanzieren sind. Ob das verkaufende Factoring-Institut im Ausland „Kunde" bzw. „anderer Gläubiger" oder Kreditinstitut im Sinne des § 1 Abs. 1 Kreditwesengesetz ist, bleibt für die Eingliederung in die diesbezüglichen Bilanzposten nach dem Gesamtbild der Verhältnisse und den verfügbaren Informationen zu entscheiden.

Im Falle einer Kreditgewährung beim Importfactoring in Form der Garantie kommt es zum Bilanzvermerk des Haftungsverhältnisses solange, bis die Forderung durch Selbsteintritt auf den Factor übergegangen ist. Dem Obligo aus der entstandenen Kreditgewährung des Factors an den Schuldner der ihm abgetretenen Forderung sind sowohl seine Buchforderungen als auch die Eventualforderungen aus dem Haftungsverhältnis zuzurechnen.

Zinserträge aus Sollsalden auf den Sonderkonten und aus den Abrechnungskonten (Verfügung über vorschüssig gutgeschriebene noch nicht fällige Forderungsgegenwerte) sind als solche brutto auszuweisen.[7]

Sollsalden auf den Abrechnungskonten können durch zugelassene Überziehungen, Rückbelastungen sowie Zins- und Gebührenbelastungen durch den Factor entstehen.

Der Aufwandsposten *Zinsen und zinsähnliche Aufwendungen* nimmt die Zinsgutschrift an die Veräußerer aus verfügbaren laufenden Guthaben auf den Abrechnungkonten gemäß vertraglicher Vereinbarung auf.[8]

Die Factoring-Gebühren können unter der Position *Zinsen und zinsähnliche Erträge aus Kredit- und Geldmarktgeschäften* ausgewiesen werden. Wenn der Dienstleistungscharakter überwiegt oder als ausschlaggebend anzusehen ist, dürfte ein Ausweis unter *Provisionen und andere Erträge aus Dienstleistungsgeschäften* vertretbar sein.

Die Berichterstattungspflicht im *Lagebericht* nach § 289 Handelsgesetzbuch ist für die nach dem 31. 12. 1986 beginnenden Geschäftsjahre dahingehend ausgedehnt worden, daß zumindest der Geschäftsverlauf und die Lage der Kapitalgesellschaft so darzustellen sind, daß *ein den tatsächlichen Verhältnissen* entsprechendes Bild vermittelt wird. Außer der Berichterstattung über Vorgänge von besonderer Bedeutung, die nach dem Schluß des Geschäftsjahres eingetreten sind, soll nunmehr auch auf die *voraussichtliche Entwicklung* der Kapitalgesellschaft eingegangen werden.

2. Ausweis beim Factor als Nicht-Kreditinstitut

Wenn der Factor kein Kreditinstitut ist, verbleibt für den Forderungsausweis unter Anwendung des Bilanzformblatts nach Handelsgesetzbuch der Posten *sonstige Vermögensgegenstände* und für die Passiven der Ausweis *sonstige Verbindlichkeiten*. Ein gesonderter Ausweis der Forderungen und Verbindlichkeiten aus dem Factoring-Geschäft ist in das Ermessen der bilanzierenden Gesellschaft gestellt, wenn nicht die relative Bedeutung dieser Posten im Verhältnis zu den anderen Bilanzpositionen im Interesse der Bilanzklarheit eine Erweiterung des anzuwendenden Formblatts erforderlich macht.

Wenn es sich bei dem Factor um eine Kapitalgesellschaft handelt, ist gemäß § 284ff. Handelsgesetzbuch ein *Anhang zum Jahresabschluß* anzufertigen. Er unterliegt den gleichen Publizitätsvorschriften wie die für den aus Bilanz und Gewinn- und Verlustrechnung bestehenden Jahresabschluß. Für den Factor sind hier insbesondere die Angaben zu den angewandten Bilanzierungs- und Bewertungsmethoden sowie deren Veränderungen gegenüber dem Vorjahr und zur Währungsumrechnung zu machen (§ 286 Abs. 2).

Nach § 289 Handelsgesetzbuch müssen alle Kapitalgesellschaften einen *Lagebericht* erstatten. Er unterliegt den gleichen Publizitätsvorschriften wie der Jahresabschluß und der Anhang zum Jahresabschluß. Der Lagebericht muß zumindest den Geschäftsverlauf und die Lage der Gesellschaft so darstellen, daß ein den tatsächlichen Verhältnissen entsprechendes Bild vermittelt wird. Außerdem soll der Lagebericht auf Vorgänge von besonderer Bedeutung nach dem Schluß des Geschäftsjahres und die voraussichtliche Entwicklung der bilanzierenden Gesellschaft eingehen.

3. Ausweis beim Veräußerer (Anschlußkunde)

Die *Abrechnungskonten* stellen, soweit sie Guthaben des Anschlußkunden sind, einen Bestandteil der Position Schecks, Kassenbestand, Bundesbank- und Postgiroguthaben, Guthaben bei Kreditinstituten dar. Überzogene Abrechnungskonten und die *Sonderkonten* sind unter den kurzfristigen *Verbindlichkeiten gegenüber Kreditinstituten* auszuweisen.

Wenn der Veräußerer den Faktor auch nach vollzogenem Verkauf der Debitoren für deren Einbringlichkeit haftet, ist bei Kapitalgesellschaften darüber hinaus im Bilanzvermerk oder im Anhang eine weitergehende Aufgliederung nach *Verbindlichkeiten aus Bürgschaften* oder Verbindlichkeiten aus *Gewährleistungsverträgen* unter der Bilanz des Anschlußkunden anzubringen (§ 251 Handelsgesetzbuch).

Die Factoringgebühr sollte gemeinsam mit den Zinsaufwendungen bei Inanspruchnahme von Finanzierung unter *Zinsen und ähnlichen Aufwendungen* ausgewiesen werden.

Bei den voraufgegangenen Betrachtungen ist davon ausgegangen worden, daß beim Factoring das Faktum des Forderungsverkaufs von beiden Seiten konsequent bilanziert wird. Seitens der Factoring-Institute wird zum Teil auch im Grenzbereich des Factoring ohne Delkredereübernahme so verfahren. Möglicherweise könnte ein Veräußerer noch mit Vorstellungen vom Factoring als eine Art Zessionskredit befangen sein. Wenn er die stille Abtretung fakturierter Forderungen als Sicherungsleistung im Rahmen einer Kreditinanspruchnahme behandelt, wird man ihn nicht zu einer anderen Bilanzierung anhalten können.

Er mag die ursprünglichen Forderungen bis zur Zahlung weiter als solche aus Lieferung oder Leistung behandeln und die darauf beim Factor genommenen Vorschüsse als Verbindlichkeiten gegenüber Kreditinstituten betrachten. Schwerwiegende Bedenken ließen sich hiergegen nicht geltend machen, wie dies auch in der Literatur zum Ausdruck gekommen ist.[9]

IV. SCHLUSSBEMERKUNG

Die enge Themenstellung dieses Beitrags mußte sich auf die Abhandlung von Fragen buchmäßiger Behandlung und Bilanzierung unter Berücksichtigung der Situation nach Inkrafttreten des Bilanzrichtlinien-Gesetzes beschränken.

Die rechtliche Kollisionsproblematik — verlängerter Eigentumsvorbehalt, Vertragsbruchrechtsprechung — findet in der Buchführung keinen Niederschlag, solange nicht Risiken aus akuten Streitfällen Anlaß zur Bildung von Wertberichtigungen oder Rückstellungen geben.

In der Bilanzierungspraxis der Factoring-Gesellschaften, die Kreditinstitute sind und damit einer besonderen Pflicht zur Offenlegung ihrer Jahresabschlüsse gegenüber dem Bundesaufsichtsamt nachkommen müssen, hat sich noch nicht in allen Punkten eine einheitliche Auffassung manifestiert. Für die Klassifizierung der Kaufpreisverbindlichkeiten wird der vom Bundesaufsichtsamt für das Kreditwesen vertretenen und von den Bilanzierenden zunehmend übernommenen Handhabung des Factoring wie die eines Bankgeschäfts im Sinne des § 1 Kreditwesengesetz noch nicht ausnahmslos gefolgt.

Auch die Frage der Zulässigkeit von Kompensationen der vom Factor angekauften Forderungen und der Kaufpreisverbindlichkeiten aus dem Forderungserwerb im unechten Factoring ist noch nicht abschließend ausdiskutiert. Das Bundesaufsichtsamt für das Kreditwesen hat zu erkennen gegeben, daß es einem

Bruttoausweis auch bei den ohne Delkredereübernahme angekauften Forderungen den Vorzug gibt.

ANMERKUNGEN

1 Wirtschaftsprüfer-Handbuch 1985/86 Bd. I, S. 543
2 KWG-Kommentar, Bähre/Schneider, München 1986, S. 76
3 Bette, Klaus, Das Factoringgeschäft, Stuttgart/Wiesbaden 1973, S. 71
4 Consbruch-Möller, Kreditwesengesetz (Textsammlung), Loseblattausgabe, München, Nr. 15.01
5 Consbruch-Möller, a.a.O. Nr. 3.15 und 16.01 sowie in zusammengefaßter Darstellung im Wirtschaftsprüfer-Handbuch 1985/86 Bd. I, S. 287 ff.
6 Wirtschaftsprüfer-Handbuch, S. 293
7 Wirtschaftsprüfer-Handbuch 1985/86 Bd. I, S. 298
8 Wirtschaftsprüfer-Handbuch 1985/86 Bd. I, S. 300
9 Löhr, Dieter: Factoring und Bilanzierung, Die Wirtschaftsprüfung 1975, S. 460

Literaturangaben

Factoring in: Geld-, Bank- und Börsenwesen, Obst/Hintner 37. Auflage, Stuttgart 1982, S. 367 ff.
KWG Kommentar, Bähre/Schneider, 3. Auflage, München 1986
Das Factoring-Geschäft, Robert Maria Schmitt, Frankfurt a. M. 1968
Das Factoring-Geschäft, Dr. Klaus Bette, Stuttgart/Wiesbaden 1979
Factoring und Bilanzierung, Dieter Löhr, Die Wirtschaftsprüfung 1975, S. 457 ff.
Wirtschaftsprüfer-Handbuch 1985/86 Band I, Herausgeber Institut der Wirtschaftsprüfer in Deutschland e. V., Düsseldorf 1985
Handbuch der Bilanzierung, Gnam, (Loseblatt), Freiburg i. Br., S. 1960 ff.
Einschlägige Buchführungsvorschriften: Handelsgesetzbuch §§ 238 ff., Abgabenordnung §§ 140 ff., Einkommensteuerrichtlinien Abschnitt 29, Grundsätze ordnungsmäßiger Speicherbuchführung, Schreiben des Bundesministers der Finanzen vom 5. 7. 1978, Bundessteuerblatt I, S. 250
Zur Auslegung der Grundsätze ordnungsmäßiger Buchführung beim Einsatz von EDV-Anlagen im Rechnungswesen, Die Wirtschaftsprüfung 1975, S. 255.

Summary

The ownership of accounts receivable is transferred by factoring (outright sale and assignment, §§ 433, 398 BGB) to the factor. Accordingly the factor must keep the records with all legal and accounting consequences; for example: the debtor of the client is now the debtor of the factor. The client has to show claims on the factor in his own balance sheet to the extent that they are unpaid.

In Germany the accounting of factoring by the factor is not officially fully regulated. But most German factors are banks which are supervised by the „Bundesaufsichtsamt für das Kreditwesen" (Federal Banking Supervisory Board). Therefore, this Federal Board tries to harmonize accounting practices which also influences the bank ratios.

MODERNE BANKORGANISATION UND AUTOMATION

Büroautomation und Bürokommunikation in Kreditinstituten
Ergebnisse einer Studie mit Interpretationen und persönlichen Anmerkungen
Von Dipl.-Volkswirt Immo Filzek. 1987. 184 Seiten, Pp., DM 78,—. ISBN 3-7819-0369-9

Die Anforderungen der Endbenutzer in Kreditinstituten an die Büroautomation und Bürokommunikation waren bisher sehr wenig erforscht. Mit der vorliegenden Untersuchung wird diese Lücke geschlossen. Der Autor interpretiert eine aktuelle Studie über den Stand und die Tendenzen der Bürokommunikation in der deutschen Kreditwirtschaft, bei der über eintausend Mitarbeiter aus allen Bereichen der Kreditinstitute ihre Anforderungen an die Büroautomation und Bürokommunikation formuliert haben.

Der Autor setzt diese Anforderungen an die Kommunikationstechniken mit den Möglichkeiten der modernen Informationstechnologien in Verbindung und leitet daraus eine Strategie für die Umsetzung in die Praxis ab. Hierbei bedient er sich einer Sprache, die so wenig Fachwörter wie möglich verwendet und damit auch für Bankmitarbeiter aus den Fachabteilungen verständlich bleibt.

Viele Grafiken und ein ausführlicher Anhang, in dem Erfahrungen von Anwendern in Kreditinstituten als Beispiele für Implementierungsmöglichkeiten herangezogen werden, verdeutlichen und ergänzen das Werk, das für alle, die neue Kommunikationstechniken zu planen haben oder in ihrem Bereich einsetzen wollen, zu einem unentbehrlichen Hilfsmittel wird.

Bankmitarbeiter und die neuen Informationstechniken
— Chancen und Aspekte —
Herausgegeben von Peter Muthesius und Heribert M. Schneider. Mit Beiträgen von führenden Experten der Bankorganisation. 1986. 240 Seiten, Ln., DM 58,—. ISBN 3-7819-0341-9

Tagtäglich erfährt die Menschheit die Notwendigkeit, vom Denken in Einzelmaßnahmen und von dem oft egoistischen Denken aus der Sicht einzelner Gruppeninteressen Abstand zu nehmen und statt dessen in größeren Regelkreisen zu denken. Die datentechnische Vernetzung über die Grenzen der Bankinstitute, der einzelnen Branchen, einzelner Länder und Erdteile hinaus, fördert diese Entwicklung.

Die Beiträge in diesem Buch sollen durch ihre Zusammensetzung helfen, zu einer Gesamtschau der sich abzeichnenden Trends im Kreditgewerbe zu kommen. Aus diesem Grunde kommen nicht nur die unterschiedlichsten Institutsgruppen zu Wort, sondern auch Beobachter des Arbeitsmarktes, Arbeitnehmervertreter und EDV-Hersteller. Der stärker um sich greifenden Internationalisierung wird mit Beiträgen aus Japan und USA Rechnung getragen.

Computergeld
Entwicklungen und ordnungspolitische Probleme des elektronischen Zahlungsverkehrssystems
Von Hugo T. C. Godschalk. 1983. 372 S., brosch., DM 54,50.
ISBN 3-7819-0291-9

Die Automatisierung — als Ausdruck der „3. industriellen Revolution" — zeigt sich im Bankwesen in Form von Bargeldautomaten, Kassenterminals, in zunehmender automatisierter Bedienung der Bankkunden.

Kann der Aufbau eines effizienten elektronischen Zahlungsverkehrssystems dem Marktmechanismus überlassen bleiben? Soll der Staat diese Funktion übernehmen? Die Problematik, die nicht von der gegenwärtigen Reformdiskussion der Geldverfassung losgelöst betrachtet werden kann, wird in diesem aktuellen Buch eingehend diskutiert und behandelt.

Die Möglichkeiten des Home Banking und sein Einfluß auf die Geschäftspolitik der Kreditinstitute
Von Kay Hafner. 1984. 176 Seiten, brosch., DM 34,50.
ISBN 3-7819-0312-5

Durch Bildschirmtext und die sich daraus ergebenden wichtigen Impulse für das traditionelle Bankgeschäft erhält Home Banking im Rahmen neuer Selbstbedienungstechniken eine zentrale Bedeutung. Der Verfasser beschreibt die notwendigen Voraussetzungen sowie die konkreten Anwendungen dieser neuen Kommunikationsform, deckt deren Grenzen und Probleme auf und präzisiert Einfluß und Auswirkungen des Home Banking auf die Geschäftspolitik der Kreditinstitute.

Die Chip-Karte als Bargeld der Zukunft
Von Dr. Gerhard Förster. 1985. 136 Seiten, brosch., DM 42,80. ISBN 3-7819-0329-X

Im Zeitalter der Elektronik muten Banknoten und Münzen wie Zeugen der Vergangenheit an. Vor allem: Die Bearbeitung von Banknoten und Münzen ist kostenintensiv. Banken, Sparkassen, Handel und Dienstleistungsunternehmen leiden unter diesem Problem.

Die Idee, das Bargeld von seiner beleghaften Form zu befreien und ihm eine elektronische Form zu geben, beherrscht die Diskussion. Was sind die Vorteile, was sind die Nachteile? Welche Konsequenzen bedeutet seine Abschaffung für unsere Geldordnung?

Dieses Buch ist der Versuch, die Fragen, die die Idee der Elektronisierung des Bargeldes aufgeworfen hat, zu beantworten. Es ist ein Plädoyer dafür, sich intensiver, als dies bisher der Fall war, mit der Zukunft des Bargeldes als Zahlungsmittel auseinanderzusetzen.

FRITZ KNAPP VERLAG · Postfach 11 11 51 · 6000 Frankfurt/Main 11

5. Factoring and Data Processing
Factoring und Datenverarbeitung

Nils Otto Nielsen

Gliederung

	Seite
Computerization.	84
History of Mechanization of Factoring	84
Description of Main Tasks in a Factoring System	85
Administrative Service	86
Risk Coverage.	88
Financing	88
Conclusion	88

    Modern factoring as defined in Europe today is a combination of services normally offered to the medium sized company on the basis of the company's accounts receivable.
    The different basic functions of the factoring product have similarities to products offered by the banking, the insurance, and the data processing industries. However, the combination of functions offered makes factoring in many ways unique.
    The factor is also able to offer different mixes of the following elements, depending on client's needs:

Administrative Service

    The administrative service element is a necessary feature as it is a basis for the other functions.
    To the factor are assigned the trade accounts receivable of the client on a continuing basis; and therefore the factor undertakes accounts receivable book-keeping.
    As a result of this task, dunning of customers for overdue invoices has to be performed as well as identification and book-keeping of the incoming cash.

Assumption of Credit Risk

Based on his direct knowledge of the client's customers and different trade habits, the factor is well placed to expand his administration of the trade credit function into the coverage of credit risks for all or part of the client's sales.

Financing

The factor, knowing the risk in the client's accounts receivable, is also able to give the client advances on the basis of the future cash flow.

COMPUTERIZATION

The administrative function is important to the factor in order to give a sound basis for his risk assumption and lending function. It is as important to the prospective client that the factor functions well, because the factor is carrying out an integrated part of the client's credit management function, and could disturb relations with the customers.

The factor's system is also important to the client as cost are regarded. If the client cannot fully benefit from the reporting and administration of his customers, he is paying for a very costly lending administration.

During the last 15 years, in which factoring has had a major growth in the European market, the administrative service function has become more and more vital. Mass production of consumer goods has increased the number of customers and transactions.

The increasing cost of administrative staff, and tighter money supplies, have created a need for a better use of resources. The European factor, having the accounts receivable ledgering as basis of his business, has been able to take a lead in computerizing trade accounts receivable by relatively heavy investments in systems and methods.

He has also been able to attract skilled staff in the field of credit management. Factoring is thus able to bring as a solution to the medium sized company some of the benefits of the information revolution.

HISTORY OF MECHANIZATION OF FACTORING

If we go back to the early days of factoring as found in the United States before 1960 the credit and finance function was the most important. The main reason for this was that computers were not yet readily available. The factor, when evaluating the credit risk on a buyer, with many suppliers using the factor's service, needed to know the cumulated volume and situation of the outstanding balance. The obvious solution — using a book-keeping machine — was to have one ledger card per debtor. This gave good information regarding the debtors, but less good information regarding the client's account.

This method of book-keeping in the factoring industry also had an impact on the calculation of interest. We will not go into details, but only point out that since it was not practically possible to run an exact interest account per client, reflecting the date of payment of the individual invoice, solutions based on average assumptions of due dates etc. were in use. Reporting to the clients regarding the outstanding accounts could only be done on an exception basis, and no statistics were available to them.

In many trades this was not precise enough, and might be one reason why factoring was limited to certain industries.

In the mid-1960's computerization started to grow. American factors tended to use the computers like they had used the book-keeping machines and the result was a speeding up of the process without changing the product to any great extent.

At the same time factoring was "imported" to Europe. Here it was started without a tradition, and — as many factors lacked the knowledge necessary for risk evaluation — they only offered financing and administration. This made it less necessary to have a cumulative account per debtor and most European factoring systems were built up on the basis of one individual and separate ledger per client.

This made calculation of interest relatively easy. Reporting to the client was also easy. It only consisted of forwarding a copy of the ledger that was produced also for the factor's own use.

Until the mid-1970's there was a great deal of discussions amongst factors as to which was the best way to operate, with a debtor oriented or a client oriented ledgering system. With large numbers of customer invoices and clients, the principle was important enough and vital for the operating costs and service possibilities.

When teleprocessing terminals and data base solutions came into use, other types of factoring systems based more on an analysis for the needs within the different functions, were created. Common on these modern factoring systems that were being developed in the late 1970's and early 1980's are integration and complex data relations.

The development of these types of systems has gone on parallel of the decrease of hardware price, making it possible to use still more powerful computers in order to get more accurate information as a basis for better decisions both by the client and the factor.

DESCRIPTION OF MAIN TASKS IN A FACTORING SYSTEM

As illustrated in figure 1 the object of the factor's production system is to control the continuous stream of information flowing between the client and his debtors, and also to control the factor's own position as to financing and credit protection.

It could be said that the specific tasks are not so basically different from the sales ledgering of a normal company selling on credit terms. Although this is true, the number of transactions and the need to identify all transactions both on the debtor level and on the client level when ledgering, financing and evaluating the credit risk, add a lot to the complexity.

We will try to demonstrate this by following a transaction through the system.

Administrative Service

1. After delivery, a copy of the invoice is submitted to the factor by the client. The factor must identify the debtor in question to the system, and therefore has to give the debtor an account number. It is also necessary for the factor to know his total outstanding for all his clients on a particular debtor, or group of debtors. Therefore a complex debtor numbering system with cross references to clients has to be maintained for hundreds of thousands of prospective debtors.
2. The various clients do not normally sell on the same payment terms. The terms vary from industry to industry, and even within a particular industry the same debtor may have various terms even from the same supplier.

   It is important to recognize the various due dates and cash discounts possibilities per sale in the system in order to perform proper dunning, and control of discounts taken by the debtor in his payment. In many countries the high interest rates have also led to an extensive charging of interest of delay. Proper recognition of the last possible payment date is also vital for this reason.
3. Depending on local practice in a country, the debtor will receive a reminder or statement before, or after due date enclosing a payment instrument such as bank- or post giro form, bill of exchange for acceptance, etc. It should be mentioned, however, that using normal practices for the particular market is essential.
4. Hopefully the debtor will pay, either on his own initiative or as the result of a reminder produced by the system.

   However, depending on the market and country, a fairly large number of debtors may have to be treated as slow payers, and have to be dunned more extensively.

   The factor will normally follow the debt to its conclusion, whether it is paid or written off as loss in a bankruptcy. Part of this follow-up work can be left to the data processing system, but at a certain point manual work and human decision must take over. The task of the system is then to follow up the decision that has been made and registered on to it by the credit executives. This debtor oriented part of the factor's work is the most labour intensive and costly. On the other hand it is also in this area that the greatest results can be achieved in speeding up the cash flow for a client, and preventing bad debt losses. Investment in this area often pays off very well.
5. The Factor will at intervals report to the client on the situation regarding his customers. The report will normally be a detailed accounts receivable ledger,

combined with management information, sales statistics, etc. The reporting can vary in time and contents according to the client's needs.

Information Structure

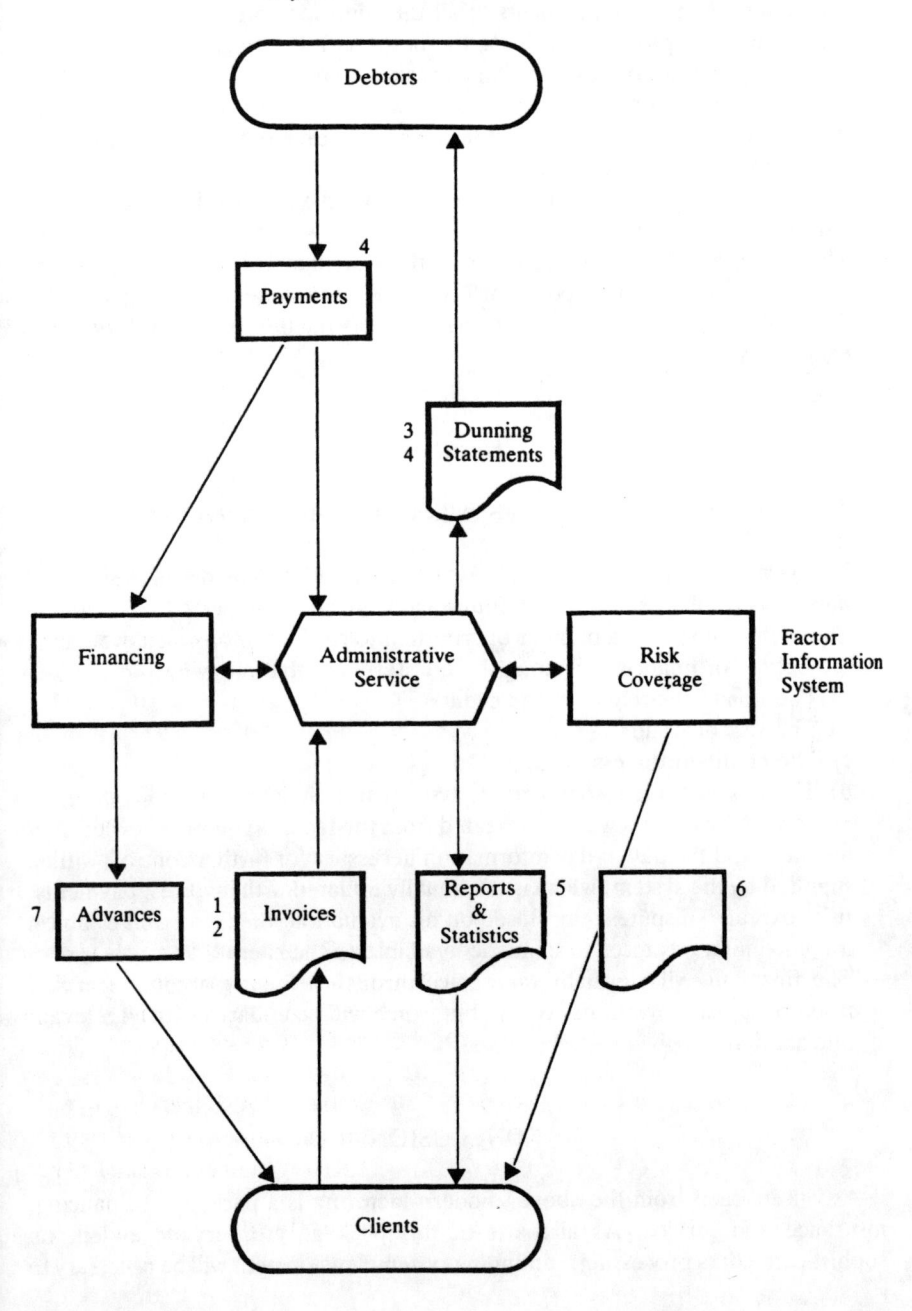

```
                        Debtors
                           │
                           ▼
                       Payments  4
                          │ │
                          │ │          3  Dunning
                          │ │          4  Statements
                          │ │              ▲
    ┌─────────┐       ┌──────────────┐    ┌──────────────┐
    │Financing│◄─────►│Administrative│◄──►│Risk Coverage │   Factor
    └─────────┘       │   Service    │    └──────────────┘   Information
                      └──────────────┘                        System
      │                     ▲
      ▼                     │
  7 Advances   1 Invoices   Reports &  5        6
               2            Statistics
                           │
                        Clients
```

Risk coverage

6. When the client request credit protection up to a specified amount for a particular customer, the factor must investigate whether to approve or not. The basis for a decision is very often the debtor's payment history as it is recorded in the system by his own payments to all the clients factored.
Experience has proved that this is the best credit information available, and that trend analysis of payment habits makes a good fortune teller.
In the decision process, the factor also has to take into consideration credit limits given to other clients so that he does not exceed prudent cumulation and seek reinsurance if necessary.
The factor being in operation for some years will have a fairly large debtor base with really valuable information.
The credit limit has to be registered in the system after the decision, and the system will there upon report which invoices are covered by it.
The system will also refer credit lines for reevaluation or renewal by credit executives at intervals.

Financing

7. The factor is able to advance funds to the client against the receivables assigned to him.
The basis for such financing will always be the factor's knowledge of the value of these receivables as well as the future cash flow to be expected.
The factor must take a number of criteria into consideration when evaluating the degree of financing. Among these criteria are the following:
a) The financial strength of the client
b) The risk of fraud
c) The creditworthiness of the debtor
d) The risk of trade disputes in the type of transactions involved
Some of these criteria will be evaluated from the factor's general knowledge of his trade and the day to day information necessary for further controls will be supplied by the system, which is continually updated with invoices, payments, risk coverage, disputes, etc. Based on his evaluation, the factor will establish the maximum advances to be made available to the client.
The financing will normally take place through a finance account that will resemble a bank overdraft account but which will be updated with all relevant information.

CONCLUSION

As will be seen from the above, modern factoring is a package of financing, insurance and service. As all parts of this package are very dependent on sophisticated data processing, continuing system development will be necessary to keep the product a flexible tool adaptable to the needs of a wide range of industrial and commercial institutions.

It is, however, likely that large steps remain to be taken in the future development of factoring.

It is also a fact that the development of data techniques is in the midst of a very rapid evolution that will have a profound influence on the future of the trade.

Zusammenfassung

Die Übernahme einer Vielzahl von Forderungsrisiken und deren Finanzierung durch Factoring setzt eine einwandfreie Verwaltung der Forderungen durch den Factor voraus. Vornehmlich europäische Factoringgesellschaften haben hierfür seit den 70er Jahren Datenbanklösungen eingesetzt, was nicht zuletzt durch die Verbilligung der EDV-Hardware begünstigt wurde. Dem Factor und dem Anschlußkunden können nunmehr weitgehendere Informationen als früher zur Verfügung stehen.

An ein Factoring-Datenbanksystem sollten folgende Anforderungen gestellt werden: Erfassung aller angekauften Rechnungen per Anschlußkunde und per Debitor mit entsprechenden wechselseitigen Hinweisen (1); Erfassung der von Branche zu Branche, aber auch mitunter beim jeweiligen Debitor unterschiedlichen Zahlungsbedingungen (2); Erstellung von Zahlungserinnerungen oder Kontoauszügen vor Fälligkeit der Forderungen, evtl. auch von vorbereiteten Überweisungsträgern (3); verläßliches Mahnsystem (4); Übersichten über den Stand der Beziehungen des Anschlußkunden zu den Debitoren (5); Übersichten über die Kreditrisiken, die eingeräumten Kreditlimite und deren Auslauf (6); Übersichten über die Zulässigkeit und den Stand von Vorauszahlungen an die Anschlußkunden (7).

Die fortschreitende Entwicklung der EDV-Technik wird es ermöglichen, das Produkt Factoring noch flexibler den Kundenwünschen anzupassen.

III.
RECHTLICHE ASPEKTE DES FACTORING
LEGAL ASPECTS OF FACTORING

AUSSENHANDEL

– Das Kompendium für das Auslandsgeschäft der Banken wie auch der Export- und Importfirmen –

Auslandsgeschäfte der Kreditinstitute

Von Dipl.-Kfm. Günter Klenke. 1983. 324 S., geb., DM 78,–.
ISBN 3 7819 0299 4

Mit diesem Band gibt der Verfasser einen aktuellen Überblick über das Auslandsgeschäft der Kreditinstitute, wobei er sich nicht – wie in der Literatur meist üblich – nur auf die Zahlungsvorgänge und ihre devisenmäßige Abwicklung beschränkt, sondern auch den großen Bereich der Finanzierungen berücksichtigt. Zahlreiche Beispiele und Musterformulare machen dieses Werk zu einem Handbuch der Praxis über alle Fragen im Auslandsgeschäft. Auch für Export- und Importfirmen ein fachmännischer Ratgeber!

Textprogramm Exportfinanzierung

Von Herbert J. Keßler. 1981. 188 Seiten, brosch., DM 22,– (unverbindl. Preisempfehlung). ISBN 3 7819 2918 3

Durch die Art der Darstellung in der Form einer Programmierten Unterweisung und der Mischung des Fachwissens mit Fragen und Antworten sowie aktuellen Details ist das Buch lehrreich und gleichzeitig unterhaltsam. Durch die Sammlung von Mustern, Formularen und Tabellen im Anhang wird das Textprogramm zugleich zu einem hilfreichen **Handbuch für die tägliche Arbeit im Exportbereich.**

Importkreditsicherung - Die Sicherung der Bank gegen Insolvenz des Käufers

Von Christoph Schücking. 1980. 256 Seiten, brosch. DM 48,–. ISBN 3 7819 0237 4

Neben allgemeinen Erörterungen über Formen der Importfinanzierung, Kreditsicherungsrechten und internationalprivatrechtlichen Überlegungen stellt der Autor im Hauptteil der Arbeit dar, ob sich die einzelnen Sicherungsrechte im Fall der Käuferinsolvenz bewähren.

Fragen des Auslandsgeschäfts

Chancen und Risiken der Unternehmen und Kreditinstitute

Von Professor Dr. Hans Wielens und Professor Dr. Ludwig Mülhaupt. 1979. 256 Seiten, Pp. DM 62,–.
ISBN 3 7819 0224 2

Die Autoren fassen die Ergebnisse des Unternehmerseminars „Chancen und Risiken des Auslandsgeschäfts aus der Sicht der Unternehmen und Kreditinstitute" so zusammen, daß für die Fachwelt die notwendigen Konsequenzen bezüglich der Unternehmensstrategie und Wirtschaftspolitik abgeleitet werden können.

Dokumentengeschäft und Zahlungsverkehr im Außenhandel

Von Edgar Huber und Hanspeter Schäfer. 1985. 280 Seiten, brosch., DM 18,60. ISBN 3 7819 0332 X.

Mit dieser Broschüre wird das umfangreiche Gebiet des dokumentären Zahlungsverkehrs im Außenhandel in knapper und verständlicher Form aus der Sicht des Praktikers für Praktiker dargestellt und erläutert. Besonders berücksichtigt wurden die durch die Revision der „Einheitlichen Richtlinien und Gebräuche der Dokumenten-Akkreditive" eingetretenen Veränderungen im Akkreditivgeschäft sowie die eng verbundenen Gebiete der Transportversicherungen, Garantien und kurzfristigen Finanzierungen.

Ein Leitfaden für jede Export-/Importfirma, für die Mitarbeiter der Auslandsabteilungen der Banken und für den Nachwuchs.

Exportfinanzierung

Aus der Praxis der mittel- und langfristigen Exportfinanzierung in der Bundesrepublik Deutschland.

Von Yves Schmitt. 1985. 184 Seiten, brosch., DM 18,60.
ISBN 3 7819 0333 8.

Exportfinanzierungen haben sich im Investitionsgüterexportgeschäft zunehmend zu einem bedeutenden Verkaufskriterium für die betroffene Exportwirtschaft zugleich aber auch zu einem nicht zu unterschätzenden Risikopotential entwickelt. Diesem Trend folgend ist das vorliegende Werk darauf ausgerichtet, die insgesamt ein Exportfinanzierungspaket ausmachenden Elemente praxisbezogen zu besprechen. Dem nicht alltäglich mit der Materie befaßten Leser sollen sowohl Anregungen zu den Finanzierungsmöglichkeiten als auch Denkanstöße insbesondere zu den mit derartigen Geschäften verbundenen Risiken gegeben werden.

Technik der Außenhandelsfinanzierung

Von Dr. Helmut Kemmer und Karl Rädlinger. 4., neubearbeitete Auflage 1979. 202 Seiten, kart. DM 42,–.
ISBN 3 7819 0206 4

Währungsrisiken im Außenhandel und ihre Abwehr

Entwicklung eines computer-gestützten Informationssystems zur Identifizierung und Eliminierung der Währungsrisiken im Außenhandel.

Von Heinrich Heidemann. 1980. 268 Seiten, brosch. DM 59,80. ISBN 3 7819 0239 0

Handbuch der Exportfinanzierung

Von Dr. Heinz Voigt unter Mitarbeit von Ulrich Hasper. 2. erweiterte Auflage 1979. 272 Seiten mit zahlreichen Tabellen und Abbildungen, sowie 14 Anlagen, Leinen, 238 S., DM 80,–. ISBN 3 7819 0203 X.

FRITZ KNAPP VERLAG · Postfach 11 11 51 · 6000 Frankfurt am Main 11

1. Der Factoring-Vertrag
The Factoring Contract

Gerhard Stoppok

Gliederung

	Seite
Begriff des Factoring	93
Rechtsnatur des Factoring	93
Factoring und Kreditwesengesetz	96
Rahmen-Vertrag	97
Pflichten des Anschlußkunden	98
Pflichten des Factors	101
Factoring im Konkurs	103
Internationales Factoring	104
Anmerkungen	105

BEGRIFF DES FACTORING

Beim Factoring überträgt der Anschlußkunde seine sämtlichen Forderungen aus Warenlieferungen auf den Factor. Forderungen aus Werklieferungs-, Werk- und Dienstleistungsverträgen sind in der Praxis seltener Gegenstand eines Factoring-Vertrages, soweit Kreditinstitute das Factoring betreiben.

Der Zweck des Factoring liegt darin, dem Anschlußkunden Liquidität zu verschaffen; der Factoring-Erlös dient zur Finanzierung des Umlaufvermögens eines Unternehmens. Die Verwertung der Forderung im Wege des Factoring bedeutet die Umwandlung der Forderung in bares Geld; der Anschlußkunde wird dadurch in die Lage versetzt, seine Lieferanten pünktlich zu bezahlen. Im Regelfall übernimmt der Factor zusätzlich das Risiko der Zahlungsunfähigkeit des Schuldners (Debitor).

Der Factor zahlt nach Entstehen der Forderung dem Anschlußkunden eine Vorauszahlung auf den Kaufpreis; die Höhe der Vorauszahlung bemißt sich nach dem Gegenwert der Forderung abzüglich vereinbarter Factoring-Gebühren und eines Einbehalts, dessen Prozentsatz ebenfalls im Vertrag festgelegt wird.

Anders gestaltet sich die Zahlung beim Fälligkeits-Factoring.[1]

RECHTSNATUR DES FACTORING

Die Funktion des Factoring liegt in erster Linie in der Finanzierung der Einzelforderung und in der Übernahme des Risikos der Zahlungsunfähigkeit des Debitors.

Die Rechtsnatur des Factoring ist umstritten.

Die herrschende Auffassung[2] und die Rechtsprechung des BGH[3] sehen im sogenannten echten Factoring einen Forderungskauf im Rechtssinn. Beim echten Factoring trägt der Factor das Risiko der Zahlungsfähigkeit Debitors. Nicht zutreffend spricht man von der Übernahme des Delkredere-Risikos; der Factor haftet nicht für die Verbindlichkeit eines Dritten (§ 394 II HGB). Als Inhaber der Forderung trägt er ein eigenes Risiko.

Canaris vertritt die Auffassung, beim Factoring handele es sich um ein Darlehen mit einer atypischen Rückzahlungsvereinbarung, auf die § 365 BGB analog Anwendung findet. Sowohl beim echten als auch beim unechten Factoring erfolge die Abtretung der Forderung erfüllungshalber.[4]

Die Darlehenstheorie ist m. E. nicht haltbar, wenn auch der BGH[5] das unechte Factoring als Kreditgeschäft bezeichnet. Bankwirtschaftlich gesehen ist dies zutreffend, denn nach § 19 Abs. 1 Satz 1 Nr. 1 KWG gelten neben Gelddarlehen auch entgeltlich erworbene Geldforderungen als Kredit. Gleichwohl zeigt eine funktionelle Analyse des Factoring-Geschäfts, daß die kaufrechtlichen Elemente beim Factoring überwiegen.

Der Factor kauft die Forderung gegen den Debitor vom Anschlußkunden. Er schuldet gemäß § 433 Abs. 2 BGB den vereinbarten Kaufpreis für die angekaufte Forderung. Grundsätzlich erfolgt die Zahlung des Kaufpreises Zug um Zug gegen Übertragung des Kaufgegenstandes (§§ 320, 322 BGB).[6]

Beim Factoring wird kraft zulässiger Parteivereinbarung das Zug-um-Zug-Prinzip durchbrochen. Der Factor leistet mit Übertragung der später fällig werdenden Warenforderung gegen den Debitor nach Erhalt der Rechnung einen Vorschuß – in der Regel bis 90% des Rechnungsbetrages –. Dieser Vorschuß ist vom Anschlußkunden kontokorrentmäßig zu üblichen Konditionen zu verzinsen, und zwar bis zum Eingang der Zahlung des Debitors bzw. bei Zahlungsunfähigkeit des Debitors bis zur Fälligkeit der Restzahlung aus dem Forderungskaufvertrag.[7]

Die Zahlung des Restkaufpreises gemäß dem Forderungskaufvertrag zwischen Factor und Anschlußkunde erfolgt zu dem im Factoringvertrag vereinbarten Fälligkeitstermin (meist 90 Tage nach Fälligkeit der Warenforderung). Zu diesem Zeitpunkt erhält der Anschlußkunde den restlichen Kaufpreis, der durch die Kontokorrentzinsen und die Factoring-Gebühr gemindert wird. Factoring-Gebühr und Kontokorrentzinsen werden dem Anschlußkunden in der Regel in monatlichen Abständen in Rechnung gestellt. Die Zinsverpflichtung des Anschlußkunden für den erhaltenen Vorschuß ändert nichts am Charakter des Factoring als Forderungskaufvertrag. Zwischen Kaufleuten ist ein zu verzinsender Vorschuß auf den Kaufpreis durchaus üblich.[8]

Welser und Czermak kommen in ihrer Untersuchung „zur Rechtsnatur des Factoring-Geschäfts" im österreichischen Rechtsbereich[9] ebenfalls zu dem Ergebnis, daß das Factoring-Geschäft nicht als Kreditgeschäft (bloß zeitweilige Überlassung von Kaufkraft) zu bewerten sei. Eine Qualifikation als Kreditgeschäft sei nur unter Denaturierung der getroffenen Factoring-Vereinbarung durchführbar.[10]

Es liegt auch kein Dienstleistungsvertrag bzw. gemischt-typischer Vertrag vor, bei dem Elemente einer Geschäftsbesorgung im Sinne von § 675 BGB vorliegen. Der Factor übernimmt die Forderungen aufgrund des Kaufvertrages. Die Führung der Debitorenbuchhaltung und die Übernahme des Mahnwesens sind daher eigene Obliegenheiten und nicht Geschäftsbesorgungen für einen Dritten.[11]

Factoring – sowohl „echtes" wie „unechtes" – ist der Ankauf von Forderungen. Der Anschlußkunde als Verkäufer der Forderung haftet in beiden Fällen für den Bestand der Forderung, d. h. für die Verität.

Im Rahmen der Vertragsfreiheit steht es den Parteien frei zu vereinbaren, daß der Verkäufer auch für die Zahlungsfähigkeit des Debitors im Zeitpunkt der Fälligkeit der Forderung haftet. Dies ergibt sich aus der Auslegungsregel des § 438 BGB. Somit ist das Factoring in beiden Erscheinungsformen als Forderungskauf im Sinne der §§ 433ff BGB anzusehen.[12]

Aus diesem Grunde ist auch die Terminologie „echtes" und „unechtes" Factoring nicht zutreffend; der Forderungsverkauf mit Haftung für die Zahlungsfähigkeit des Debitors durch den Verkäufer ist nicht als Scheingeschäft (§ 117 BGB) oder als sittenwidrig (§ 138 BGB) zu qualifizieren. Es ist deshalb besser, vom Factoring mit und ohne Rückgriffsrecht zu sprechen. Diese Terminologie entspricht dem anglo-amerikanischen Sprachgebrauch (Factoring without recourse und Factoring with recourse).

Ein Darlehn im Sinne des § 607ff. BGB liegt beim Factoring mit Rückgriffsrecht entgegen der Auffassung von Serick nicht vor.

Serick räumt zwar ein,[13] daß die Struktur der Abtretung bei Sicherungszession von der Struktur der Factoring-Zession in jeder Richtung grundverschieden sei, gleichwohl wird von ihm übersehen, daß auch beim Factoring mit Rückgriffsrecht eine Rückzahlungspflicht der Darlehnsvaluta auf Seiten des Anschlußkunden nicht besteht.

Die Konstruktion eines atypischen Darlehens, wonach der Debitor anstelle des Darlehnsnehmers die Rückzahlung des Darlehns übernimmt, erscheint m. E. gekünstelt. Die Abtretung der Forderung an den Factor ist das dingliche Erfüllungsgeschäft im Rahmen des Forderungskaufvertrages. Der Debitor leistet die Zahlung an den Factor als neuen Gläubiger aufgrund des Forderungskaufs und nicht als Dritter im Sinne von § 267 BGB. Ist der Debitor im Zeitpunkt der Fälligkeit zahlungsunfähig, trifft beim Factoring mit Rückgriffsrecht den Anschlußkunden kraft besonderer Parteivereinbarung eine Schadensersatzpflicht wegen Nichterfüllung aus dem Forderungskaufvertrag, nicht aber eine Verpflichtung zur Rückzahlung des Darlehns.

Diese Regelung steht im Einklang mit den Vorschriften der §§ 437, 438, 440, 325 und 459ff. BGB, nach denen der Übergang eines Vermögenswertes rückgängig gemacht werden kann, wenn der Vertrag nicht ordnungsgemäß erfüllt wird, ohne daß an der grundsätzlichen Endgültigkeit gezweifelt wird.[14] Der Factor will die Forderung, die noch nicht fällig ist, endgültig erwerben, der Kunde will den Kaufpreis endgültig in Empfang nehmen.

Die Rechtsfolgen mangelhafter Erfüllung – Rückgängigmachung der Übertragung der Forderung –, die Haftung für Verität und gegebenenfalls Bonität, ergeben sich aus den gesetzlichen Kaufvorschriften und im einzelnen aus den entsprechenden Bestimmungen des Factoring-Vertrages.

Durch den Kauf erwirbt der Factor die Forderung als eigene. Wie bereits erwähnt, ist die Übernahme der Debitorenbuchhaltung und des Mahnwesens für den Factor aufgrund des Gläubigerwechsels ein eigenes Geschäft und die Erfüllung einer gesetzlichen Verpflichtung gemäß § 38 HGB.[15+16] Es ist folgerichtig nur selbstverständlich, daß mit dem Einzug der angekauften Forderungen durch den Factor nicht gegen das Rechtsberatungsmißbrauchsgesetz verstoßen wird. Dies wird im Ergebnis auch von der Rechtsprechung des BGH für beide Formen des Factoring anerkannt.[17]

Das Factoring-Geschäft stellt kein Versicherungsgeschäft speziell auch keine Warenkreditversicherung dar.

Nach der ständigen Rechtsprechung des Bundesverwaltungsgerichts ist ein Unternehmen als Versicherungsunternehmen anzusehen, das gegen Entgelt für den Fall des Eintritts eines ungewissen Ereignisses bestimmte Leistungen übernimmt, wobei dieses Risiko auf eine Mehrzahl durch die gleiche Gefahr bedrohter Personen verteilt wird und der Risikoübernahme eine auf dem Gesetz der großen Zahl beruhende Kalkulation zugrunde liegt.

Ein ungewisses Ereignis im Sinne dieser Rechtsprechung liegt beim Factoring nicht vor.

Der Factor prüft entsprechend seiner Verpflichtung nach § 18 KWG die Bonität des einzelnen Debitors, bevor er dem Anschlußkunden gegenüber eine Haftungszusage erteilt, das Risiko zur Zahlungsunfähigkeit des einzenen Debitors zu übernehmen.

Auch die Bonität des Anschlußkunden wird vom Factor überprüft. Hierzu besteht eine gesetzliche Verpflichtung nach § 18 KWG, soweit der Factor beim „unechten Factoring" Vorauszahlungen leistet (vgl. § 19 Abs. 3 KWG).

Auch das sogenannte Fälligkeits-Factoring unterliegt nicht § 1 VAG.[18] Beim Fälligkeits-Factoring entfällt die Vorauszahlung. Der Factor zahlt das Entgelt für den Ankauf der Forderung im Zeitpunkt der Fälligkeit der Forderung gegen den Debitor. Zahlt der Debitor nicht oder nicht termingerecht, leistet der Factor aus eigenen Mitteln den Kaufpreis für die angekaufte Forderung. Der Kaufpreis bemißt sich beim Fälligkeits-Factoring nach dem Brutto-Kaufpreis der Rechnungen gegen den Debitor abzüglich der Factoring-Gebühr. Die Factoring-Gebühr enthält ein Entgelt für den Verwaltungsaufwand und für die Übernahme des Bonitätsrisikos. Insoweit ergibt sich kein Unterschied zum Standard-Factoring. Bei dieser Art des Factoring entfällt lediglich die Vorauszahlung des Vorschusses auf den Kaufpreis und damit die entsprechende Verzinsungspflicht.

FACTORING UND KREDITWESENGESETZ

Das Factoring-Geschäft gehört nicht zu den Kreditgeschäften im Sinne von § 1 KWG.[19]

Obwohl eine Parallele zum Diskontgeschäft[20] besteht – man bezeichnet das Factoring auch als wechselloses Diskontgeschäft – ist das Factoring nicht als Diskontgeschäft im Sinne von § 1 Abs. 1 Ziffer 3 KWG anzusehen. Der Klauselkatalog von § 1 KWG ist restriktiv auszulegen.[21]

Das Factoring-Geschäft ist allerdings mit der KWG-Novelle 1976 als Kreditgeschäft durch § 19 KWG eingeordnet worden. Als Kredit im Sinne der §§ 13—18 sind nach der Vorschrift von § 19 ausdrücklich auch entgeltlich erworbene Geldforderungen anzusehen. Hierunter fallen sowohl das Forfaitierungs- als auch das Factoring-Geschäft. Nach § 19 Abs. 3 KWG ist als Kreditnehmer der Veräußerer einer Forderung anzusehen, wenn er für die Erfüllung der übertragenen Forderung einzustehen hat, andernfalls ist der Schuldner der Verbindlichkeit (Debitor) als Kreditnehmer anzusehen. Gleichwohl ist das Factoring-Geschäft nicht ein genehmigungspflichtiges Bankgeschäft im Sinne von § 1 KWG. Das Factoring könnte allerdings nach § 1 Abs. 1 Satz 3 KWG durch Rechtsverordnung in den Katalog der Bankgeschäfte aufgenommen werden.

Factoring-Gesellschaften benötigen grundsätzlich nicht die Konzession zum Betreiben des Factoring-Geschäfts (§ 32 KWG). In der Praxis jedoch sind die deutschen Factoring-Gesellschaften in der Mehrzahl Kreditinstitute. Als Kreditinstitute müssen die Factoring-Gesellschaften grundsätzlich § 18 KWG beachten, d. h., die Bank hat sich von einem Kreditnehmer bei einem Kredit von über DM 100.000,— die wirtschaftlichen Verhältnisse offenlegen zu lassen. Soweit die angekauften Forderungen eine Laufzeit von weniger als 90 Tagen haben, hat der Gesetzgeber Geschäfte dieser Art von der Regelung des § 18 KWG ausgenommen (§ 18 Satz 3).

Es zeigt sich im übrigen, daß der Gesetzgeber das Factoring-Geschäft anläßlich der KWG-Novelle noch nicht abschließend bewerten konnte. Es wäre sicherlich zweckmäßiger gewesen, die Vorschrift von § 13 Abs. 7 KWG für das Factoring mit Rückgriffsrecht für analog anwendbar zu erklären, da sich trotz Rückgriffshaftung des Anschlußkunden das Risiko auf eine Vielzahl von Debitoren verteilt.[21]

Bei der analogen Anwendung der Bestimmungen des § 13 Abs. 7 würde das Factoring mit Rückgriffsrecht nicht den Beschränkungen des § 13 KWG und der Meldepflicht gemäß § 14 KWG unterliegen.

RAHMEN-VERTRAG

Der Factoring-Vertrag ist ein Dauerschuldverhältnis[22]. In einem Factoring-Vertrag wird festgelegt, daß der Factor während der Dauer des Vertrages die spezifizierten Forderungen des Anschlußkunden ankauft. Für den einzelnen Debitor wird nach Bonitätsprüfung ein Höchstbetrag (Limit) vereinbart, bis zu dem der Factor die Haftung für die Zahlungsfähigkeit des einzelnen Debitors übernimmt. Für Forderungen über das Limit hinaus trägt der Anschlußkunde das Risiko der Bonität. Zahlt der Debitor zwischenzeitlich einzelne vom Factor gesicherte Forderungen, werden bisher ungesicherte Forderungen von der Haftung des Factors erfaßt (sog. Silo-Prinzip).

Der Rahmen-Vertrag wird über eine längere Zeit abgeschlossen und verlängert sich, sofern er nicht von einer der Parteien gekündigt wird. Aus der Natur des Dauerschuldverhältnisses folgt, daß beide Parteien zur vertrauensvollen Zusammenarbeit und zur sorgfältigen Beachtung von Obliegenheiten verpflichtet sind.

Nach Treu und Glauben ist der Anschlußkunde verpflichtet, den Factor zu benachrichtigen, wenn dem Anschlußkunden oder seinem Repräsentanten Umstände bekannt werden, die gegen die Bonität des Debitors sprechen und damit die Realisierung der Forderung einschließlich der übergegangenen Sicherheiten gefährden.

PFLICHTEN DES ANSCHLUSSKUNDEN

Verkauf aller künftigen Forderungen

Mit Abschluß des Rahmen-Vertrages verkauft der Anschlußkunde dem Factor alle gegenwärtigen und zukünftigen Forderungen aus Warenlieferungen. Aus § 444 BGB folgt, daß die Forderungen vom Verkäufer genau spezifiziert werden müssen; dies geschieht regelmäßig durch Übersendung von Rechnungskopien.

Der Anschlußkunde ist verpflichtet, alle Forderungen dem Factor zum Kauf anzudienen. Diese Andienungspflicht kann auch nur für einen bestimmten Kreis von Forderungen vereinbart werden.

Gewährleistung für Rechts- und Sachmängel

Der Anschlußkunde haftet für den Bestand der Forderung. Diese Haftung für die Verität ergibt sich aus dem Gesetz (§ 437 Abs. 1 BGB).

Maßgebender Zeitpunkt ist grundsätzlich der Kaufvertragsabschluß. Soweit aber mit dem Factoring-Vertrag künftige Forderungen verkauft werden, wird für die Entstehung der Forderungen zur bestimmten Zeit gehaftet.[23]

Die Bestimmungen des Factoring-Vertrages sehen vor, daß der Anschlußkunde für den Bestand und die Übertragbarkeit der Forderungen haftet. Damit wird ausdrücklich klargestellt, daß Forderungen nicht für das Factoring geeignet sind, bei denen durch Vereinbarung zwischen Debitor und Anschlußkunden die Abtretung gemäß § 399 BGB ausgeschlossen ist.[24]

Aus der Haftung für die Verität folgt, daß der Anschlußkunde auch für Sachmängel (§ 459 ff.) haftet. Der Factor übernimmt in keinem Fall das Risiko, daß die Ware mit Sachmängeln behaftet ist. Es ist selbstverständlich, daß der Anschlußkunde sein Produktionsrisiko nicht auf den Factor verlagern kann. Der Factoring-Vertrag sieht deshalb vor, daß der Anspruch auf Auszahlung des Kaufpreises aus dem Ankauf der Forderung nicht besteht, wenn der Debitor aus anderen Gründen als aus Gründen der Zahlungsunfähigkeit nicht zahlt. Sind vom Factor bereits Vorauszahlungen geleistet, muß der Anschlußkunde diese zurückzahlen. Der Factor ist nicht verpflichtet, die Zulässigkeit und Begründetheit von Einreden und Einwendungen zu prüfen.

Der Anschlußkunde steht dafür ein, daß die Übertragung der Forderung nicht unwirksam ist, z. B. infolge einer vorrangigen Globalzession.

Es ist unbestritten, daß der Anschlußkunde beim Factoring ohne Rückgriffsrecht auch Forderungen, die aufgrund des verlängerten Eigentumsvorbehalts im Wege der Globalzession an den Vorlieferanten abgetreten sind, gleichwohl an den Factor verkaufen und abtreten darf.

Diesen Verkauf sieht der BGH durch die Ermächtigung zum Einzug (§ 185 BGB) als gedeckt an.[25]

Richtig bemerkt Serick,[26] daß die Vorausabtretung beim verlängerten Eigentumsvorbehalt zwingend eine Veräußerungsermächtigung enthält, mit der beim erlaubten Weiterverkauf der Ware die Einziehungsermächtigung Hand in Hand geht. Im Vergleichsverfahren steht dem Verwalter die Einziehungsermächtigung und die Befugnis zur Entgegennahme der Factoring-Erlöse zu.[27]

Nach Auffassung des BGH ist die Ermächtigung allerdings nicht ohne weiteres gegeben, wenn der Anschlußkunde das Risiko der Zahlungsunfähigkeit des Debitors trägt. In diesem Fall beinhalte die Ermächtigung zum Einzug der Forderungen nicht grundsätzlich auch die Befugnis zum Verkauf und zur Abtretung, wenn das Sicherungsinteresse des Zessionars (Waren- oder Geldkreditgeber) beeinträchtigt werde. Die Vorverlegung der Fälligkeit allein um den Preis einer ordnungsgemäßen Abzinsung bedeute jedoch keine Beeinträchtigung des Kreditgebers.

Grundsätzlich steht der Anschlußkunde also dafür ein, daß die Abtretung an den Factor wirksam ist; nach der Entscheidung des BGH ist eine ausdrückliche oder stillschweigende Zustimmung des Vorbehaltslieferanten zum Factoring mit Rückgriffsrecht erforderlich.[28]

Die Übertragung der Vertragsbruchtheorie auf das Factoring mit Rückgriffsrecht wird der interessengerechten Auslegung der Ermächtigung im Sinne des § 185 BGB nicht gerecht. Der Wille eines Lieferanten geht dahin, daß der Anschlußkunde den Barvorschuß erhält und damit der normale Zahlungsverkehr im Rahmen der Geschäftsbeziehungen gewährleistet ist. Damit ist dem Sicherungsinteresse des Lieferanten hinreichend Rechnung getragen.

M. E. ist im Gegensatz zur Auffassung des BGH das Factoring mit Rückgriffsrecht (unechtes Factoring) nicht anders als das Factoring ohne Rückgriffsrecht zu behandeln.

Der BGH ist der Auffassung, daß beim unechten Factoring die Forderungen des Anschlußkunden gegen den Debitor nur erfüllungshalber übertragen würden, so daß der Anschlußkunde aus einer Kreditgewährung des Factors, die in der Bevorschussung der Forderung gegen den Debitor liege, verpflichtet sei.

Die Forderungsübertragung gegen den Debitor habe lediglich eine Sicherungsfunktion. Diese Konstruktion ist gekünstelt. Die Abtretung der Forderungen gegen die Debitoren erfolgt lediglich in Erfüllung des Forderungskaufvertrages. Die Einziehung der Forderung durch den Factor erfolgt nicht im Wege der Einziehung gemäß § 185 BGB, sondern lediglich als die Durchsetzung einer eigenen Forderung.

Dogmatisch ist eine Entscheidung des OLG Karlsruhe[29] vom 28. 1. 1986 nicht haltbar, wonach echtes Factoring sich dann in unechtes Factoring umwandelt, wenn der Anschlußkunde seinen Anspruch auf Auszahlung der Factoring-Erlöse an seine Hausbank abtritt.

Entgegen der bisherigen Rechtsprechung in Kollisionsfällen zwischen dem Vorbehaltslieferanten und dem Factor kommt das OLG zu dem Ergebnis, daß das Weiterleitungsrisiko des Kaufpreises (Vorschuß des Factors) nicht vom Vorbehaltslieferanten, sondern vom Anschlußkunden getragen werden muß, wenn der Factor aufgrund einer Abtretung des Anschlußkunden die Factoring-Erlöse an die Hausbank zahlt. Diese Entscheidung des OLG Karlsruhe übersieht die wirtschaftlichen Zusammenhänge.

Die Hausbank kennt am ehesten die Zahlungsflüsse des Anschlußkunden. Der Konflikt zwischen der Hausbank und dem Vorbehaltslieferanten würde auf dem Rücken des Factoring-Instituts ausgetragen werden.[30]

Es widerspricht dem Grundsatz der Vertragsfreiheit, beim Factoring dem Anschlußkunden die Möglichkeit zu nehmen, seine Ansprüche aus dem Factoring-Vertrag an einen Dritten, insbesondere die Hausbank abzutreten. Eine Abtretung der Factoring-Erlöse kann nicht dazu führen, das echte Factoring in unechtes Factoring umzustufen und den Vorbehaltslieferanten von dem Weiterleitungsrisiko zu befreien. Der Vorbehaltskäufer (Anschlußkunde) ist nicht gehindert, wie beim Barkauf, den Kaufpreis und beim Factoring den Vorschuß statt des Warenkredits zuerst einen Bankkredit abzulösen.

Der BGH qualifiziert – wie erwähnt – das unechte Factoring als Kreditgeschäft. Aus diesem Grunde wendet er die sogenannte Vertragsbruchregelung an, die er für die Kollision von Bankkredit mit verlängertem Eigentumsvorbehalt entwickelt hat.[31]

Dies bedeutet, daß der Factor hinter dem Vorbehaltslieferanten zurückstehen muß. Dieser Rechtsprechung ist nicht zuzustimmen, denn auf diese Weise erhält der Vorbehaltslieferant einen Vorteil, der ihm nicht zusteht.

Dieser Vorteil besteht darin, daß der Vorbehaltslieferant infolge der umsatzkongruenten Finanzierung durch den Factor seine fortlaufende Lieferung bezahlt erhält. Insoweit könnte die Stoßrichtung des Vertragsbruchsarguments umgekehrt gegen den Vorbehaltslieferanten gerichtet werden.[32] Der Vorbehaltslieferant hat beim unechten Factoring gerade die Chance, aus dem bevorschußten Betrag seine Lieferung bezahlt zu erhalten. Bei Insolvenz des Debitors hätte die Forderung gegen den letzten ohnehin keinen Sicherungswert. Damit wäre im Ergebnis der Vorbehaltslieferant auf Kosten des Factors bereichert.

Bei der Problematik der Kollision mit einer Globalzession im Rahmen eines Geschäftsbankenkredits entscheidet der Grundsatz der Priorität.

Der BGH hat ausdrücklich offengelassen, ob die von einer Bank erteilte Einziehungsermächtigung den Sicherungsgeber berechtigt, zedierte Forderungen nochmals im Rahmen eines Factoring-Vertrages an den Factor zu verkaufen und abzutreten.[33] Von einer stillschweigenden Einziehungsermächtigung der Geschäftsbank wird man allerdings ausgehen können, wenn die Factoring-Erlöse ausschließlich auf das bei der Geschäftsbank geführte Konto überwiesen werden.[34]

Erfüllung des Forderungskaufvertrages

Die Erfüllung des Kaufvertrages geschieht durch Abtretung der Forderung. Insoweit künftige Forderungen abgetreten werden, entstehen sie ohne Durchgangserwerb direkt beim Factor mit dem Abschluß des Warengeschäfts.[35] Die Übertragung der Forderung geschieht im Wege der Globalzession, die künftige Forderungen aus Warenlieferungen des Anschlußkunden gegen alle seine Abnehmer hinreichend bestimmt.

Die Abtretung wird entsprechend Handelsbrauch im Factoring auf der Rechnung vermerkt, und zwar mittels Aufkleber oder eines schriftlichen besonderen Hinweises.[36]

Mit Zugang der Abtretungsanzeige kann der Debitor nicht mehr schuldbefreiend an den Anschlußkunden leisten (§ 407 BGB). Auf fehlende Kenntnis kann der Debitor sich nicht berufen, wenn bei EDV-Bearbeitung der Zahlungen trotz deutlichen Hinweises auf der Rechnung (unterschiedliche Rechnungsaussteller und Zahlungsempfänger) eine Zahlung an den Anschlußkunden erfolgt. Der Debitor kann sich nicht auf § 254 BGB (Mitverschulden des Factors) berufen, es liegt in jedem Fall Organisationsverschulden vor, das der Debitor allein zu vertreten hat.[37]

Der Debitor kann auch gegenüber dem Factor nach § 406 BGB mit einer Gegenforderung aufrechnen, es sei denn, daß der Debitor bei dem Erwerb der Forderung von der Abtretung Kenntnis hatte, oder daß die Gegenforderung erst nach Erlangung der Kenntnis und später als die abgetretene Forderung fällig geworden ist. Eine schutzwürdige Aufrechnungslage ist auch dann nicht gegeben, wenn die Gegenforderung des Debitors später fällig wurde als die abgetretene Factoring-Forderung.[38]

Mit der Abtretung der Forderung aus den Warenverkäufen überträgt der Kunde auch alle für die Forderung haftenden Sicherheiten.[39] Dies schließt die Übertragung des Eigentumsvorbehalts nicht ein. Deshalb ist eine besondere Übertragung des Eigentumsvorbehalts erforderlich, weil diese Rechtsfolgen sich nicht unmittelbar aus § 401 BGB ergeben.[40]

PFLICHTEN DES FACTORS

Der Factor ist verpflichtet, den vereinbarten Kaufpreis für die Forderung zu zahlen. Der Kaufpreis besteht in der Höhe der Nominalforderung abzüglich Factoring-Gebühr und Zinsen für die in Anspruch genommene Vorauszahlung.

Die Höhe der Vorauszahlung auf diesen Kaufpreis wird gesondert vereinbart und zwar auf der Basis eines Prozentsatzes des Brutto-Gegenwertes der Rechnung.

Die Factoring-Vorauszahlungen dienen der Finanzierung des Umlaufvermögens des Anschlußkunden, insbesondere zur Bezahlung der Lieferantenverbindlichkeiten. Eine besondere Prüfungspflicht, daß die Vorschüsse auch tatsächlich an den Vorbehaltslieferanten geleistet werden, obliegt dem Factor nicht. Das

Weiterleitungsrisiko der erhaltenen Beträge liegt beim Vorbehaltslieferanten, er kann dieses Risiko nicht über § 816 II BGB auf den Factor abwälzen.[41]

Zahlungen des Debitors an den Anschlußkunden können von diesem vereinbarungsgemäß nur treuhänderisch entgegengenommen werden: das gleiche gilt für Wechsel, Schecks und sonstige Zahlungsmittel, die gegebenenfalls mit einem Indossament versehen an den Factor weiterzuleiten sind.

Der Factor ist verpflichtet, den Kaufpreis für die angekaufte Forderung zu bezahlen, sobald der vom Debitor geschuldete Kaufpreis bei ihm eingegangen ist. Bei Forderungen, bei denen der Factor das Risiko für die Zahlungsfähigkeit des Debitors übernommen hat, ist der Kaufpreis bzw. der Restkaufpreis spätestens zu dem zwischen Factor und Anschlußkunden vereinbarten Termin zu bezahlen, meist 90 Tage nach Fälligkeit der Warenrechnung. Voraussetzung ist allerdings, daß der Debitor keine Rechts- oder Sachmängel oder sonstige Einreden und Einwendungen gegen die Forderung geltend gemacht hat.

Im Wege des Factoringverfahrens überläßt der Factor dem Anschlußkunden Liquidität, für die er wirtschaftlich gesehen eine Verzinsung und eine Prämie für das Risiko erhält. Daneben werden Verwaltungskosten in Rechnung gestellt. Für die Verzinsung des Vorschusses werden Sätze gerechnet, die denen von Kontokorrentkrediten entsprechen. Da das Factoring als Massengeschäft arbeits- und personalintensiv ist, werden pro Rechnung und Gutschrift Stückgebühren (flat-Gebühr) erhoben. Außerdem wird eine Bearbeitungsgebühr für Einzel- und Limitzusagen sowie für Verlängerungs- und Erhöhungszusagen in Rechnung gestellt. Vielfach wird auch für die Konditionsvereinbarung ein gewisser Jahresumsatz und ein Mindestrechnungsbetrag pro Einzelrechnung vorausgesetzt. Treffen diese Voraussetzungen nicht zu, bleibt eine Konditionsanpassung vorbehalten. Andere Methoden der Gebührenberechnung sind möglich.

Beim Fälligkeits-Factoring ist die Zahlung des Factors fällig mit Fälligkeit der Warenrechnung. Eine Vorauszahlung entfällt. Bei dieser Art des Factoring kann sowohl Factoring mit und ohne Rückgriffsrecht des Kunden vorkommen.

Rückbelastungsrecht des Factors

Der Anschlußkunde haftet für die Verität und Einredefreiheit der Forderung und gegebenenfalls auch für die Bonität. Es liegt im typischen Unternehmerrisiko des Anschlußkunden, daß die gelieferte Ware einwandfrei ist. Wird ein Mangel erhoben, kann der Factor die bevorschußte oder bezahlte Forderung zurückbelasten. Dieses Recht ergibt sich aus §§ 437, 325 BGB. Das gleiche gilt, wenn Einwendungen gegen den Bestand der Forderungen, z. B. Aufrechnung gemäß § 406 BGB, geltend gemacht werden. Derartige Risiken liegen im Bereich des Anschlußkunden.

Soweit der Anschlußkunde in der Lage ist, innerhalb einer Frist von in der Regel 60 Tagen Mängeleinreden oder sonstige Einwände zu beseitigen, wird die Haftungszusage vom Factor wieder übernommen. Voraussetzung ist allerdings, daß die ursprüngliche Fälligkeit der Forderung nicht durch Vereinbarung zwischen Anschlußkunden und Debitor hinausgeschoben wurde. Diese Regelung ent-

spricht der Billigkeit, weil der Factor das Risiko der Zahlungsunfähigkeit des Debitors nur für einen bestimmten überschaubaren Zeitraum übernommen hat.
Das Risiko der Zahlungsunwilligkeit des Debitors liegt ebenfalls beim Anschlußkunden. Dies ist selbstverständlich beim Factoring mit Rückgriffsrecht. Aber auch beim Factoring ohne Rückgriffsrecht kann der Factor die bevorschußte Forderung sofort zurückbelasten, wenn der Debitor den Bestand der Forderung bestreitet oder Einreden erhebt. Dies ist selbstverständlich, weil es sich hier nicht um das Bonitätsrisiko handelt, sondern um den Streit, ob Einreden oder Einwände des Debitors gerechtfertigt sind. Damit handelt es sich um die Frage der Verität der Forderung, für die der Anschlußkunde grundsätzlich einzustehen hat.
Die Rückbelastung des zu Unrecht gutgeschriebenen Factoring-Erlöses erfolgt grundsätzlich im Wege der Verrechnung im Kontokorrent.

FACTORING IM KONKURS

Beim Konkurs des Anschlußkunden erlischt der Factoring-Rahmenvertrag. Dies folgt aus der analogen Anwendung von § 23 KO.[42] Darüber hinaus sieht auch der Factoring-Vertrag vor, daß der Factor — wie in allen Fällen der Zahlungsunfähigkeit des Anschlußkunden — zur fristlosen Kündigung des Vertrages befugt ist.

Die Gegenmeinung hält für das „echte" Factoring § 17 KO für anwendbar. Dies würde dazu führen, daß der Konkursverwalter wählen kann, ob er den Factoring-Vertrag fortsetzen oder beenden will. Lediglich das „unechte" Factoring als Geschäftsbesorgung sei durch den Konkurs gem. § 23 Abs. 2 KO beendet.

Diese Argumentation übersieht, daß „unechtes" und „echtes" Factoring sich nur in der Übernahme des Bonitätsrisikos (Delkredere-Haftung) unterscheiden. Die Anwendung des § 23 Abs. 2 KO entspricht der Typizität des Factoring-Vertrages als bankähnlichem Geschäft.[43]

Beim Factoring-Vertrag liegt der Schwerpunkt bei der Übernahme der Haftung für die Bonität des Debitors, allein auch schon wegen des Silo-Prinzips, wonach „unechtes" Factoring bei entsprechend frei gewordenem Limit zu „echtem" Factoring wird. Die Anwendung von § 23 KO und § 17 KO würde zur Aufspaltung eines einheitlichen komplexen Vertrages führen.[44]

Die Forderungen, die dem Factor im Wege der Globalzession wirksam abgetreten wurden, gehören nicht zur Konkursmasse. Kollidiert allerdings die Factoring-Globalzession mit der Abtretung im Wege des verlängerten Eigentumsvorbehalts, so hat der Lieferant nach der Rechtsprechung des BGH beim „unechten" Factoring den Vorrang.[45]

Der Factor hat ein Aussonderungsrecht an den für die Forderung hingegebenen Wechseln und Schecks, sofern diese vom Debitor irrtümlich an den Anschlußkunden versandt wurden. Dasselbe gilt für Zahlungen, die nach Konkurseröffnung irrtümlich an den Anschlußkunden geleistet wurden. Sind die vom Debitor geleisteten Zahlungen nicht mehr unterscheidbar in der Masse vorhanden, ist der Debitor zur Doppelzahlung verpflichtet; die Zahlung an den Anschlußkunden befreite ihn gemäß § 407 nicht. Allerdings ist es erforderlich, daß der Debitor vom

Anschlußkunden klar und eindeutig darüber informiert worden ist, daß ein Gläubigerwechsel zwischen Anschlußkunden und Factor stattgefunden hat. Es genügt nicht, daß der Anschlußkunde dem Debitor lediglich mitteilt, daß er am Factoring-Verfahren teilnehme. Der Abtretungsvermerk muß klar darauf hinweisen, daß die der Rechnung zugrunde liegende Forderung an den Factor abgetreten ist und deshalb mit schuldbefreiender Wirkung nur an ihn gezahlt werden kann.[46]

In der Praxis hat der Konkursverwalter des Anschlußkunden regelmäßig ein Interesse daran, den Factoringvertrag auch während der Dauer des Konkursverfahrens fortzusetzen. In diesem Fall ist der Abschluß eines neuen Factoring-Vertrages erforderlich. Da erfahrungsgemäß die Anzahl der Mängelrügen steigt, kommt u. U. der Wegfall oder eine Ermäßigung der Bevorschussungsquote in Betracht.

Ansprüche des Factor aus Gewährleistung für den Bestand der Forderung (§ 437 Abs. 1 BGB) oder sonstige Ansprüche sind grundsätzlich einfache Konkurs-Forderungen, allerdings hat der Factor das Recht zur Aufrechnung. Das Aufrechnungsverbot des § 55 KO steht dem nicht entgegen, weil die Forderungen bedingt schon vor Eröffnung des Konkursverfahrens entstanden waren.[47]

Bei einem Konkurs des Factors erlischt der Factoring-Vertrag gemäß § 23 II KO. Dem Anschlußkunden ist es nicht zuzumuten, mit einem in Konkurs gefallenen Factor zusammenzuarbeiten. Der Anschlußkunde hat kein Aus- oder Absonderungsrecht an den Forderungen, die im Zeitpunkt der Konkurseröffnung auf den Factor übertragen waren. Seine Forderungen stellen eine einfache Konkursforderung dar.

Durch ein Vergleichsverfahren wird der Factoring-Vertrag ohne ausdrückliche Kündigung nicht beendet. Neue Verfügungen des Anschlußkunden bedürfen allerdings der Zustimmung des Vergleichsverwalters.

INTERNATIONALES FACTORING

Beim internationalen Factoring werden Forderungen aus grenzüberschreitenden Warenlieferungen verkauft. Es gelten grundsätzlich dieselben rechtlichen Aspekte wie beim Inlands-Factoring. Beteiligt sind allerdings 4 Parteien: der Anschlußkunde, der Export-Factor, der Import-Factor und der Debitor.

Beim Export-Factoring verkauft der Anschlußkunde seine Forderung aus Warenlieferungen gegen Debitoren in bestimmten Ländern an den Export-Factor. Dieser ist befugt, die Forderung an seinen Factoring-Korrespondenten (Import-Factor) im jeweiligen Ausland zu verkaufen.

Der Export-Factor übernimmt das Risiko der Zahlungsunfähigkeit des ausländischen Debitors, soweit der Import-Factor dieses Risiko übernommen hat. Die Bonitätsprüfung des Debitors erfolgt ausschließlich durch den jeweiligen Import-Factor. Der Import-Factor übernimmt das Risiko der Zahlungsunfähigkeit bis zu einem bestimmten Höchstbetrag (Limit). Es ist auch möglich, daß der Import-Factor das Bonitätsrisiko für eine bestimmte Forderung ganz oder teilweise übernimmt (sog. Order-Approval).

Die Rechtsbeziehungen zwischen dem Anschlußkunden und dem Export-Factor sind im Export-Factoring-Vertrag im einzelnen geregelt. Die Bestimmungen dieses Vertrages entsprechen im wesentlichen denen des Inland-Factoring-Vertrages.

Der Factor übernimmt lediglich das Risiko der Zahlungsunfähigkeit für den Debitor. Andere Risiken, z. B. das Währungs- und Transferrisiko, werden vom Factor nicht übernommen. Es liegt auch im Risikobereich des Anschlußkunden, wenn die Zahlung aus Zoll-, Devisen-, Export/Import-Bestimmungen oder in allen Fällen höherer Gewalt nicht erfolgen kann.

Die Rechtsbeziehungen zwischen den Factoring-Partnern sind in einer reziproken multilateralen Vereinbarung festgelegt. Für die Mitglieder des Factors Chain International ist dies der Code of International Factors Customs; andere internationale Factoring-Gruppierungen haben ähnliche Vereinbarungen.

Nach herrschender Auffassung unterliegt die Abtretung einer Forderung dem sogenannten Obligations- oder Schuldstatut, somit richtet sich die Abtretung nach der Rechtsordnung, die über die abgetretene Forderung herrscht.[48] Da diese Rechtsordnung die Verpflichtung des ausländischen Debitors regelt, unterliegt die Frage der Wirksamkeit der Abtretung der Forderung vom Export-Factor an den Import-Factor der entsprechenden Rechtsordnung im Land des Debitors.

Soweit in einem Rechtskreis die Notifikation der Abtretung Wirksamkeitsvoraussetzung ist, bedarf es daher in jedem Fall einer besonderen Abtretungsanzeige.[49] Der Anschlußkunde ist dementsprechend vertraglich verpflichtet, alle Erklärungen abzugeben, die erforderlich sind, damit die Abtretung der Forderung auch den besonderen Formvorschriften des ausländischen Rechts gerecht wird. Regelmäßig schreibt der Import-Factor den Text der Abtretungsanzeige vor, der auf der Rechnung für den Debitor angegeben werden muß.

ANMERKUNGEN

1 Vgl. Beitrag von Schepers, Spielarten des Factoring
2 Serick, Eigentumsvorbehalt und Sicherungsübertragung IV § 52, V § 70, VI § 76, II 13
3 Wolf „Die höchstrichterliche Rechtsprechung zum Factoring" WM 79, 1374 ff.
4 Canaris, Großkomm. HGB, Band 3, 3. Teil Bankvertragsrecht, 2. Bearbeitung, 1981, Rn 1655
5 BGHZ 58/364, 366 ff.
6 Palandt-Putzo § 433, Anm. 5, 46. Aufl.
7 Fälschlich als Selbsteintritt des Factors bezeichnet analog dem Ausdruck: "payment under guarantee"
8 Canaris Großkomm. HGB III, 2, 3. Aufl. § 354, Anm. 10 u. 18
9 RdW, Wirtschaftsrecht, 1985 S. 130 ff. (S. 139)
10 Welser, Czermak a.a.O. S. 139
11 Vgl. Kontroverse zwischen Blaurock (ZHR Band 142 S. 340 und 143 S. 71) und Serick ZHR (Band 143 S. 69), ob der BGH der Darlehnstheorie anhängt;
   a.A. Ehling, Zivilrechtliche Probleme der vertraglichen Ausgestaltung des Inland-Factoring-Geschäfts in Deutschland 1977, S. 220 ff.

12 Bette „Aktuelle Fragen zum Factoringgeschäft" in Rechtspraxis und Rechtsprechung RWS-Seminar-Skript 1980 S. 19
13 Serick IV a.a.O. S. 550
14 so Schönle, Bank- und Börsenrecht, 2. Aufl. S. 197
15 Canaris a.a.O., Rn. 1656, sieht beim sogenannten Factoring mit Rückgriffsrecht einen gemischt-typischen Vertrag, bei dem teils Darlehns- teils Geschäftsbesorgungsrecht anwendbar sei.
16 Zutreffend die Auffassung des LG Düsseldorf Az.: 12 O 10/81, wonach der Factor nicht damit werben darf, er übernehme die Debitoren-Buchhaltung für den Anschlußkunden
17 BGHZ 58/364 ff.
18 Goldberg-Müller VAG 1980, § 1 Rn. 17 mit Angabe der umfangreichen Rechtsprechung
19 Ausdrücklich offengelassen in BGH DB 80/1162, ob Verstoß gegen § 1 Abs. 1 Ziffer 2, 32 KWG vorliegt.
20 Die herrschende Lehre qualifiziert das Diskontgeschäft als Kaufvertrag Canaris a.a.O. Rn. 1531 m. w. Ang.
21 Szagunn/Neumann/Wohlschieß, KWG, 3. Aufl. 1976 § 19 Anm. 57
22 Bette a.a.O. S. 19 ff. und Serick a.a.O. S. 554 unten
23 Palandt-Putzo 41. Aufl. 1982 § 437 2c
24 Das Abtretungsverbot schließt einen gutgläubigen Eigentumserwerb der Sache aus (BGH, WM 1980 S. 933 ff. mit Anm. von Matthies WM 81 S. 1042 ff.)
25 Zu den Kollisionsfragen im einzelnen siehe Bette in seinem Beitrag Factoring und verlängerter Eigentumsvorbehalt
26 Serick, VI § 76, II 13 S. 334
27 Serick a.a.O.
28 BGH, NJW 77 S. 2207 ff.; 78 S. 1972 ff. und 82 S. 164 ff.
29 WM 86, S. 1029
30 Blaurock WuB 11.86, S. 1393, der allerdings m. E. zu Unrecht im konkreten Fall eine Kollision zwischen Factor und Hausbank zu Lasten des Vorbehaltslieferanten annimmt.
31 BGHZ 52, S. 64 ff.
32 Münchkomm/Roth § 398 BGB, 2. Aufl. 1985, Rn. 127
33 NJW 1980, S. 772 ff.
34 Hergeth in Bankrecht und Bankpraxis I Rn. 4/711 schlägt vor, im Globalzessionsvertrag eine entsprechende Verpflichtungsklausel aufzunehmen.
35 Die Streitfrage, ob Direkt- oder Durchgangserwerb vorliegt, hat keine praktische Bedeutung (Paulandt/Heinrichs § 398, 3c)
36 Das stille oder halboffene Verfahren verliert an Bedeutung (vgl. Schepers, Spielarten des Factoring).
37 BGH, NJW 77, S. 581 ff.
38 Hergeth a.a.O 4/764
39 Vgl. entsprechende Regelung Ziffer 44 AGB der Banken für das Wechselgeschäft
40 Palandt/Heinrichs § 401, 1c; der Factor hätte allerdings bei fehlender Vertragsklausel einen schuldrechtlichen Anspruch auf Übertragung aller Sicherheiten einschließlich Eigentumsvorbehalt
41 BGH NJW 1978 S. 1972 mit Anm. Blaurock
42 streitig, Canaris a.a.O. Rn. 1675; a.A. Kuhn-Uhlenbruck, KO 10. Aufl. 1986, Rz. 20a; Obermüller, Die Bank im Konkurs und Vergleich ihres Kunden, 3. Aufl. 1985, Rz. 1329
43 Brink, Vortrag vor dem Arbeitskreis für Insolvenz- und Schiedsgerichtswesen, Köln, 8. 1. 1987
44 Brink, a.a.O., Veröffentlichung geplant
45 BGH, WM 1981, S. 1350

46 Urteil des Hanseatischen OLG Bremen vom 23.10.86 NJW 87, 912 mit Besprechung von Bette FLF 87 S. 71
47 Obermüller a.a.O Rz 1331
48 Palandt/Heldrich Vorbemerkung 2 vor Artikel 13 EGBGB, Serick S. 596
49 Vgl. Beitrag von Gavalda zum französischen Rechtskreis

Summary

The classification of factoring in Germany within the framework of the "Bürgerliches Gesetzbuch" (statutes for civil law) is the subject of legal dispute. Factoring is treated as pruchase of accounts receivable by a large majority; the dissenting opinion is that factoring has the nature of a loan.

Neuere Entwicklungen auf den Finanzmärkten

Band 34 der Schriftenreihe des Instituts für Kreditwesen der Westfälischen Wilhelms-Universität Münster.
Herausgegeben von Prof. Dr. Henner Schierenbeck. 1987. 116 Seiten, Pappband, DM 56,50. ISBN 3-7819-0375-3.

Die Autoren und ihre Beiträge: *F. Neuber*, Strukturveränderungen beim Geldvermögen, neue Formen und Internationalisierung der Geld- und Kapitalanlagen; *A. Freiherr von Oppenheim*, Die Bestrebungen im deutschen Börsenwesen zur Verstärkung der Effizienz und der internationalen Bedeutung; *Dr. K.-H. Schneider-Gädicke*, Neue Informationstechnologien und ihre Auswirkungen auf die Finanzmärkte und die Geschäftspolitik der Kreditinstitute; *Prof. Dr. H.-J. Krümmel*, Neue Finanzierungsformen und aufsichtsrechtliche Strukturnormen; *Dr. H.-J. Möhle*, Zwänge und Möglichkeiten zur Förderung des Kontensparens; *Prof. Dr. E. Kremer*, Neue Anlageformen auf dem Kapitalmarkt und ihre möglichen Auswirkungen auf das Verhalten privater und institutioneller Anleger; *Dr. F. W. Christians*, Fragen zur Erstemission von Aktien deutscher Gesellschaften — eine Zwischenbilanz.

Wettbewerb am Markt für Finanzdienstleistungen

Herausgegeben von Prof. Dr. Wolfram Engels. 1987. 112 Seiten, geb., DM 37,50. ISBN 3-7819-0370-2.

Die Financial-Service-Industrie nimmt rapide zu und führt zu einem verstärkten Wettbewerb auf diesem Markt. Dieser Band vermittelt aus kompetenter Sicht einen Gesamtüberblick und greift die Thematik aus der Perspektive des einzelnen Wettbewerbers auf.

Die Autoren und ihre Beiträge: *Dr. Walther Zügel*, Entwicklungstendenzen am Finanz-Dienstleistungsmarkt; *Peter F. Schlenzka*, Marktentwicklungen und Ertragspotentiale der Anbieter von Finanzdienstleistungen; *Prof. Dr. Achim Zink*, Bausparkassen: Konkurrenten von Banken?; *Prof. Dr. Peter Gessner*, Banken und Versicherungen als Wettbewerber; *Heinrich K. Alles*, Finanzdienstleistungen im Einzelhandel.

Bankinnovationen

Chancen und Risiken der neuen Bankgeschäfte.
Herausgegeben von Prof. Dr. Rosemarie Kolbeck. 1986. 132 Seiten, geb., DM 38,50. ISBN 3-7819-0363-X.

Dr. Wolfgang Röller, Finanzinnovationen als Chancen der deutschen Banken im nationalen und internationalen Wettbewerb; *Wolfgang Kuntze*, Risikopotentiale durch Finanzinnovationen als bankaufsichtsrechtliches Problem; *Dr. Ulrich Weiss*, Die neuen Banktechnologien unter Marketingaspekten; *Dr. Raban Freiherr von Spiegel*, Personalpolitik in Banken unter Einfluß der neuen Technologien; *Dr. Karl-Herbert Schneider-Gädicke*, Auswirkungen von Innovationen auf die Wettbewerbssituation der Genossenschaftsbanken; *Dr. h. c. Helmut Geiger*, Auswirkungen von Innovationen auf die Wettbewerbssituation der Sparkassen und Girozentralen; *Prof. Dr. Claus Köhler*, Innovationen im Bankgeschäft als geld- und währungspolitisches Problem.

Finanzielle Innovationen und Mindestreservepolitik

Reformvorschläge auf Grund amerikanischer und deutscher Entwicklungen.
Von Dipl.-Ökonom Armin Schwolgin und einem Geleitwort von Prof. Dr. Joachim Süchting.
1986. XX und 448 Seiten, brosch., DM 64,—. ISBN 3-7819-0351-6.

Finanzielle Innovationen werden in dieser Arbeit als bankbetriebliches und geldpolitisches Problem behandelt. Neben ökonomischen und technischen Gründen führt der Autor finanzielle Innovationen auf den Versuch der Banken zurück, die regulativen Rahmenbedingungen, speziell den Mindestreservevorschriften, in subjektiver, sachlicher, zeitlicher und räumlicher Hinsicht auszuweichen. Aus der Darstellung der wichtigsten zu Beginn der 80er Jahre in den USA und der Bundesrepublik Deutschland zu beobachtenden Finanzinnovation und ihrer geldpolitischen Effekte leitet der Autor die Notwendigkeit einer Reform des Mindestreserveinstrumentariums ab und prüft Wege, die dahin führen können.

Finanzinnovationen

Glossarium der neuen Hedging- und Finanzierungsinstrumente, Englisch—Deutsch.
Von Hans E. Zahn. 1986. 160 Seiten, brosch., DM 29,—. ISBN 3-7819-2024-0.

In den letzten beiden Jahren rollte eine beispiellose Innovationswelle über die internationalen Finanzmärkte. Mit dem vorliegenden Glossarium trägt der Autor zu einem besseren Verständnis der neuen Instrumente bei. In etwa 20 Einzelbeiträgen, eingebettet in ein ca. 2000 Begriffe umfassendes Fachvokabular, wird der gesamte Bereich der neuen Instrumente erschlossen. Anhand von Fallbeispielen werden Funktionsweise, Einsatzmöglichkeiten sowie Vor- und Nachteile der neuen Instrumente erläutert. Um eine optimale Übersicht zu gewährleisten, erscheinen Beiträge und Fachbegriffe in streng alphabetischer Reihenfolge. Eine Vielzahl von Querverweisen erleichtert das Verständnis für die Zusammenhänge zwischen den einzelnen Innovationen.

FRITZ KNAPP VERLAG · Postfach 11 11 51 · 6000 Frankfurt/Main 11

2. Factoring und verlängerter Eigentumsvorbehalt
Factoring and Prolonged Retention of Property Title

Klaus Bette

Gliederung

	Seite
1. Vertragsbruchtheorie	109
2. Anwendung der Vertragsbruchtheorie auf das Factoring	110
3. Einziehungsermächtigung gemäß § 185 BGB	112
4. Einziehungsermächtigung beim „unechten Factoring"	113
Anmerkungen	115

1. VERTRAGSBRUCHTHEORIE

Das Factoring-Geschäft wurde 1960 in der Bundesrepublik eingeführt. Zur gleichen Zeit wurde durch die höchstrichterliche Rechtsprechung die Rechtsstellung des verlängerten Eigentumsvorbehalts gegenüber der Finanzierung gegen Forderungsabtretung erheblich verstärkt. Für die Ausbreitung des Factoring auf dem deutschen Finanzierungsmarkt kam es daher entscheidend darauf an, wie der Konflikt zwischen der Abtretung im Wege des verlängerten Eigentumsvorbehalts an Lieferanten und der Abtretung an den Factor zu lösen sei. In seiner Entscheidung vom 30. 4. 1959[1] hatte der Bundesgerichtshof den Konflikt zwischen verlängertem Eigentumsvorbehalt und der Abtretung zur Sicherung eines Kredits wie folgt gelöst:

„Eine zur Sicherung eines Kredites vereinbarte Globalzession künftiger Kundenforderungen ist sittenwidrig und nichtig, soweit sie nach dem Willen der Vertragsparteien auch solche Forderungen umfassen soll, die der Schuldner seinen Lieferanten aufgrund verlängerten Eigentumsvorbehaltes künftig abtreten muß und abtritt" (Leitsatz der BGH-Entscheidung).

Die Abtretung der Forderungen im Factoring-Geschäft erfolgte ebenfalls im Wege einer Globalzession. Insoweit war das Geschäft von dieser Entscheidung unmittelbar betroffen. Streitig blieb fortan die Frage, ob die Globalabtretung im Factoring-Geschäft der Sicherung eines Kredits diente.

Die Entscheidung setzt die Anwendung des Prioritätsprinzips voraus:

„Zwar steht die Regelung, die die Vertragsteile nach der Auslegung des Berufungsgerichts getroffen haben, im Einklang mit dem Grundsatz der Priorität, nach welchem bei mehrfacher Abtretung einer Forderung nur die zeitlich erste wirksam ist. Dieser Grundsatz gilt unbestritten bei der Abtretung bestehender Forderungen. Er muß aber auch für die Abtretung künftiger Forderungen angewandt werden. Wenn schon die Abtretung künftiger Forderungen mit der herrschenden Lehre und Rechtsprechung für zulässig erachtet wird – und der Senat findet keinen Grund, hiervon abzugehen –, so gibt es, soweit die einzelnen Abtretungen sonst an keinen

Mängeln leiden, kein anderes dem Gesetz und den Erfordernisen der Rechtssicherheit entsprechendes Merkmal, um über die Konkurrenz der Abtretung zu entscheiden, als eben die zeitliche Reihenfolge. Danach ginge im vorliegenden Fall in der Tat die Globalzession an die Klägerin den Abtretungen an die Lieferanten der Gemeinschuldnerin vor."[2]

Nach Auffassung des BGH standen hier aber Rechtssicherheit und Billigkeit im Widerspruch, der zugunsten der Billigkeit aufzulösen war. Er führte weiter aus:

„Jedoch muß die Abrede, daß die Globalzession der Gemeinschuldnerin an die Klägerin späteren Forderungsabtretungen an die Lieferanten vorgehen soll, wegen Verstoßes gegen Gesetz und gute Sitten beanstandet werden. Wenn nämlich die Gemeinschuldnerin in der Folgezeit unter Vereinbarung verlängerten Eigentumsvorbehaltes Waren einkaufte, so täuschte sie dabei notwendig ihre Lieferanten, denn sie war zu den mit diesen jeweils vereinbarten Abtretungen der ihr demnächst gegen ihre Abnehmer entstehenden Kaufpreisforderungen überhaupt nicht in der Lage, weil sie diese Forderungen schon der Klägerin abgetreten hatte. Ohne Verstoß gegen die Einkaufsverträge konnte sie solche Forderungen gar nicht entstehen lassen, weil sie durch Weiterveräußerung der Ware bis dahin bestehendes Eigentum der Lieferanten vernichtete, ohne diesen vertragsgemäß eine andere Sicherung zu verschaffen. Die Gemeinschuldnerin mußte also, wenn ihr Vertrag mit der Klägerin wirklich den von dem Berufungsgericht angenommenen Sinn hatte, ihren Lieferanten gegenüber fortgesetzt grobe Vertragsverletzungen, möglicherweise sogar strafbare Handlungen (Betrug, Unterschlagung, Untreue) begehen."

Diese Vertragsbruchstheorie ist Grundlage der ständigen Rechtsprechung zur Kollisionsproblematik bei Mehrfachabtretungen geworden.

Erst am 19. 9. 1977 mußte sich der BGH erstmalig mit der Kollision zwischen verlängertem Eigentumsvorbehalt und Factoring auseinandersetzen, am 7. 6. 1978 erneut und am 19. 2. 1979 mit der Kollision zwischen verlängertem Eigentumsvorbehalt und Wechseldiskont.

Die Vertragsbruchstheorie blieb Grundlage für die Rechtsprechung zur Kollisionsproblematik.

Im Ergebnis lief die Rechtsprechung auf einen Vorrang des verlängerten Eigentumsvorbehalts und der Warenkreditgeber gegenüber den Geldkreditgebern hinaus.

Die Banken paßten sich an, indem sie Verzichtsklauseln in ihre Globalzessionsverträge zugunsten der Lieferanten aufnahmen. Sie können deshalb nur noch Forderungen beleihen, die nicht vom verlängerten Eigentumsvorbehalt erfaßt sind.[3]

2. ANWENDUNG DER VERTRAGSBRUCHSTHEORIE AUF DAS FACTORING

Auch die meisten Factoring-Institute bedienen sich der Globalzession, nicht zuletzt unter dem Aspekt der durch die Globalzession gewährten zeitlichen Priorität der Forderungsabtretung. Bei der Abtretung künftig entstehender Forderungen ist der Zeitpunkt der Abtretung durch den Abtretungsvertrag fixiert. Im Gegensatz dazu knüpft die Abtretung im Rahmen des verlängerten Eigentumsvorbehalts an die einzelne Lieferung an, so daß nach einer gewissen Zeit die Globalzession immer den zeitlichen Vorrang vor der Abtretung kraft verlängertem Eigentumsvorbehalt hat.

Es entbrannte deshalb der Streit um die Rechtsnatur des Factoring-Geschäfts. Die Hauptfrage war dabei, ob die Grundsätze der aus der BGH-Entscheidung vom 30. 4. 1959 entwickelten Rechtsprechung auch auf das Factoring-Geschäft anzuwenden seien.

In der Literatur wurde die Frage unterschiedlich behandelt.[4] Eine höchstrichterliche Entscheidung wurde von beiden streitenden Interessengruppen bis zum Herbst des Jahres 1977 vermieden.

Die Factoring-Institute sehen die entscheidenden Unterschiede zwischen der kreditsichernden Globalzession und dem Factoring-Geschäft in dem Forderungskauf, der der Globalzession im Factoring zugrunde liegt. Als weitere Abgrenzung wird die Umsatzkongruenz der Finanzierung und die Nichthaftung des Anschlußkunden beim „echten" bzw. die Sekundärhaftung des Anschlußkunden beim „unechten Factoring" gesehen. Vor allem machten die Factors für sich geltend, daß im Factoring-Verfahren der Anschlußkunde und damit auch der Lieferant nicht schlechter stehe, als wenn die Debitoren selbst zahlten.

Die Kritiker des Factoring-Geschäfts betonten demgegenüber mehr die abstrakte, dingliche Seite der Abtretung und vertraten den Standpunkt, daß der Factor, indem er sich die durch die Globalzession gewonnene Priorität zunutze mache, die Lieferanten mit dem Anschlußkunden ebenso täusche wie eine kreditgebende Bank, die sich durch Globalzession sichern lasse. Im Insovenzfalle des Anschlußkunden stünde jedenfalls der Lieferant in beiden Fällen ohne Sicherheit da, auf die er doch bei seiner Lieferung gebaut habe.

Der BGH entschied am 19. 9. 1977:[5]

„Die globale Abtretung aller künftigen Forderungen des Anschlußkunden gegen seine Abnehmer und Auftraggeber an die Factoringbank unter der aufschiebenden Bedingung, daß diese die jeweilige Forderung ankauft, ist bei echtem Factoring nicht sittenwidrig."

Weiter entschied der BGH am 19. 9. 1977[6] zum „echten Factoring", indem er der Auffassung Sericks folgt:

„Ein Vertragsbruch gegenüber dem Vorbehaltsverkäufer kann dem Vorbehaltskäufer bei Weiterveräußerung an einen Zweitabnehmer gegen Barzahlung ebensowenig angelastet werden, wie beim echten Factoring, bei dem er den Gegenwert der konkreten Forderung von der Factoringbank gutgeschrieben erhält."

Eine andere Frage ist, ob der Factoringbank der Vorwurf treuwidrigen Verhaltens und damit einer unzulässigen Rechtsausübung zu machen ist, wenn sie sich im Konfliktfalle auf das durch die globale Vorausabtretung begründete Prioritätsrecht gegenüber dem Vorbehaltslieferanten beruft, ohne im Factoring-Vertrag den Anschlußkunden zumindest ausdrücklich verpflichtet zu haben, den Factoring-Erlös an Vorbehaltslieferanten abzuführen.

Eine konkrete Rechtspflicht, die Interessen der Vorbehaltsverkäufer durch entsprechende Vertragsgestaltung zu wahren, kann beim echten Factoring nicht schlechthin bejaht werden. Die Factoringbank muß sich grundsätzlich darauf verlassen dürfen, daß der Anschlußkunde den Factoring-Erlös sachgerecht nach den Regeln wirtschaftlicher Vernunft verwendet.[7]

Der Bundesgerichtshof hat bereits in seiner Entscheidung vom 24. 4. 1968 ausgeführt, daß derartige Vertragsklauseln den tatsächlichen Geschehensablauf nicht zu beeinflussen vermögen und insbesondere Konflikte zwischen Geldkreditgeber und Warenkreditgeber im Ernstfall nicht verhüten können.[8]

Den zitierten Entscheidungen lag jeweils eine Globalzession zugrunde, so daß die zeitliche Priorität der Forderungsabtretung beim Factor lag. Am 7. 6. 1978 mußte sich der BGH mit dem umgekehrten Fall befassen. Hier hatte der Factor keine Globalzession mit seinem Anschlußkunden vereinbart, sondern sich jeweils mit der Rechnungseinreichung die der Rechnung zugrundeliegende Forderung einzeln abtreten lassen. Eine große Firma hatte mit dem Anschlußkunden einen verlängerten Eigentumsvorbehalt vereinbart, so daß die Forderungen, die der Factor zum Kauf angeboten bekam, in diesem Zeitpunkt schon auf den Lieferanten übergegangen waren und dem Anschlußkunden gar nicht mehr zustanden. Hier konnte sich die Frage der Sittenwidrigkeit gar nicht stellen, weil keine Globalzession, aber damit auch keine Priorität zugunsten des Factors vorlag. Eine Forderung, die bereits abgetreten ist, kann nicht ein zweites Mal abgetreten werden. Der gute Glaube an die Inhaberschaft der Forderung ist nicht geschützt. Der BGH führte jedoch neben den Prüfungsmerkmalen Priorität und Sittenwidrigkeit ein drittes Kriterium ein.

3. EINZIEHUNGSERMÄCHTIGUNG GEMÄSS § 185 BGB

Trotz fehlender Priorität der Forderungsabtretung hat der BGH zugunsten des Factors entschieden:

„Die dem Vorbehaltskäufer in Allgemeinen Geschäftsbedingungen erteilte Ermächtigung, den Kaufpreis für die unter verlängertem Eigentumsvorbehalt gelieferte und weiterveräußerte Ware einzuziehen, berechtigt ihn auch, die Forderungen aus dem Weiterverkauf – nochmals – im Rahmen echter Factoring-Geschäfte an einen Factor zu verkaufen und abzutreten."

In seiner Begründung hat er an Überlegungen angeknüpft, wie sie schon in der Entscheidung aus dem Jahre 1977 anklingen.[9]

Der Lieferant ermächtigt den Anschlußkunden zur Verfügung über die kraft verlängerten Eigentumsvorbehalts an ihn abgetretenen Forderungen, indem sie durch Einzug zum Erlöschen gebracht werden können. Durch den Forderungseinzug wird der Anschlußkunde in die Lage versetzt, mit dem eingezogenen Geld den Lieferanten zu bezahlen. Der Lieferant ermächtigt also den Anschlußkunden, die an ihn abgetretenen Forderungen gegen ihren Gegenwert einzutauschen. Nichts anderes geschieht aber, wenn der Anschlußkunde die schon kraft verlängerten Eigentumsvorbehalts an den Vorlieferanten abgetretenen Forderungen noch einmal an den Factor gegen Erhalt des vollen Gegenwertes abtritt. Es liegt also eine Einwilligung des Lieferanten zugunsten des Anschlußkunden vor, über die dem Lieferanten abgetretene Forderung zu verfügen. Es handelt sich also um die Ermächtigung des Berechtigten (Inhabers der Forderung), über den Gegenstand (die Forderung) zu verfügen. Gemäß § 185 BGB ist eine solche Verfügung auch dem Berechtigten gegenüber wirksam. § 185 BGB gibt damit die rechtsdogmatische Grundlage für die Argumentation der Factoring-Institute ab, daß sie die Forderungen gekauft und voll bezahlt hätten und sie ihnen deshalb auch gehören müßten.

Die Rechtsgrundlage für das echte Factoring kann damit als gesichert angesehen werden.[10] Im Ergebnis ist es dabei gleichgültig, ob der Factor eine Globalzession mit seinem Kunden vereinbart oder Einzelabtretungen der Forderungen im

Zeitpunkt ihrer Entstehung vorgenommen werden. Entscheidend ist, ob der Anschlußkunde eine Verfügung trifft, für die er den vollen Gegenwert erhält.

Mit der Begründung, die der BGH in dieser Entscheidung gegeben hat, weist er weit über den hier entschiedenen Einzelfall hinaus. In ihr ist vielmehr ein Prinzip zur Lösung der Kollision bei Mehrfachabtretungen überhaupt enthalten.[11/12] Dies zeigt vor allem die Entscheidung des BGH vom 11. 11. 1981.[13] Diese Entscheidung bestätigt die Wirksamkeit einer zweiten Abtretung an einen Factor trotz vorausgegangener Erstabtretung an einen Darlehensgeber zur Sicherung des Darlehens. Zur Voraussetzung der Wirksamkeit macht der BGH aber den Erhalt des ungeschmälerten Gegenwerts für die Forderung (deckungsgleiche Verfügung).

Wird mithin der Vorbehaltskäufer durch die Leistung der Factoringbank beim echten Factoring wirtschaftlich so gestellt, wie wenn der Zweitkäufer selbst oder für diesen ein Dritter den Gegenwert der Forderung aus dem Weiterverkauf an den einzugsberechtigten Vorbehaltskäufer zahlt — wobei das Risiko der Ablieferung des Geldes an den Vorbehaltskäufer in allen drei Fällen gleich groß ist —, so wird ein sachgerecht denkender Vorbehaltskäufer bei solcher Fallgestaltung gegen eine Factoring-Zession nichts einzuwenden haben und sie deshalb dem Vorbehaltskäufer gestatten.[14]

Die Verwertung der Weiterverkaufsforderung im Wege echten Factorings bedeutet, wie dargelegt, nichts anderes als ihre Umwandlung in bares Geld, das der Vorbehaltskäufer — hier in Höhe von 90% des Forderungsbetrages — sofort, und zwar regelmäßig lange vor Eintritt der Fälligkeit des Anspruchs gegenüber dem Zweitkäufer, erhält und das ihn in die Lage versetzt, seine Lieferantenschulden pünktlich zu erfüllen. Dabei wird nicht verkannt, daß auch das echte Factoring keine Gewähr dafür bietet, daß der der Factoringbank angeschlossene Kunde, nicht in Vermögensverfall gerät und seine Lieferantenschulden nicht voll bezahlen kann; andererseits unterliegt er einem wirtschaftlichen Zwang, mit den ihm von der Factoringbank gezahlten Geldern seine Lieferanten zu bezahlen.[15]

4. EINZIEHUNGSERMÄCHTIGUNG BEIM „UNECHTEN FACTORING"

Auf diesen Überlegungen basiert auch das Urteil des OLG Bremen vom 24. 4. 1980.[16] Dieses Urteil stellt nunmehr das unechte Factoring dem echten gleich und sieht die Zweitabtretung an den Factor ebenfalls als durch die vom Vorbehaltskäufer erteilte Einziehungsermächtigung nach § 185 BGB als gedeckt an. Im einzelnen führt es aus:

„Unabhängig von der Qualifizierung des Factoring als Kreditgeschäft oder Kaufgeschäft hält sich das Risiko auch beim unechten Factoring in dem Rahmen des Risikos, das die Vorbehaltskäufer mit der Erteilung der Einziehungsermächtigung auf sich genommen haben."

Das OLG stellt zunächst die Parallele des unechten Factoring zum Wechseldiskontgeschäft her und beruft sich dabei auf das zitierte BGH-Urteil vom 19. 2. 1979 und führt wörtlich aus:

„Hier wie dort handelt es sich trotz Rückbelastungsmöglichkeit um deckungsgleiche Verfügungen des Vorbehaltskäufers, zu denen er aufgrund der Einziehungsermächtigungen seiner Vorbehaltslieferanten befugt ist.[17]"

Gegen diese Entscheidung des OLG Bremen, die das unechte Factoring dem echten Factoring gleichgestellt hat, ist Kritik laut geworden. Graf Lambsdorff hält die Entscheidung im Ergebnis für richtig, greift aber die Begründung an.[18] Kübler[19] und Bähr[20] greifen die Entscheidung sowohl im Ergebnis wie ihre Begründung an. Auch Serick und Canaris setzen sich in ihrer Kontroverse in der NJW 1981 kritisch mit ihr auseinander.

Am 14. 10. 1981 hat der Bundesgerichtshof[21] das Urteil des OLG Bremen aufgehoben und den Rechtsstreit zur weiteren Verhandlung an das Oberlandesgericht zurückverwiesen. Die Leitsätze dieses Urteils lauten:

„Die dem Vorbehaltskäufer in den AGB erteilte Ermächtigung, den Kaufpreis für die unter verlängertem Eigentumsvorbehalt gelieferte und weiterveräußerte Ware einzuziehen, berechtigt ihn nicht, die Forderungen aus dem Weiterverkauf – nochmals – im Rahmen unechten Factorings an einen Factor zu verkaufen und abzutreten (Abgrenzung zu BGHZ 72,15).

Für den Fall der Kollision einer globalen Vorausabtretung zugunsten eines Factors im Rahmen unechten Factorings mit Zessionen zugunsten von Warenlieferanten aufgrund verlängerten Eigentumsvorbehalts gelten die gleichen Grundsätze wie in Kollisionsfällen zwischen der globalen Vorausabtretung zugunsten einer Geschäftsbank (Geldkreditgeber) und Zessionen zugunsten von Warenkreditgebern (Abgrenzung zu BGHZ 69, 254 = WM 1977, 1198)."

Der Bundesgerichtshof konnte in dieser Entscheidung die Frage offenlassen, ob die Ermächtigung zur deckungsgleichen Verfügung als Allgemeinprinzip zur Lösung von Kollisionsfällen bei Mehrfachabtretungen zugrundegelegt werden kann. Er hat diese Frage auch ausdrücklich offengelassen, weil er davon ausgeht, daß die Ermächtigung der Vorbehaltslieferanten im vorliegenden Fall derart eingeschränkt war, daß sie die Zweitverfügung an den Factor nicht deckte. Die Parallele zwischen „unechtem Factoring" und Wechseldiskontkredit stellt der Bundesgerichtshof hier in Abrede und stützt seine Entscheidung darauf, daß das Factoring ohne Delkredere dem Kreditgeschäft gleichzusetzen sei und damit die Abtretung als Sicherheitsabtretung angesehen werden müsse. Der Bundesgerichtshof hält weiter die Argumentation Sericks nicht für ausgeräumt, nach der das Factoring ohne Delkredere vom Factoring mit Delkredere eben wegen der unterschiedlichen Rückbelastungsmöglichkeit sich grundsätzlich unterscheide.

Daß die Charakterisierung des „unechten Factoring" als Kreditgeschäft kein entscheidender Gesichtspunkt sein kann, hat Blaurock[22] überzeugend dargelegt. Die Argumentation Sericks wird von Canaris[23] und auch von Bette/Marwede[24] jeweils mit unterschiedlichen Gründen angegriffen.

Die Kernfrage ist deshalb wohl, welchen Inhalt und Umfang die Einziehungsermächtigung der Vorbehaltslieferanten hat. Diese hat der Bundesgerichtshof in den hier zitierten Entscheidungen und in seinem Urteil vom 19. 12. 1979[25] abgesteckt. Das für die erworbene Forderung gezahlte Entgelt muß mindestens ausreichen, um die Lieferantenverbindlichkeit, bezogen auf die abgetretene Forderung, begleichen zu können.

In jüngster Zeit macht sich eine Tendenz der Lieferanten bemerkbar, die in ihren Allgemeinen Lieferbedingungen enthaltene Einziehungsermächtigung einzuengen. Auch die Lieferbedingungen, die dem Urteil des BGH vom 7. 6. 1978 zugrundelagen, hatten die Einziehungsermächtigung des Vorbehaltskäufers dahin eingegrenzt, daß ihm verboten war, die Forderung aus dem Weiterverkauf an Dritte, also auch an den Factor, abzutreten. Dieses Verbot hat der BGH aber als eine unzulässige Einschränkung der Freiheit der unternehmerischen Entscheidung des Vorbehaltskäufers angesehen und für nichtig erklärt. Die Einziehungsermächtigung des Vorbehaltskäufers ist das notwendige Korrelat zu der Sicherungsabtretung der Forderungen aus dem Weiterverkauf an die Vorbehaltslieferanten, die ihn überhaupt in die Lage versetzt, sich wirtschaftlich zu betätigen und seine Lieferantenschulden zu begleichen. Hieran müssen sich Einschränkungen der Einziehungsermächtigung messen lassen.

ANMERKUNGEN

1 BGHZ 30, 149 ff., in NJW 1959, 1516
2 Vgl. hierzu u. a. OLG Hamburg, NJW 1959, 102; v. Caemmerer JZ 1953, 97 ff.; Eichhorn, Betrieb 1954, 532; Dempewolf, NJW 1956, 851 und 1957, 858; Capeller, MDR 1956, 137
3 Vgl. hierzu die Entscheidungen OLG Düsseldorf, Urteil v. 28. 1. 1977 in WM 1977, 404; Landgericht Berlin, Urteil v. 22. 6. 1976 in WM 1976, 1021; OLG Stuttgart, Urteil v. 9. 10. 1975 in WM 1976, 700; BGH WM 1977, 480 und BGH WM 1979, 11
4 Vgl. statt vieler vor allem Blaurock „Die Factoring-Zession", ZHR 1978, 325, mit zahlreichen weiteren Hinweisen
5 BGH WM 1977, 1198
6 BGH a.a.O.
7 Vgl. dazu Bette, Diss. Köln 1971, S. 86
8 Urteil vom 24. 4. 1968, WM 1968, 644
9 BGH-Urteil vom 7. 6. 1978 in WM 1978, 787, mit zustimmender Anmerkung von Reischauer
10 BGH-Urteil vom 11. 11. 1981 in ZIP 1982, 40 ff.
11 Vgl. dazu Bette/Marwede „Die Ermächtigung zur deckungsgleichen Verfügung" in BB 1979, 121 ff.
12 BGH-Urteil vom 19. 2. 1979 in BB 1979, 956. Den Fall des Konflikts zwischen Wechseldiskont und verlängertem Eigentumsvorbehalt hat der BGH am 19. 2. 1979 erstmals entschieden und das Urteil auf dieses Lösungsprinzip gestützt
13 BGH-Urteil vom 11. 11. 1981 in ZIP 1982, 40 ff.
14 Vgl. Serick, Eigentumsvorbehalt und Sicherungsübertragung Band IV, § 52 V 2. b, S. 586 ff., 589, 590
15 Vgl. dazu Serick, a.a.O., 589
16 ZIP 1980, 539
17 Vgl. Bette/Marwede a.a.O. sowie dieselben in BB 1980, S. 23 ff.
18 Vgl. Graf Lambsdorff in ZIP 1980, S. 543 ff.
19 Vgl. Kübler in ZIP 1980, S. 546
20 Vgl. Bähr in DB 1981, 1759 ff.
21 WM 1981, 1350 ff.
22 Blaurock ZHR 142 (1978), 325 ff.
23 NJW 1981, 249 ff.
24 BB 1980, 23 ff.
25 BB 1980, 490 ff.

Summary

In a sequence of individual judgements the BGB (German Federal Supreme Court) has repeatedly decided that when two assignments are in competition the assignment which is first in time is the effective one ("Prioritätsprinzip" − principle of priority). This also applies to a future account receivable where a "Globalzession" (general assignment) securing a loan was in conflict with its assignment resulting from a "verlängertes Eigentumsvorbehalt" (prolonged retention of title). The decision of the BGH was that the last mentioned assignment had priority. The reason for this decision is that the "Globalzession" offends against the law and good business practice. In the purchase contract the buyer has already assigned his accounts receivable to the supplier; by the "Globalzession" he is in breach of the purchase contract ("Vertragsbruchtheorie" − theory of breach of contract).

The BGH by its decision of 19. 9. 1977 confirmed the opinion of the factoring companies that the "Globalzession" within a factoring contract derives from the outright sale of accounts receivables. Consequently, a factoring assignment is completely different from a „Globalzession" securing a loan. Therefore, the BGH decided that a factoring assignment is not contrary to good business practice; this decision (7. 6. 1978, 12. 6. 1978) was based on the authority to collect given by the supplier to the buyer (paragraph 185 BGB). This authority to collect gives effect to an outright sale of those accounts receivable that are subject to the „verlängerter Eigentumsvorbehalt" to the factor. The decision of 1978 relate exclusively to factoring without recourse.

The courts are now dealing with the question of how the authority to collect is to be seen as factoring with recourse is concerned (OLG Bremen, decision of 24. 4. 1980 in favour of factoring, BGH decision of 24. 10 1981 reversing the Bremen decision). In resolving the conflict between the supplier's prolonged retention of title and the purchaser's (client's) authority to collect, the effectiveness and scope of the authority taken together will be decisive because both have relevance.

3. Abtretungsausschluß und Factoring
Contractual Exclusion of the Right to Assign and Factoring

Uwe Blaurock

Gliederung

	Seite
1. Die Schwierigkeiten für Factoring bei Unabtretbarkeit einer Forderung	117
2. „Abtretungsverbot" durch den Lieferanten aufgrund verlängerten Eigentumsvorbehalts	119
3. Versuche, die Wirksamkeit des Abtretungsverbots zu mindern	120
a) Relative Wirksamkeit des Abtretungsverbots gegenüber dem Schuldner?	120
b) Sittenwidrigkeit des Abtretungsverbots in Allgemeinen Geschäftsbedingungen des Schuldners?	120
c) Einschränkung des Abtretungsverbots bei Sicherungszession	120
4. Wirkung von Abtretungsausschlüssen	121
a) Unterschiedliche Interessenlage von Schuldner und Gläubiger	121
b) Individuell vereinbarter Abtretungsausschluß	122
c) Abtretungsausschluß und ABG-Gesetz	122
d) Factoring bei Kontokorrentverbindung zwischen Lieferanten und Abnehmer	123

1. Grundlage des Factoringgeschäftes ist die Abtretung der Forderungen aus Geschäften des Anschlußkunden mit seinen Abnehmern an das Factoring-Institut gegen sofortige Zahlung bzw. Gutschrift zu einem zwischen Factor und Anschlußkunden vereinbarten Fälligkeitsdatum. Das Factoring-Institut zieht die ihm übertragenen Forderungen im eigenen Namen vom Abnehmer seines Klienten ein. Voraussetzung für das Factoring ist deshalb, daß es sich bei der gegen den Abnehmer gerichteten Forderung überhaupt um eine abtretbare handelt. Ist die Forderung unabtretbar, so fällt eine gleichwohl vorgenommene Abtretung ins Leere; der Factor erhält nichts, vielmehr bleibt der Anschlußkunde weiter Forderungsinhaber. Bei einer solchen Konstellation ist ein Factoring nicht möglich: Das Factoring-Institut kann allenfalls als Inkassostelle auftreten und die dem Anschlußkunden zustehende Forderung für diesen in dessen Namen einziehen. Bis zur Übereignung des eingezogenen Betrages vom Anschlußkunden an das Factoring-Institut nach Zahlung durch den Abnehmer gehört die Forderung und der (noch nicht übereignete bzw. bei Gutschrift auf einem Konto abgetretene) Zahlungsbetrag jedoch zum Vermögen des Anschlußkunden und unterliegt dem Zugriff seiner Gläubiger (§ 851 Abs. 2 ZPO). Das Factoring-Institut erhält also bei Unabtretbarkeit der Forderung keinerlei Sicherung.

Im Prinzip sind Forderungen im deutschen Recht frei übertragbar. Der Gläubiger kann seine gegen den Schuldner gerichtete Forderung ohne weiteres und ohne Mitwirkung des Schuldners ganz oder auch nur zum Teil an einen Dritten abtreten. In einigen Fällen jedoch ist die Abtretbarkeit ausgeschlossen. Die Unabtretbarkeit einer Forderung kann sich dabei aus drei Gründen ergeben:
– für bestimmte Forderungen wird die Abtretbarkeit von Gesetzes wegen ausgeschlossen (z. B. unpfändbare Forderungen: § 400 BGB; Schmerzensgeldansprüche: § 847 Abs. 1 Satz 2 BGB; etc.);
– nicht abtretbar sind Forderungen, bei denen die Leistungen an einen anderen als den ursprünglichen Gläubiger nicht ohne Veränderung ihres Inhalts erfolgen können, § 399 1. Alt. BGB (z. B. höchstpersönliche Ansprüche);
– unabtretbar sind schließlich diejenigen Forderungen, bei denen die Abtretung durch Vereinbarung zwischen Gläubiger und Schuldner ausgeschlossen wurde, § 399 2. Alt. BGB.

Von diesen drei Gründen sind die beiden ersten für das Factoring ohne Belang. Von Bedeutung ist dagegen der dritte, der vertragliche Abtretungsausschluß. Entscheidend dabei ist das Erfordernis eines Vertrages; die bloß einseitige Erklärung des Schuldners, die gegen ihn gerichtete Forderung könne nicht abgetreten werden, ist rechtlich ohne Bedeutung. Allerdings muß die Unabtretbarkeit der Forderung nicht das Ergebnis einer Individualvereinbarung sein, sie kann auch in allgemeinen Geschäftsbedingungen geregelt sein. Nur ist dann selbstverständlich erforderlich, daß die Allgemeinen Geschäftsbedingungen auch in den Vertrag einbezogen wurden und so Vertragsbestandteil geworden sind.

Die Möglichkeit, einer Forderung durch vertragliche Vereinbarung die Verkehrsfähigkeit zu nehmen, war bei der Schaffung des BGB nicht unumstritten. Einerseits nämlich bedeutet der Abtretungsausschluß auch für den Forderungsinhaber eine absolut wirkende Beschränkung seiner Dispositionsfreiheit, die zu dem im BGB in § 137 Satz 1 BGB ausgesprochenen Grundsatz der Unmöglichkeit von vertraglichen Beschränkungen der Verfügungsmöglichkeit im Gegensatz steht. Zum anderen beruht natürlich ein Abtretungsausschluß auch die Position eines möglichen Abtretungsempfängers, der bei Abtretungsausschluß nichts erhält; auch ein gutgläubiger Erwerb der Forderung ist ausgeschlossen. Daß man im Gesetz gleichwohl den vertraglichen Abtretungsausschluß zuließ, hat seinen Grund darin, daß man ihn für eine seltene Ausnahme hielt.[1] Außerdem hatte die Forderungsabtretung zur Zeit der Jahrhundertwende bei weitem nicht die Bedeutung wie heute. Vorauszessionen im Zusammenhang mit verlängertem Eigentumsvorbehalt sowie Sicherungsabtretungen spielten keine Rolle; nicht zuletzt auch war das Factoring unbekannt.

Diese tatsächliche Situation muß man sich vor Augen halten, wenn man die Wirkung von Abtretungsausschlüssen heute beurteilen will. Inzwischen hat sich nämlich die Situation in mehrfacher Hinsicht ganz grundlegend geändert. Einerseits kommt heute, anders als vor hundert Jahren, der Forderungsabtretung eine ganz eminente Bedeutung zu. Andererseits sind auch Abtretungsausschlüsse keineswegs mehr die seltene Ausnahme geblieben, für die sie der Gesetzgeber des BGB hielt. In Individualvereinbarungen sind sie zwar auch jetzt noch nicht allzu häufig. Anders liegt es aber bei Allgemeinen Geschäftsbedingungen; hier haben marktstarke Abnehmer sie in großem Umfange in ihre Einkaufsbedingungen aufgenommen.[2]

2. Von der Vereinbarung eines Abtretungsausschlusses nach § 399 BGB, durch den eine an sich abtretbare Forderung zu einer unabtretbaren wird, sind andere Konstellationen zu unterscheiden, die die Fungibilität der Forderung unberührt lassen: Gelegentlich werden auch Klauseln, durch die ein unter verlängertem Eigentumsvorbehalt liefernder Lieferant oder die Bank, die sich Forderungen sicherheitshalber hat abtreten lassen, den Zedenten verpflichten, die Forderung nicht an einen Dritten abzutreten, als „Abtretungsverbote" bezeichnet. Solche „Abtretungsverbote" sind aber nichts anderes als ein Hinweis auf die ohnehin schon bestehende Rechtslage. Durch die Vorausabtretung der Forderungen gegen seine Abnehmer an den Vorbehaltslieferanten oder die Bank verliert der Zedent die Forderung. Da er nicht mehr Forderungsinhaber ist, kann er sie auch nicht mehr an einen Dritten abtreten. Ein „Verbot", das diese Folge nochmals ausspricht, hat somit keine rechtserzeugende Wirkung.

Solche sogenannten „Abtretungsverbote" sind in Wahrheit vielmehr etwas ganz anderes, nämlich Einschränkungen der Veräußerungsermächtigung. Der Vorbehaltslieferant ist nur dann mit dem Weiterverkauf der noch in seinem Eigentum stehenden Ware einverstanden, wenn der Vorbehaltskäufer entweder Barzahlung erhält oder er sicherstellt, daß bei einem Verkauf mit Ziel die Kaufpreisforderung ungehindert auf den Zessionar, den Vorbehaltsverkäufer, übergehen kann. Eine solche Einschränkung der Veräußerungsermächtigung auf die Veräußerung im ordnungsgemäßen Geschäftsverkehr ist wirksam.

Für das Factoring gilt hier indessen eine Besonderheit: Schränkt der Vorbehaltslieferant die dem Vorbehaltskäufer erteilte Veräußerungsermächtigung ausdrücklich in der Weise ein, daß eine Forderungsübertragung im Wege des Factoring nicht gestattet ist, so ist ein solches sogenanntes „Abtretungsverbot" wegen Verstoßes gegen § 9 AGB-Gesetz bzw. (bei Individualvereinbarung) § 138 BGB für unwirksam. Diese Einschränkung wäre nichts anderes als eine Abwälzung des Risikos, daß der Vorbehaltskäufer den vom Factor empfangenen Betrag auch an den Vorbehaltslieferant weiterleitet, vom Vorbehaltslieferanten auf den Factor.[3] Ich habe die Auffassung, daß dies gegen das AGB-Gesetz verstößt, bereits vor einigen Jahren vertreten;[4] ihr haben sich inzwischen auch *Canaris*[5] und *Graf Lambsdorff*[6] angeschlossen. Der *Bundesgerichtshof* hat jedoch dem Ermächtigenden einen weitgehenden Spielraum gelassen und die Möglichkeit einer Einschränkung recht großzügig beurteilt.[7] Im Falle eines Zessionskredits ist dabei für den BGH ausschlaggebend, ob der Darlehensnehmer bei einer nochmaligen Abtretung dafür auch den ungeschmälerten Gegenwert der Forderung erhält.[8] Den Fall, daß vom *Vorbehaltslieferanten* ein Verkauf unter Verwendung von Factoring verboten wurde, hatte der BGH bislang noch nicht zu entscheiden. Angesichts der Entscheidung vom 14. 10. 1981[9] ist freilich zu vermuten, daß er auch hier bei *unechtem* Factoring eine entsprechende Einschränkung akzeptieren würde.[10] Beim *echten* Factoring indessen dürfte der BGH eine solche Einschränkung der Veräußerungsermächtigung wohl dann für unwirksam halten, wenn der Vorbehaltskäufer, also der Anschlußkunde, den vollen Kaufpreis erhält. Die Factoring-Gebühr und weitere Abzüge dürfen also den vom Anschlußkunden geschaffenen

Mehrwert nicht übersteigen. Im Falle des verlängerten Eigentumsvorbehalts ist damit dem Factor geholfen. Anders liegt es dagegen beim Zessionskredit, wenn der Darlehensbetrag höher ist als die einzelne vom Factor bevorschußte Forderung.

3. In der deutschen rechtswissenschaftlichen Literatur sind verschiedene Versuche unternommen worden, die für den Gläubiger lästige Blockade der Forderung durch einen Abtretungsausschluß allgemein zu mildern. Die Rechtsprechung hat sich dem jedoch verschlossen.

a) So wurde die Auffassung vertreten, einem Abtretungsausschluß komme nur relative Wirkung im Verhältnis zum Schuldner zu.[11]

Eine solche nur relative Wirkung des Abtretungsausschlusses würde den Zessionar (beim Factoring also den Factor) wenigstens im Verhältnis zu Dritten besser stellen, da diese sich nicht auf die Unwirksamkeit der Abtretung berufen könnten. Die Rechtsprechung ist diesen Argumenten jedoch nicht gefolgt. Zwar hatte das RG das in § 399 BGB enthaltene Veräußerungsverbot als ein solches angesehen, das nur dem Schutze des Schuldners dienen solle.[12] Gleichwohl wurde aber auch die Unwirksamkeit der Abtretung gegenüber dem Zessionar, dem Zedenten und dessen Gläubigern bejaht.[13] Der BGH bezeichnete deshalb schließlich das vertragliche Abtretungsverbot als ein gegen jedermann wirksames und sah eine dem Verbot zuwider erfolgende Abtretung als absolut unwirksam an.[14] Zur Begründung führt er aus, durch die Vereinbarung eines Abtretungsausschlusses werde der Forderung nicht eine Verfügungsbeschränkung hinzugefügt, sondern sie werde in ihrem Inhalt verändert und nunmehr zu einer unabtretbaren.

b) Weiter wurde gegen das Abtretungsverbot – jedenfalls soweit es in Allgemeinen Geschäftsbedingungen enthalten ist – vorgebracht, es sei sittenwidrig, da der Lieferant gezwungen werde, seine Geldkreditgeber und seine Vorlieferanten zu täuschen, deren Vorauszessionen ins Leere gehen.[15] Folgt man dieser Argumentation, so würde dies zur Folge haben, daß Abtretungsverbote in Allgemeinen Geschäftsbedingungen generell ausgeschlossen wären. Eine solche Konsequenz wollte die Rechtsprechung jedoch zu Recht nicht ziehen und hat sich deshalb dieser Argumentation verschlossen.[16]

c) In jüngerer Zeit ist vorgeschlagen worden, vertragliche Abtretungsausschlüsse jedenfalls bei Sicherungszessionen in ihrer Wirksamkeit einzuschränken.[17] Die hierfür gegebenen, durchaus überzeugenden Begründungen lassen sich jedoch nicht auf den Fall der Factoring-Zession übertragen. Die vom Factor bevorschußte Forderung soll diesem nicht zur Sicherung, sondern zum endgültigen Verbleib übertragen werden. Dies ist auch beim „unechten" Factoring, bei dem der Anschlußkunde das Bonitätsrisiko weiter trägt, nicht anders.

d) Schließlich ist noch auf die Frage einzugehen, ob die von marktstarken Abnehmern durchgesetzten Abtretungsverbote nicht möglicherweise gegen das Wettbewerbsrecht verstoßen.

Relevant ist hier zunächst § 26 Abs. 2 GWB. Danach dürfen unter anderem marktbeherrschende Nachfrager andere Unternehmen nicht unbillig behindern. Diese Regelung hilft Factoring-Unternehmen indessen nicht weiter. Einerseits betrifft sie nur marktbeherrschende Nachfrager sowie die weiteren in § 26 Abs. 2 Satz 1 GWB genannten Unternehmen. Damit wird von dieser Regelung also nur ein Teil der Abnehmer der Anschlußkunden betroffen.[18] Zum weiteren betrifft § 26 Abs. 2 GWB die Behinderung von Lieferanten oder Abnehmern. Damit ist bezogen auf das Factoring lediglich die unbillige Behinderung der Refinanzierung der Lieferanten betroffen. Das Factoring-Unternehmen selbst kann sich nicht darauf berufen, daß es in seiner Geschäftstätigkeit behindert wird. Hierbei handelt es sich vielmehr um eine „Reflexbehinderung", die von § 26 Abs. 2 GWB nicht erfaßt wird. Damit verengt sich die unter Umständen mögliche Anwendbarkeit des § 26 GWB allein auf die Fälle, in denen durch das von einem marktbeherrschenden Abnehmer durchgesetzte Abtretungsverbot der Lieferant in seiner Refinanzierung unbillig behindert wird. Dies wird dann der Fall sein, wenn der Lieferant sich nicht anderweitig finanzieren kann. Die Frage bleibt aber offen, ob von einer unbilligen Behinderung gesprochen werden kann, wenn für den Abnehmer im Prinzip durchaus berechtigte Interessen an einem Abtretungsverbot bestehen.

Einen gewissen Schutz vor Reflexbehinderung gibt allerdings § 22 Abs. 4 Nr. 1 GWB, da Factoring-Institute im Verhältnis zum Abnehmer als „andere Unternehmen" im Sinne dieser Vorschrift angesehen werden können. Denn richtiger Auffassung nach beschränkt sich das Marktelement in § 22 Abs. 4 Nr. 1 GWB nicht auf den beherrschten Markt, sondern bezieht sich auch auf Drittmärkte,[19] also hier den Markt der Factoring-Institute. Es muß aber auch hier eine auf dem Primärmarkt bestehende *marktbeherrschende* Stellung mißbräuchlich ausgenutzt worden sein. *Fikentscher,* der eine Anwendbarkeit von § 22 GWB auf Abtretungsverbote bejaht, beschränkt dies sogar auf den Fall, daß eine *Monopolstellung* ausgenutzt wird.[20] Außerdem kann man die Vereinbarung von gesetzlich zugelassenen Abtretungsverboten nicht schlechthin als mißbräuchlich bezeichnen.

4. Bei der Beurteilung der Frage, welche Bedeutung vertragliche Abtretungsausschlüsse auf das Factoring haben, sind drei Variationen zu unterscheiden: (1) der Abtretungsausschluß beruht auf einer individuell vereinbarten Abrede zwischen dem Gläubiger und dem Schuldner; (2) der Abtretungsausschluß ist in Allgemeinen Geschäftsbedingungen des Schuldners (Abnehmers) oder in vom Abnehmer vorgegebenen Formularverträgen enthalten; (3) zwischen Gläubiger und Schuldner besteht ein Kontokorrentverhältnis.

a) Für einen Abtretungsausschluß können auf Seiten des Schuldners durchaus anerkennenswerte Motive gegeben sein: So soll er einerseits der Mühe enthoben sein, zu prüfen, an welchen Gläubiger er mit schuldbefreiender Wirkung leisten kann. Auch bei einer Abtretungsanzeige kann es vor allem bei Abnehmern mit großem Lieferantenkreis und großen Buchhaltungen vorkommen, daß versehentlich an den Altgläubiger geleistet wird. Bei Inanspruchnahme durch den allein berechtigten Neugläubiger trägt der Schuldner dann das Risiko, mit seinem Bereicherungsanspruch gegen den Altgläubiger bei dessen Insolvenz auszufallen. Weiter kann der Schuldner bestrebt sein, Teilabtretungen zu verhindern, durch die sich die Zahl seiner Gläubiger erhöht, oder dafür Sorge zu tragen, daß sich nicht durch einen Wechsel des Gläubigers seine Position in einem möglichen künftigen Rechtsstreit verschlechtert.

Auf der anderen Seite steht das Refinanzierungsinteresse des Gläubigers. Nur verkehrsfähige Forderungen können als Kreditunterlage benutzt werden; nur bei verkehrsfähigen Forderungen ist auch ein Factoring möglich. Bei einem wirksamen Abtretungsverbot hingegen ist der Lieferant genötigt, dem Abnehmer tatsächlich selbst einen Kredit für die Zeit bis zur Fälligkeit der Forderung zu gewähren, ohne zur Finanzierung dieses Kredits Banken heranziehen zu können. Wird in einem solchen Falle gleichwohl ein Factoring durchgeführt, so läuft der Factor Gefahr, daß die Forderung gegen den Abnehmer bei Insolvenz des Anschlußkunden in dessen Konkursmasse fällt, und zwar auch dann, wenn der Factor für sie bereits gezahlt hat.

b) Bei einem individuell vereinbarten Abtretungsausschluß gebührt den Interessen des Schuldners der Vorrang. Das Gesetz sieht in § 399 BGB diesen Fall ausdrücklich vor, und es besteht kein Anlaß, hier die Vertragsfreiheit einzuschränken. Der Gläubiger hat auf die sich bei Abtretbarkeit der Forderung ergebende Refinanzierungsmöglichkeit verzichtet; er kann sie sich nicht gegen den Willen des Schuldners nachträglich wieder verschaffen. Dies muß auch der Factor hinnehmen. Der Anschlußkunde kann solche Forderungen nicht auf den Factor übertragen und ist deshalb verpflichtet, den Factor hiervon zu unterrichten. Hat der Factor in Unkenntnis des Abtretungsausschlusses auf die Forderung gezahlt, so liegt auf Seiten des Kunden – da zum Factoring die Abtretung der Forderung gehört – teilweise Nichterfüllung des Factoringvertrages vor. Mangels Abtretbarkeit der Forderung ist die Erfüllung des Vertrages dem Anschlußkunden auch unmöglich. Da ihm die Unmöglichkeit bekannt war, ist er zum Schadenersatz gegenüber dem Factor verpflichtet (§ 307 BGB bzw. § 325 Abs. 1 BGB). Das Risiko der Durchsetzbarkeit dieses Schadensersatzanspruches trägt allerdings der Factor.

c) Anders liegt es dagegen, wenn der Abtretungsausschluß in Allgemeinen Geschäftsbedingungen des Abnehmers enthalten ist. Hier hat der Lieferant gerade bei marktstarken Abnehmern häufig nur die Möglichkeit, den Vertrag unter Zugrundelegung der Allgemeinen Geschäftsbedingungen des Abnehmers abzuschließen oder auf den Vertragsschluß zu verzichten. Abtretungsverbote in Allgemeinen Geschäftsbedingungen sind hier nur wirksam, wenn sie den Anforderungen des AGB-Gesetzes entsprechen. Von Bedeutung sind dabei – auch wenn auf beiden Seiten Kaufleute beteiligt sind – § 3 AGBG (überraschende Klauseln) und § 9 AGBG (Generalklausel).

Angesichts der Verbreitung von Abtretungsverboten in Allgemeinen Geschäftsbedingungen und angesichts der Tatsache, daß das BGB die Möglichkeit eines Abtretungsausschlusses ausdrücklich vorsieht, kann man Abtretungsverbote in Allgemeinen Geschäftsbedingungen nicht als überraschende Klauseln bezeichnen.[21]

Abtretungsverbote in Allgemeinen Geschäftsbedingungen sind jedoch auch an der Generalklausel des § 9 AGBG zu messen. Danach sind Bestimmungen in Allgemeinen Geschäftsbedingungen unwirksam, wenn sie den Vertragspartner des Verwenders entgegen den Geboten von Treu und Glauben unangemessen benachteiligen. Ob eine solche unangemessene Benachteiligung vorliegt, muß durch eine Abwägung der gegenseitigen Interessen festgestellt werden, wobei in diese Abwägung auch angebotene Alternativen einzubeziehen sind.

Für ein Abtretungsverbot kann der Verwender die bereits erwähnten Gründe anführen. Diese verlieren aber an Durchschlagskraft, wenn der Vertragspartner gleichwertige Alternativen anbietet. Wenn der künftige neue Gläubiger also dem Schuldner auf andere Weise eine Sicherheit vor den Risiken verschafft, gegen die das Abtretungsverbot schützen soll, dann ist deshalb der Schuldner verpflichtet, seine Zustimmung zur Abtretung zu erklären. Tut er das nicht, so hindert er seinen Gläubiger an der Refinanzierung. Wenn er gleichwohl selbst Zahlungsziele in Anspruch nimmt, dann macht er seinen Gläubiger zum Bankier wider Willen. So gehandhabt verstößt das in Allgemeinen Geschäftsbedingungen enthaltene Abtretungsverbot gegen § 9 AGBG.[22]

Für das Factoring bedeutet dies folgendes: Wenn Factoring-Unternehmen das in Allgemeinen Geschäftsbedingungen enthaltene Abtretungsverbot überwinden wollen, dann müssen sie erstens die Abtretung offenlegen (was beim Factoring in der Regel ohnehin der Fall ist), zweitens dem Schuldner zusichern, man werde ihn bei irrtümlicher Zahlung an den Anschlußkunden nicht erneut in Anspruch nehmen, und drittens den Schuldner von allen Ansprüchen freistellen, falls der Schuldner bei Widerruf der Abtretung noch an den Factor zahlt.[23]

Allerdings brauchen sich die Zusicherung und die Freistellung nur auf solche irrtümlichen Zahlungen zu beziehen, die innerhalb der üblichen Bearbeitungszeit erfolgen, in der in der Buchhaltung bzw. dem EDV-System die Abtretung oder ihr Widerruf vermerkt werden können.

Um wirksam zu sein, muß deshalb das in allgemeine Einkaufs- oder Vergabebedingungen aufgenommene Abtretungsverbot eine Zustimmungsbereitschaft für den Fall enthalten, daß dem Sicherungsbedürfnis des Schuldners in anderer Weise genügt wird. Besteht eine solche Bereitschaft nicht, ist das Abtretungsverbot wegen Verstoßes gegen § 9 AGBG unwirksam. Enthält die entsprechende AGB-Klausel die Zustimmungsbereitschaft, so ist das abgeschwächte Abtretungsverbot wirksam; gegenüber dem Factor greift es jedoch nicht durch, wenn er den Schuldner in der erwähnten Weise sicherstellt.

d) Eine besondere Situation ergibt sich, wenn die Forderungen des Anschlußkunden gegen seine Abnehmer in ein Kontokorrent eingestellt werden. Hier verlieren die Forderungen ihre rechtliche Selbständigkeit und sind einzeln nicht abtretbar.[24] Die Vereinbarung eines Kontokorrents, durch das sowohl Vorlieferanten, die unter verlängertem Eigentumsvorbehalt geliefert haben, als auch Kreditgebern, die sich durch eine Globalzession gesichert haben, die Sicherung entzogen wird, ist nach der Rechtsprechung des BGH jedenfalls dann nicht sittenwidrig, wenn für das Kontokorrent vernünftige Gründe sprechen.[25] Bei Massengeschäften oder sonst umfangreicher Geschäftsverbindung wird dies regelmäßig der Fall sein.

Damit ist für das Factoring hier die Situation die gleiche wie bei einem individuell vereinbarten Abtretungsverbot: Mangels Übertragbarkeit sind kontokorrentgebundene Forderungen nicht für das Factoring geeignet; der Anschlußkunde ist verpflichtet, den Factor auf das Bestehen von Kontokorrentverhältnissen hinzuweisen. Wenn dann hinsichtlich der kontokorrentgebundenen Forderungen dennoch ein Factoring durchgeführt werden soll, so bleibt als Ausweg nur eine Abtretung des künftigen festgestellten Kontokorrentsaldos bis zur Höhe der in ihm enthaltenen bevorschußten Forderung; die Höhe dieses Saldos ist freilich bis zur Feststellung ungewiß.

ANMERKUNGEN

1 Nähere Hinweise auf die Gesetzgebungsgeschichte bei *Blaurock,* Die Factoring-Zession, ZHR 142 (1978), S. 325 (331) sowie *Mummenhoff,* Vertragliches Abtretungsverbot und Sicherungszession im deutschen, österreichischen und US-amerikanischen Recht, JZ 1979, S. 425 (426f.)
2 *Bette,* Um das Abtretungsverbot, ZfdgK 1969, S. 463; *Schmitt,* Abtretungsverbot und Factoring, DB 1980, S. 244
3 Näher *Blaurock,* Anm. zu BGH vom 7. 6. 1978, NJW 1978, S. 1974. Für das unechte Factoring anders aber BGH v. 14. 10. 1981, NJW 1982, S. 164 (165f.)
4 *Blaurock,* a.a.O. (Fn. 1), S. 338
5 *Canaris,* Verlängerter Eigentumsvorbehalt und Forderungseinzug durch Banken, NJW 1981, S. 249, 253f.
6 *Graf Lambsdorff,* Unechtes Factoring – Globalzession; viele Fragen sind noch offen, DB 1982, S. 336, 337
7 BGH v. 19. 12. 1979, BGHZ 75, S. 391. Vgl. auch *Gerhardt,* Die neuere Rechtsprechung zu den Mobilialsicherheiten, JZ 1986, S. 736 (741), sowie *Blaurock,* Aktuelle Probleme aus dem Kreditsicherungsrecht, 1986, S. 118ff.
8 BGH v. 11. 11. 1981, BGHZ 82, S. 283
9 BGHZ 82, S. 50
10 Kritisch insoweit auch *Roth/Fitz,* Stille Zession, Inkassozession, Einziehungsermächtigung, JuS 1985, S. 188, 193
11 *Enneccerus/Lehmann,* Recht der Schuldverhältnisse, 15. Aufl. 1958, S. 314; *Scholz,* Die verbotswidrige Abtretung, NJW 1960, S. 1837
12 RG vom 29. 5. 1935, RGZ 148, S. 105 (111)
13 RG vom 13. 1. 1911, RGZ 75, S. 142; RG vom 26. 3. 1915, RGZ 86, S. 350; RG vom 1. 11. 1919, RGZ 97, S. 76 (78); RG vom 14. 6. 1932, RGZ 136, S. 395 (399); BGH vom 23. 5. 1958, BGHZ 27, S. 306; BGH vom 4. 6. 1959, LM Nr. 8 zu § 399 BGB; BGH vom 11. 6. 1959, BGHZ 30, S. 176 (183)
14 BGH vom 14. 10. 1963, BGHZ 40, S. 156; BGH vom 12. 5. 1971, BGHZ 56, S. 173 (176)
15 *Bette,* a.a.O. (Fn. 2), 465f.
16 BGH vom 28. 11. 1968, BGHZ 51, S. 113; BGH vom 12. 5. 1971, BGHZ 56, S. 173; BGH vom 18. 6. 1980, BGHZ 77, S. 274
17 *Mummenhoff,* a.a.O. (Fn. 1), 425
18 Im übrigen müßte auch Abhängigkeit des Lieferanten vom Nachfrager gegeben sein, vgl. § 26 Abs. 2 Satz 2 und 3 GWB. Hierzu näher *Möschel,* Recht der Wettbewerbsbeschränkungen, 1983, Rn 555
19 Ebenso *Möschel,* in Immenga/Mestmäcker, § 22 GWB, Rn. 113
20 *Fikentscher,* Schuldrecht, 7. Aufl. 1985, S. 358
21 BGH vom 24. 9. 1980, NJW 1981, S. 117 (118)
22 Ähnlich *Burger,* Probleme der Vereinbarung eines Abtretungsverbots beim Wareneinkauf, NJW 1982, S. 80 (83)
23 So auch *Schmitt,* a.a.O. (Fn. 2), S. 245
24 *Canaris,* Großkommentar HGB, § 355 Anm. 60
25 BGH vom 7. 2. 1979, BGHZ 73, S. 259

Summary

The service of factoring depends basically upon the assignment of accounts receivable. If, in the sales contract between the seller (client) and the buyer (debtor) there is a provision which excludes the right to assign – § 399 BGB – it is impossible for the factor to become the owner of the accounts receivable. The exclusion of the right to assign is common in some very important areas of business. There have been several attempts in legal commentaries to mitigate the consequences of such exclusions but the judicature had not followed these opinions. Only in the event of a contravention of the AGB-Gesetz (law relating to standard business conditions) could the assignment be effective ("Generalklausel" § 9 ABG-Gesetz, discrimination against the party to a contract by contravention of the principle of good faith).

In all other cases the factor has to recover his losses from the client because the latter did not fulfill the terms of the factoring contract.

Aktuelle Glossarien im Urteil der Presse

Finanzinnovationen

Glossarium der neuen Hedging- und Finanzierungsinstrumente
ENGLISCH—DEUTSCH
Von Hans E. Zahn. 1986. 160 Seiten, brosch., DM 29,—. ISBN 3-7819-2024-0

»Die Flut der Innovationen auf den internationalen Finanzmärkten macht es selbst Fachleuten schwer, immer auf dem laufenden zu bleiben, und so war es buchstäblich höchste Zeit, daß das auf diesem Feld bestehende Vakuum beseitigt wurde. Dies ist dem Autor, der als Verfasser zahlreicher, renommierter Lexika auf dem Gebiet des Bank- und Börsenwesens für diese Aufgabe prädestiniert war, hervorragend gelungen. In der Tat werden die neuen Instrumente nicht nur kurz glossiert, sondern die rund 2000 Begriffe sind durch 20 detaillierte Einzelbeiträge und durch Fallbeispiele, mit denen die Funktionsweise, Einsatzmöglichkeiten sowie Vor- und Nachteile dargelegt werden, erläutert.«

Bundesverband deutscher Banken

Englisch-Deutsches Glossarium

finanzieller und wirtschaftlicher Fachausdrücke
Von Hans E. Zahn. 2., wesentlich erw. Aufl. 1982. 648 Seiten, Ln. DM 98,—. ISBN 3-7819-2019-4

»Die praxisbezogene Konzeption der ersten Auflage des englisch-deutschen Glossariums wurde auch in der zweiten Auflage beibehalten. In der um 120 Seiten erweiterten zweiten Auflage wurden die neuesten Entwicklungen auf den Finanz- und Kapitalmärkten Großbritanniens und der Vereinigten Staaten terminologisch umfassend ausgewertet.

Einen Schwerpunktbereich bildet erneut das Kreditwesen. Neue Begriffe aus der internationalen Kreditpraxis, dem Anlage-, Devisen-, Depot- und Emissionsgeschäft der Banken, dem Kredit- und Liquiditätsmanagement, der Finanzierungstechnik, dem Aktien- und Rentenhandel, der Plazierungstechnik, Brokerdienstleistungen und vieles mehr wurden aufgenommen.

Gerade dort, wo es um neuere Entwicklungen auf den Finanzmärkten geht, ist dieses Nachschlagewerk unverzichtbar.«

Die Bank

Der bewährte »Gunston/Corner«

Deutsch-Englisches Glossarium

finanzieller und wirtschaftlicher Fachausdrücke
8., vollst. überarb. Neuauflage 1983. 936 Seiten, geb. DM 118,—. ISBN 3-7819-2021-6

»Der *Gunston/Corner* ist kein Wörterbuch im üblichen Sinne, weil er viele neue Begriffe, Gesetze und Einrichtungen der Finanz und Wirtschaft in der heute offiziell gebrauchten englischen Übersetzung wiedergibt, Beispiele bringt und, wo es nötig ist, Redewendungen und Sätze aufführt, um den Gebrauchszusammenhang herzustellen. Der *Gunston/Corner* ist ein Nachschlagewerk, das von einem Übersetzer für Übersetzer geschaffen wurde, auf das kein Wirtschaftsunternehmen, kein Verband und keine Behörde verzichten kann.«

Recht der internationalen Wirtschaft

Wörterbuch für das Bank- und Börsenwesen

Deutsch—Englisch / Englisch—Deutsch
Von Hans E. Zahn. 3., wesentl. erw. Auflage 1984. 452 Seiten, brosch., DM 37,—. ISBN 3-7819-2022-4

»Das Buch ist aus der Praxis für die Praxis geschrieben. Die nunmehr 3. Auflage hat mit rund 20000 Begriffen auf 452 Seiten den doppelten Umfang wie bisher. Besondere Berücksichtigung fanden dabei Termini, die mit der Liquiditäts- und Refinanzierungspolitik der Banken sowie mit dem Bilanzwesen in der Kreditwirtschaft zusammenhängen. Aus dem Börsenwesen wurden nicht nur die Fachbegriffe des Börsenhandels und der Wertpapiertechnik, sondern auch der Fachjargon der Börsianer und Begriffe aus dem Börsengeschehen erfaßt, über das in den Wirtschaftsnachrichten der Tagespresse berichtet wird. Umfassend ist die Terminologie aus dem Privat- und Firmenkundengeschäft, aus dem Anlagengeschäft, dem Konsortialgeschäft, dem Auslandsgeschäft sowie aus dem Devisen-, Depot- und Effektengeschäft dargestellt.«

Wertpapiermitteilungen

FRITZ KNAPP VERLAG · Postfach 11 11 51 · 6000 Frankfurt/Main 11

4. The Law Governing Factoring in the United States
The Uniform Commercial Code and its Antecedents
Die rechtlichen Grundlagen des Factoring in USA
Der Uniform Commercial Code und seine Vorgänger

Carroll G. (Peter) Moore/Charles E. Vuksta, Jr.

Gliederung

	Seite
Historical Background	128
The Uniform Commercial Code	128
The Uniform Commercial Code as it Pertains to Factoring	129
Applicability of the Code	129
Creation and Perfection of the Factor's Interest in Accounts	129
Future Accounts	130
Priority Among Conflicting Security Interests in Accounts	131
Priority of Future Advances and After-Acquired Accounts	132
Conflicting Interests of Lien Creditors and Trustees in Bankruptcy	133
Notification of Account Debtors	133
Non-Code Law Pertaining to Factoring	134
Notes	135

Factoring in the United States today is governed in large part by a rather well-established, systematic and cohesive body of law consisting of the Uniform Commercial Code (the "Code") and case law construing the Code. Non-Code common law and statutory law continue to govern certain aspects of the factoring arrangement, but it is the Code which provides the sole means by which the factor may create a valid and enforceable interest in accounts, which is the focus of the factoring arrangement, and, to a large extent, it is also the Code which establishes the rights and priorities of the various parties to and with an interest in the arrangement.

Although the Code has drawn heavily upon prior law, it has vastly improved upon the law in establishing uniform and systematic rules of law where few previously existed.

HISTORICAL BACKGROUND

Factoring first appeared in America well before the American Revolution and became firmly established in various British colonies primarily as a result of the active commerce which existed between them and the mother country.[1] The law relating to factoring, however, did not become distinct and unique until shortly after the turn of this century. Prior to that time, whatever case law there was which dealt with factoring was meager and, except for the "Factors' Acts" which validated common-law possessory liens was restricted to decisions by the courts, primarily the courts in New York which until 1950 served as the center of the factoring industry in the United States.[2]

In the late 1930s and continuing through the early 1950s, approximately forty states followed the lead of New York in enacting the so-called Factor's Lien Statutes which granted a factor a non-possessory lien on its client's inventory. To perfect a lien as against third parties required the filing of a simple notice with a public office and the lien extended to after-acquired property and secured not only current loans and advances but similar obligations incurred from time to time in the future ("the floating lien"). These statutes were truly the precursor of the Uniform Commercial Code to be mentioned hereafter but the statutes by their nature were limited to inventory or to the proceeds thereof including accounts. In the event there was no underlying lien on inventory in favor of the factor, the law relating to the factor's interests in accounts continued to be governed by case law which proved to be conflicting and contradictory from state to state depending on whether the courts were inclined to follow the so-called English rule (which required notification to account debtors as an essential means of perfection)[3] or the American rule (which held in effect that the first assignee to get an assignment prevailed regardless of notification) which was most clearly enunciated by the courts in New York State.

In the late 1940s and early 1950s, the more important commercial states enacted Accounts Receivable Statutes which were of two principal types. One type required the filing with a county or state officer of a simple notice or financing statement reflecting the names of the parties. The other type simply validated the existing case law requiring that the assignment of accounts to be effective against third parties had to be in writing and executed for value. Neither statute required notification as a means of perfection.

THE UNIFORM COMMERCIAL CODE

The factor's lien and accounts receivable statutes were eventually superseded by the Uniform Commercial Code ("the Code") as it gradually came to be adopted throughout the United States, commencing with the Commonwealth of Pennsylvania in 1953.[4] Although it can be said that these statutes were precursors of the Code in the sense that they provided the framework for many provisions of the

Code which govern secured transactions, the scope of the Code itself extends well beyond factoring or even secured transactions in general.[5]

The Code addresses itself to eight general areas of commercial law: sales, commercial paper, bank deposits, letters of credit, bulk transfers, warehouse receipts, investment securities and secured transactions.

The Code does not represent United States federal statutory or national law as such, but rather a code of law which has been uniformly enacted, with variations, on a "local" or state by-state basis. The Code has now become law in all states except Louisiana. Virtually all of the states originally adopted the 1962 Official Text of the Code, and to date 46 of the 49 states in which the Code is law have adopted a major revision of Article 9 covering secured transactions which was promulgated in 1972.[6]

THE UNIFORM COMMERCIAL CODE AS IT PERTAINS TO FACTORING

Applicability of the Code

Code law governing factoring is contained almost exclusively in Article 9 which covers secured transactions. This Article, in general, establishes a comprehensive scheme for the regulation of security interests in all types of personal property and supersedes the factors lien and accounts receivable statutes as well as prior legislation creating or governing other types of security devices such as chattel mortgages, title retention contracts and trust receipts.[7] With certain exceptions, Article 9 is now the sole statutory means of creating a security interest in personal property. The single term "security interest" has been substituted for the variety of terms which under earlier common and statutory law had been used to describe the various security devices, and, likewise, "secured party" and "debtor" are the singular Code terms used to designate the parties to a security arrangement.[8]

Notwithstanding the fact that factoring contemplates a purchase of accounts and may not commonly be thought of as constituting a secured transaction, the applicability of Article 9 to the sale of accounts, other than as part of a sale of the business out of which they arose, is clearly provided for in the Code,[9] and the Code definition of "security interest" extends to cover "any interest of a buyer of accounts... which is subject to Article 9".[10] Based upon the categorization and treatment of the factoring arrangement as a secured transaction, the factor becomes, in Code language, the "secured party", the factoring client the "debtor", the customer the "account debtor", and the accounts receivable sold or assigned to the "collateral".[11]

Creation and Perfection of the Factor's Interest in Accounts

The factor's purchase of, or security interest in, accounts is created and becomes enforceable against the factored client with respect to the accounts as collateral when three events specified in Article 9 have taken place: (a) the client has signed a security agreement covering accounts, (b) value has been given by the factor, and (c) the client has obtained rights in the accounts.[12] These three events may take place in any order, and when all of them have taken place the factor's security interest in accounts is said to have "attached".[13] The security agreement required for attachment of the factor's interest is, by Code definition, "an agreement which creates or provides for a security interest",[14] and the only formalities required with respect to the agreement other than those embodied in the definition itself, are that it be in writing, signed by the client, and contain a description of the collateral, or, more specifically with regard to factoring, the accounts.[15] In the typical factoring arrangement, the security agreement required by the Code is embodied in the factoring contract itself without the use of any special or technical language, as may be observed by reference to Paragraph 4 of Appendix A which presents the standard form factoring contract currently used by William Iselin & Co., Inc.

Although the factor's security interest in accounts becomes enforceable against the client upon attachment, "perfection" of the security interest, in addition to attachment, is required in order for it to be enforceable against third parties including other secured parties, attaching creditors, and trustees in bankruptcy.[16] The formalities required in order for perfection may be complied with before or after attachment of the security interest, and if complied with before attachment, the security interest is perfected when it attaches.[17] The sole means of perfecting a security interest in accounts pursuant to the Code is through the public notice filing of a simple statement referred to as a "financing statement".[18] The financing statement need contain only the names, addresses and signatures of the factor and the client and a description of the collateral, or accounts, covered and be filed in the appropriate filing office as provided in the Code.[19] The simple nature of the formalities required of the financing statement may be observed by reference to Appendix B which provides a sample of a form of financing statement which is generally acceptable for filing in most states. The provision of the Code governing the proper place for filing is one which is subject to some variation among the various states adopting the Code, and, depending upon the particular state involved, will require either central filing in a state filing office of the state in which the client is located or central filing plus local filing in a filing office in the county in which the client is located.[20] A financing statement properly filed and executed is effective for five years from the date of filing and may be extended for an unlimited number of years by filing of continuation statements at five year intervals.[21]

Future Accounts

The Code, explicity provides that a security agreement may provide that any or all obligation covered by the agreement are to be secured by after-acquired collateral.[22] Where the collateral is accounts, it is, of course, "acquired" when the account is created or comes into existence, and "after-acquired collateral" may be referred to as accounts not yet in existence or future accounts. If all requirements for attachment and perfection have been met, both attachment and perfection of a security interest in accounts may take place automatically and simultaneously with the debtor's obtaining rights in the accounts — that is, with the creation of the accounts — without the execution of further formality or writing.

The Code treatment of future accounts is, of course, of benefit to the factor in that it dispenses with the necessity of having to obtain from the client a formal written assignment of each account as it is created as was required under prior law in order to effect the transfer of accounts. Nonetheless, many factors continue to request that clients execute specific assignments of accounts as they are created but this is done more for business or operating reasons such as identification and description and to protect the factor against the transfer of fraudulent accounts which is governed by non-Code law.

Priority Among Conflicting Security Interests in Accounts

Since the Code does not in any way operate so as to prohibit two or more parties from having a security interest, or even a perfected security interest, in the same collateral, detailed rules governing the priorities among conflicting security interests are set forth which are applicable with equal force to conflicting interests in accounts as well as other types of collateral.[23] Where more specific provisions of the Code are not applicable, two general rules govern priorities among conflicting security interests in the same collateral. The first ist that conflicting security interests rank according to priority in time of filing or perfection, and priority dates from the time a filing is first made covering the collateral or the time the security interest is first perfected, whichever is earlier, provided that there is no period thereafter during which there is neither filing nor perfection.[24] The second general rule of priority is that where conflicting security interests are not perfected, the first to attach has priority.[25]

Before proceeding to consider specific priority questions likely to arise in the context of factoring, two points should be noted with respect to perfection of security interests. First, although, as noted above, filing is the sole means of perfecting a security interests in accounts, security interests in many other types of collateral such as merchandise inventory can be perfected, in the alternative, by possession of the collateral, and in some instances possession may be the only means of perfection.[26] A security interests perfected by possession is perfected as of the date on which the secured party takes possession, assuming that all requirements for attachment have been met by such time.[27] The second point to be noted with respect to perfected security interests in general is that a security interest in collateral continues in any identifiable proceeds of that collateral, and if the interest in original collateral was perfected, the interest in proceeds is perfected, in all cases, for ten days after receipt of the proceeds by the debtor and, in some cases, without limit as to duration.[28]

Returning to specific applicability of the Code to factoring, the result of the various rules of perfection and priority is that if the client is in possession of his inventory and no financing statements have previously been filed covering the client's accounts or any other property of the client with respect to which accounts could be claimed as proceeds, the factor perfecting his interest in accounts by filing is assured that interest cannot be defeated by any other secured party. It is important that the client has possession of his inventory, since, if another secured party has perfected an interest in inventory through possession, even though he has not filed as to accounts, he will have a perfected security interest in accounts as proceeds of inventory, and this latter interest in accounts will take precedence over that of the factor to the extent that it covers accounts relating to inventory in the possession of the other secured party at or prior to the time of filing by the factor. This result follows from the general rule affording priority to the first secured party to either file or perfect plus a second Code rule providing that, purposes of determining priority, the date of filing or perfection as to collateral is also the date of filing or perfection as to proceeds.[29] It should be noted, however, that the security interest in accounts which is perfected as proceeds of inventory will only continue for ten days unless within that period it is perfected by filing.[30] Furthermore, an interest in accounts constituting proceeds of inventory in which a security interest has been perfected by possession will take priority over the factor's interest perfected by filing only to the extent that it relates to accounts arising from inventory in possession of the secured party at or prior to the time of filing by the factor. Priority with respect to accounts constituting proceeds of inventory not in possession of the secured party until after the date of filing by the factor dates only from the date perfection was effected by possession, and this being later than the date of filing by the factor, the general rule of priorities operates so as to award priority to the factor.

As noted above, in order for the factor to be certain that its interest in accounts will not be defeated by any other secured party, its filing of a financing statement must precede that of any other party filing against accounts or against any other of the client's property with respect to which accounts could be claimed as proceeds.

Where, as under circumstances suggested by the foregoing discussion, a factor finds that his interest in accounts of a prospective client could be defeated by that of another secured party having priority, the factor may still be able to achieve a priority status and safely proceed with the proposed factoring arrangement by agreement with the other secured party. Since the Code explicity authorizes subordination by agreement by any party entitled to priority,[31] priorities as determined by references to the Code rules may in any given situation be altered by express agreement of the parties involved.

Priority of Future Advances and After-Acquired Accounts

The Code specifically provides that obligations covered by a security agreement may include future advances whether or not given pursuant to a commitment or obligation to make such advances existing at the time the security agreement is executed.[32] This provision is given force and effect as a result of a specific priority rule which provides that if future advances are made while a security interest is perfected by filing or possession, the security interest, for purposes of application of the general rule of priorities, has the same priority with respect to future advances as it does with respect to the first advance.[33] The Code provisions covering future advances, together with those relating to afteracquired property, operate so as to provide the "floating charge" first developed in the factor's lien statutes which permits the existence of a secured "revolving credit" arrangement such as that involved in factoring.

Conflicting Interests of Lien Creditors and Trustees in Bankruptcy

In the preceding discussion of priorities among conflicting security interests, it was indicated that a factor taking the necessary precautions could assure himself that his perfected interest in accounts could not be defeated by another secured party. Notwithstanding the validity of this statement, the factor's position may under certain narrow circumstances be subject to attack by a lien creditor or trustee in bankruptcy. A perfected security interest in accounts will prevail over the lien creditor's interest, but only to the extent that it secures advances made before the lien arose or within forty-five days thereafter or made without knowledge of the lien or pursuant to a commitment entered into without knowledge of the lien.[34]

Under certain circumstances the trustee in bankruptcy may also defeat even a perfected security interest in accounts, most generally stated, when the granting of the security interest may be categorized as effecting a preferential transfer for the benefit of the secured party within ninety days of the date of filing of the petition in bankruptcy.[35] However, reference to the Bankruptcy Code, somewhat beyond the scope of this brief survey of the law governing factoring, is required for a detailed analysis of the rules governing preferential transfers which may be avoided by the trustee in bankruptcy.

Notification of Account Debtors

To this point, attention has been focused upon the factor and the client and third parties who may claim an interest in accounts adverse to that of the factor. The final party to the factoring arrangement who must be considered is the customer or "account debtor". The usual factoring arrangement includes notification of the account debtor that accounts have been sold and assigned to the factor and that remittances are to be made directly to it. Although such notification is not required under the Code in order to perfect a security interest in accounts, the Code does explicitly adopt several rules developed at common law governing the effect of such notification.

The account debtor may not assert against the factor any defenses or claims he may have against the client (other than those arising out of the contract which gave rise to the assigned accounts), which accrue or arise subsequent to his receipt of notification of the assignment.[36] The factor's rights are, however, subject to any defenses or claims of the account debtor against the client occurring prior to notification as well as to the terms and conditions of the contract between the account debtor and the client and any defenses or claims arising therefrom.[37] The Code also provides that the customer is not authorized to remit payment to the client if he has received notification of the assignment,[38] and he may be required to again pay the factor if he nonetheless remits to the client. However, even after notification, the account debtor may continue to remit to the client if he requests reasonable proof of the assignment of accounts and the factor fails to seasonably furnish such proof.[39] It should also be noted in connection with a discussion of the rights of the account debtor that the Code breaks sharply with the prior common law rule of most states in providing that a provision in any contract between an account debtor and the client prohibiting an assignment of accounts is ineffective and invalid.[40] The Code also does not give the account debtor the affirmative right to recover payments made directly to the factor.

NON-CODE LAW PERTAINING TO FACTORING

The foregoing pages by no means present an exhaustive study of all aspects of the factoring arrangement to which Code law is applicable nor of the extent to which issues may arise in the context of factoring are resolved by reference to the Code. It should be noted, however, that there are several aspects of the factoring arrangement which fall outside the scope of the Code and are governed by reference to other statutes or case law.

Of the non-Code statutory law pertaining to factoring, the Bankruptcy Code[41] is undoubtedly of the greatest significance. The Bankruptcy Code sets forth the rules determining under what circumstances the factor's interest in accounts may be defeated by the trustee in bankruptcy as a preferential transfer[42] and also establishes the procedural framework within which the bankruptcy proceeding is conducted including rules governing the filing of claims against the estate, objection to claims by the trustee, and discharge of the debtor through payment of claims and/or debt forgiveness. Of particular import to the factoring arrangement is the Bankruptcy Code provision pursuant to which, upon the filing of a petition, creditors and other third parties are automatically stayed from dealing with property of the debtor's estate.[43] Here, unlike in the case of the Uniform Commercial Code, the distinction between a purchase of accounts and obtaining a security interest in accounts is critical. Accounts purchased by the factor are not property of the estate and, accordingly, the factor may continue to collect from account debtors and apply the proceeds to reduce indebtedness owing to the factor, action which in the context of a simple security transfer is prohibit by the automatic stay provision of the Bankruptcy Code.

The federal Assignment of Claims Act[44] is a second body of non-Code statutory law of significance to the factoring arrangement. Claims against the federal government are generally assignable, but the Act must be referred to for exceptions to the general rule of assignability as well as for a determination of the government's right to make set-offs against assignees.[45]

In addition various state laws pertaining into usury and insurance must be considered. Since factoring commissions are not a charge for the use of money but rather for services rendered by the factor, it has been held that they are not subject to the usury laws.[46] However, at least to the extent to which the factor makes advances to a client which are in excess of the face amount of assigned accounts, the usury laws may have applicability to the factoring arrangements.

Although the typical factoring arrangement involves the outright purchase of accounts receivable without recourse, and hence cannot be considered as credit insurance which is closely regulated by governmental agencies, there may be narrow circumstances where a special type of factoring contract might be offered wherein the factor in the last analysis undertakes to purchase only those accounts which become unpaid for credit reasons. Such a factoring contract could well be regarded and construed as a credit insurance policy, in which case the insurance laws would be applicable and the transactions themselves might well prove to be tainted unless the factor has gone to the extreme of qualifying under the pertinent state insurance statute, an extreme step to take and fraught with onerous administrative restrictions and reports. The point is only mentioned here in passing for, although it is serious exposure to incur, most factors take the steps necessary to avoid it.

In addition to the aspects of the factoring arrangement which are governed by the non-Code statutory law mentioned above, there are other aspects of factoring which continue to be governed solely by reference to case law. This is particularly true with respect to issues involving the extent to which certain rights reserved to the factor in the factoring contract may be enforced against the client, including the factor's right to charge back at any time a disputed account without reference to the validity of the dispute,[47] the factor's right to maintain a reserve,[48] and the factor's right to limit the duration of the credit risk.[49] With certain exceptions, the case law has, on the whole, affirmed the factor's rights as reserved in the factoring agreement.[50]

NOTES

1 For a brief account of the history of factoring in the United States, see Moore, "Factoring – A Unique and Important Form of Financing and Service". 14 *The Business Lawyer* 703 (1959), see also Moore, "Consider Factoring Your Accounts Receivable". *Corporation Services* 26033 (Prentice – Hall 1977)

2 See Steffen and Danziger, "The Rebirth of the Commercial Factor", 36 *Columbia Law Review* 745 (1936). This article presents an extensive discussion of development of the common law lien.

3 3 Russ. 1, 38 Eng. Rep. 475 (1828)

4 For a discussion of the developing law leading to the adoption of The Code by various states see Moore, "Developments in Factoring, Inventory Liens and Accounts Receivable Financing", *The Business Lawyer* 813 (1961)

5 Gilmore, *Security Interests in Personal Property*, Little, Brown and Company, Boston (1965), 130–131. Professor Grant Gilmore is one of the principal draftsmen of the Uniform Commercial Code and one of the foremost authorities on the Code. His treatise

contains an excellent history of the development of pre-Code law to which frequent general reference will be made herein.
6. All citations to the Code herein shall be to the 1972 Official Text which will be cited in the following pages as "UCC Sec." followed by the section number of the Official Text.
7. See Official Comment to UCC Sec. 9–101
8. For a concise general discussion of Article 9, see Henson, "Secured Financing Under the Uniform Commercial Code", 18 *The Business Lawyer* 337 (1963)
9. UCC Secs. 9–102 (1) (b), 9–104(f)
10. UCC Sec. 1–201 (37)
11. UCC Sec. 9–105 contains a definition of, or reference to another Code section which contains a definition of these as well as other words of art employed by Article 9.
12. UCC Sec. 9–203 (1)
13. UCC Sec. 9–203 (2)
14. UCC Sec. 9–105 (1)
15. UCC Sec. 9–203 (1) (a)
16. UCC Sec. 9–301
17. UCC Sec. 9–303 (1)
18. UCC Sec. 9–302 (1)
19. UCC Secs. 9–402 (1), 9–302 (1), 9–401
20. The Official Text of the Code provides three alternatives for adoption by the states as Sec. 9–401 (1) governing the place of filing.
21. UCC Secs. 9–403 (3), (4)
22. UCC Sec. 9–204 (1)
23. Many of the most significant revisions to Article 9 effected by the 1972 Official Text relate to priorities. For a discussion of the prior rules and reasons for revision, see Funk, "The Proposed Revision of Article 9 of the Uniform Commercial Code", 26 *The Business Lawyer* 1465, 1482–1491 (1971).
24. UCC Sec. 9–312 (5) (a)
25. UCC Sec. 9–312 (5) (b)
26. UCC Secs. 9–304, 9–305
27. UCC Sec. 9–305
28. UCC Sec. 9–306. "Proceeds" is defined as including "whatever is received upon the sale, exchange, collection or other disposition of collateral or proceeds".
29. UCC Sec. 9–302 (6)
30. UCC Sec. 9–306 (3)
31. UCC Sec. 9–316
32. UCC Sec. 9–204 (3)
33. UCC Sec. 9–312 (7)
34. UCC Sec. 9–301 (4)
35. See 11 U.S.C. Sec. 547
36. UCC Sec. 9–318 (1)
37. UCC Sec. 9–318 (1)
38. UCC Sec. 9–318 (3)
39. UCC Sec. 9–318 (4)
40. UCC Sec. 9–318 (4)
41. The Bankruptcy Code is codified as Title 11 of the United States Code. The Code was enacted by the Congress of the United States in 1978 and effected a major revision in the bankruptcy laws of the United States.
42. See 11 U.S.C. Sec. 547
43. See 11 U.S.C. Sec. 362

44 31 U.S.C. Sec. 203
45 Gilmore, op. cit, at 214–215. For a general discussion of the law governing the assignment of claims against the United States, see Gilmore, at 214–218.
46 See, e.g., *Ryttenberg v. Schefer*, 131 Fed. 317 (S.D.N.Y. 1904); *Refinance Corporation v. Northern Lumber Sales*, 329 P. 2d 109 (Cal. Dist. Ct. App. 1958).
47 The right has been affirmed in *Shapiro Bros. Factors Corp. v. Cherokee Silk Mills Corp.* 176 A. 893 (N.J. 1935); *Shapiro Bros. Factors Corp. v. Nat Goldberg*, 268 N.Y.S. 2d 805 (1966); but see *Duobond Corp. v. Congress Factors Corp.* 373 N.Y.S. 2d 828 (App. Div. 1975), aff'd 321 N.Y.S. 2d 394 (1976).
48 It has been that the amount of the reserve is dependent solely upon the factor's judgement, provided there is no abuse of discretion and no bad faith. *Winner v. H. A. Caeser*, 511 F. 2d 1010 (6th Cir. 1975).
49 Pursuant to the standard factoring contract, the factor assumes the credit risk not indefinitely, but only for the period of time during which an invoice is to remain outstanding according to its terms. If the invoice remains unpaid at maturity for reasons other than the customer's financial inability to pay, the factor has no responsibility if the customer becomes insolvent at a later date. *Irving Trust Co. v. B. Lindner & Bros., Inc.*, 190 N.E. 332 (N.Y. 1934), *Seymour Mann, Inc. v. United Factors Corp.*, 89 N.Y.S. 2d 477 (App. Div. 1949); *Mountain Top Manufacturing Co., Inc. v. Busines Factors Corp.*, 240 N.Y.S. 2d 616 (Civ. N.Y. 1963); *Duobond Corp.*, op. cit. (Note 63).
50 For a practical discussion on factoring, see Moore, "Old Line Factoring" *Commercial Law and Practice, Course Handbook Series 159* (Practicing Law Institute 1977).

Zusammenfassung

In den USA hat sich seit 1930 in den meisten Bundesstaaten ein einheitlich gestaltetes Factoring-Recht entwickelt. Bis auf den Bundesstaat Louisiana ist der „Uniform Commercial Code" (1962) rechtliche Grundlage für Factoring (Novellierung in 1972 des hier besonders in Betracht kommenden Artikels 9 bisher von 36 Bundesstaaten angenommen).

Der Forderungskauf wird gegenüber dem Factoringkunden (debtor in der Sprache des Code) rechtswirksam und ist einklagbar, wenn drei Voraussetzungen erfüllt sind: a) Unterzeichnung des Sicherheitenvertrages über die Forderung durch den Kunden, b) Auszahlung des Gegenwertes durch den Factor und c) der Kunde muß Rechtsinhaber der Forderung geworden sein. Damit ist das sogen. „attachment" erreicht (siehe auch Beispiel eines amerikanischen Factoringvertrages im Anhang). Die Forderungen, insbesondere die zukünftigen, müssen naturgemäß ausreichend bezeichnet sein.

Die Rechtswirksamkeit gegenüber Dritten („perfection") ist erst dann gegeben, wenn der Vertrag durch ein „financing statement" (siehe Anhang) bei der zuständigen Behörde öffentlich registriert wird. Diese Registrierung ist 5 Jahre lang gültig und kann beliebig oft wiederholt werden.

Erheben mehrere Factoringgesellschaften Anspruch auf die gleichen Forderungen, gilt folgende Regelung: Der Vertrag mit der zeitlich ersten „perfection" hat Vorrang; liegt keine „perfection" vor, dann hat der Vertrag mit dem frühesten „attachment" Priorität. Eine Benachrichtigung des Schuldners (account debtor in der Sprache des Code) ist rechtlich nicht erforderlich, aber üblich. Mit der Benachrichtigung sind später entstehende Aufrechnungsmöglichkeiten des Schuldners ausgeschlossen.

Neben dem Uniform Commercial Code sind besonders zu beachten der Bankruptcy Code, der Assignment of Claims Act und je nach Gestaltung des Vertrages auch gewisse versicherungsrechtliche Vorschriften.

Aktuelle Handbücher für die Kreditpraxis

Finanzanalyse und Bonitätsbeurteilung von Bauunternehmen

Hrsg. von Prof. Dr.-Ing. Gerhard Drees,
mit Beiträgen von Dr. Max Häring, Franz Ahlbach, Dr. Guntram Mausch, Dr. Karl Friedrich Hüfner,
Klaus Kaiser und Dr. Dieter Jacob.
1986. 168 Seiten, brosch., DM 37,50. ISBN 3-7819-0368-0.

Der verschärfte Wettbewerb auf dem Baumarkt hat zusammen mit dem in jeder Bauausführung enthaltenen Risiko zahlreiche Bauunternehmen in Liquiditätsschwierigkeiten gebracht. Zahlreiche Konkurse schlossen sich an. Für Kreditgeber, Bauherren und Unternehmer Gründe genug, sich mit der Finanzanalyse und der Bonitätsprüfung der Bauunternehmer zu befassen.

Dieser Band vereinigt die Beiträge von sechs namhaften Fachleuten aus der Praxis zu dieser Problematik. Sie befassen sich u. a. mit der Bewertung der nicht abgerechneten Bauten, der Berücksichtigung der Bau-Arbeitsgemeinschaften und dem Inhalt von Rückstellungen. Ebenso werden neben der Risikoabschätzung neu hereingenommener Bauaufträge auch die im Abschluß enthaltenen Bewertungsreserven und die Rückstellungspolitik des Unternehmens behandelt. Schließlich wird die richtige Auswahl von Kennzahlen dargestellt, die die ertrags- und finanzwirtschaftliche Beurteilung der Bauunternehmen erleichtern und einen sachgerechten Maßstab für die Finanzanalyse und Bonitätsbeurteilung liefern.

Entstanden ist ein Handbuch, das neue Erkenntnisse auf dem Gebiet der Finanzanalyse aufzeigen und das Verständnis für die wechselseitigen Belange zwischen Kreditwirtschaft und Bauwirtschaft fördern wird.

Offenlegung der wirtschaftlichen Verhältnisse der Kreditnehmer nach § 18 KWG

Von Harald Strötgen, Jürgen Kerl, Gerhard Lutz und Heinz-Herward Schanz.
1986. 120 Seiten, Plastikeffektbindung. DM 46,—. ISBN 3-7819-0358-3.

Seit der Neufassung des § 18 KWG, sich von Kreditnehmern die wirtschaftlichen Verhältnisse offenlegen zu lassen, ist für die Kreditinstitute eine Verpflichtung festgelegt, der sich kein Kreditinstitut entziehen kann. Die sich hieraus ergebenden vielfältigen Probleme erfordern eine präzise, klar gegliederte und umfassende „Arbeitsrichtlinie" sowohl für Kreditinstitute als auch für Prüfer.

Mit dieser Arbeit wird erstmals eine systematische und übersichtliche Hilfestellung für die Praxis gegeben, damit bei Kreditgewährungen von Kreditinstituten durch interne und externe Prüfer und insbesondere von den Sachbearbeitern im Kreditgeschäft annähernd gleiche Maßstäbe angelegt werden können. Fälle aus der Praxis bereichern als Arbeitsmaterial diesen Band.

Ein unentbehrliches Arbeitshandbuch für die Mitarbeiter im Kreditgeschäft, den Prüfern und allen in Prüfungsstellen und Wirtschaftsprüfungs-Gesellschaften Beschäftigten.

FRITZ KNAPP VERLAG · Postfach 11 11 51 · 6000 Frankfurt/Main 11

5. „Subrogation" und „Cession" —
Ihr Einfluß auf Factoring-Verträge in Frankreich
"Subrogation" and "Cession" —
Their Influence on Factoring Contracts in France

Christian Gavalda

Gliederung

	Seite
I. Grundlage des Factoringgeschäfts in Frankreich	139
II. Probleme der Factoringzession	140
III. Die Factoring-Praxis: Subrogation (Artikel 1250 Code Civil)	141
IV. Rechtswirkungen der Subrogation	143
V. Das „Dailly-Gesetz" (1981–1984)	144
Anmerkungen	147

I. GRUNDLAGE DES FACTORINGGESCHÄFTS IN FRANKREICH

Der Factoringvertrag angelsächsischer Art wurde 1965 in Frankreich eingeführt. Seine offizielle Bezeichnung ist „Contrat d'affacturage". Dieser Vertrag ist in Frankreich eine Vereinbarung, die eine zweifache Funktion hat, und zwar einerseits die kommerzielle Abwicklung von Geschäften und andererseits die Mobilisierung kurzfristiger Forderungen aus Handelsgeschäften (genauer gesagt mit einer Laufzeit bis zu höchstens 180 Tagen).

Sein erster nicht zu unterschätzender Aspekt ist juristisch nicht neu. Auf der Grundlage des Vertrages erledigt der Factor für seinen Anschlußkunden (französisch „adhérent") eine Reihe von Dienstleistungen (Inkasso von Rechnungen, wirtschaftliche und finanzielle Auskünfte über den Debitor und den Markt, Führung der Debitorenbuchhaltung, etc.).

Das zweite Merkmal ist das eines Finanzierungsvertrags. Aber die Finanzierung ist nicht das wesentliche des französischen Factoring. Der Factor kann in der Tat in gewissen Factoringverträgen davon absehen, dem Anschlußkunden einen Vorschuß zu gewähren. Er beschränkt sich dann ganz einfach auf das Inkasso der Rechnungen bei Fälligkeit und übernimmt es, bei Nichtzahlung durch den Schuldner den Verlust zu tragen (Zahlungsgarantie). Diese Garantie bringt den Factoringvertrag in die Nähe des Kreditversicherungsvertrags. Aber die Factoringgesellschaften brauchen die Bedingungen, die an einen Kreditversicherer gestellt werden, nicht zu erfüllen.

Die Factoring-Unternehmen müssen seit der Außerkraftsetzung der Gesetze vom 13. und 14. Juni 1941 durch das Gesetz vom 25. Januar 1984 den Status eines Kreditinstituts haben, und zwar entweder als „Bank" oder als „Finanzierungsgesellschaft". Die zweite Form ist diejenige, die am häufigsten von den Factors angenommen wird. Für ihre Factoring-Tätigkeit benötigen die Finanzierungsgesellschaften dann noch eine spezielle Zulassung. Das Gesetz vom 25. Januar 1984 enthält im übrigen keine spezielle Bestimmung über das Factoring.

Der Vertrag, dessen finanzielle und kommerzielle Funktion dem Factoring im Ausland ähnlich ist, hat seit seiner Einführung in Frankreich keine spezielle gesetzliche Regelung erhalten. Kein Gesetzestext, keine Verwaltungsverordnung definiert oder enthält Funktionsregeln für den Factoringvertrag,[2] der deshalb als ein formloser Vertrag ohne spezielle gesetzliche Regelung („Contract innommé") einzuordnen ist. Die Praktiker behandeln diesen Vertrag deshalb nach den allgemeinen Rechtsvorschriften (Code Civil, Théorie des Obligations).

Die juristische Abwicklung des Vertrags ist einfach. Der Factor bezahlt dem Anschlußkunden jene kurzfristigen Forderungen, die dieser gegenüber seinen eigenen Kunden (Debitoren) hat. Damit ist das Factoring eine Art Diskontgeschäft, nämlich ein Verfahren, um kommerzielle Forderungen zu verflüssigen. Die Zahlung ist endgültig, auch wenn der Debitor selbst nicht bezahlt, ausgenommen allerdings jene Fälle, bei denen die an den Factor abgetretenen Forderungen unwirksam waren, weil sitten- oder rechtswidrige Geschäfte zugrundelagen.

II. PROBLEME DER FACTORINGZESSION

In Anbetracht der Vielzahl der Forderungen, die einem Factoringvertrag zugrundeliegen (mehrere hundert Rechnungen pro Woche in einigen Fällen), mußte man im französischen Recht ein juristisches Verfahren für die Forderungsübertragung vom Anschlußkunden auf den Factor finden, das einfach, schnell und wenig kostspielig ist. Das gewählte Verfahren für die Forderungsübertragung mußte darüber hinaus nicht nur rechtswirksam zwischen den Parteien (inter partes) sein, sondern auch wirksam gegenüber Dritten (erga omnes), ohne daß allzu viele Publizitätsformalitäten zu erfüllen sind. Die Rechtswirksamkeit gegenüber Dritten muß im Fall einer Vermögensauseinandersetzung oder eines Vergleichsverfahrens des Anschlußkunden ebenfalls durchsetzbar sein.

Selbstverständlich wäre der Gebrauch von Tratten, die durch Indossament übertragbar sind, das klassische Mittel einfachster Art gewesen. Um das französische System der Finanzierung kurzfristiger finanzieller Forderungen zu modernisieren, möchten die französischen Behörden den Gebrauch von Tratten möglichst vermeiden.[3] Man hat deshalb schon 1965 mehrere traditionelle Formen der Forderungsübertragung vorgeschlagen: die Delegation, die Zession von Forderungen und die konventionelle Subrogation (Einsetzung in die Rechte eines anderen).

An dieser Stelle möchten wir uns darauf beschränken zu sagen, daß die Forderungszession, die zunächst als das adäquate Mittel erscheint, von Anfang an ausgeschlossen werden mußte.

Im französischen Recht ist die Abtretung von Forderungen durch den Artikel 1690 des Code Civil geregelt. Diese Bestimmung behandelt in allgemeiner Form die Übertragung von privaten und kommerziellen Forderungen. Die Rechtswirksamkeit zwischen den Parteien (Factor – Anschlußkunde) wirft keine Probleme auf. Aber die Forderungszession im Sinne des Artikel 1690 des Code Civil ist nur durchsetzbar gegenüber Dritten,[4] wenn der ursprüngliche Forderungsgläubiger (Zedent) diese Abtretung durch eine Zustellungsurkunde dem Schuldner der abgetretenen Forderung bekanntgibt oder wenn der ursprüngliche Gläubiger die Annahme der Abtretung durch den Debitor durch eine öffentliche Urkunde bestätigen läßt (das heißt, ausgefertigt durch einen Notar).

Die Schwerfälligkeit eines solchen Mechanismus macht ohne weiteres deutlich, daß die Zession zur Abwicklung laufender Geschäfte absolut ungeeignet ist.

III. DIE FACTORING-PRAXIS: SUBROGATION (ARTIKEL 1250 CODE CIVIL)

Wegen der aufgezeichneten Schwierigkeiten haben die französischen Factoringgesellschaften, da eine andere Möglichkeit der Forderungsübertragung nicht besteht, seit 1965 in ihre Verträge die sogenannte Subrogation (ex parte creditoris) übernommen, die in Artikel 1250 des Code Civil geregelt ist.

Es handelt sich dabei um eine klassische Dreieckskonstruktion.

Der Factor (créancier subrogé, also der Gläubiger, der an die Stelle und in die Rechte eines anderen eingesetzt wird), bezahlt seinen Anschlußkunden (créancier subrogeant), das heißt, den ursprünglichen Gläubiger, der an seine Stelle und in seine Rechte einen anderen einsetzt.

Der Anschlußkunde überträgt als Gegenleistung an den Factor seine Forderung an den Debitor (débiteur cédé).[6]

Diese Forderungsübertragung durch Subrogation hat den Vorteil, einfach, sicher und weniger kostenaufwendig zu sein. Hierdurch ist es gelungen, bisher ohne größere rechtliche Streitigkeiten diesen wesentlichen Teil des Factoringmechanismus, nämlich den Transfer der Forderungen, korrekt zu lösen. Die Forderungsübertragung ist somit nicht nur rechtswirksam zwischen den Parteien, sondern auch gegenüber Dritten ohne Formalitäten durchsetzbar.

Es ist selbstverständlich, daß es auch eine *Benachrichtigung* über die Subrogation an den Debitor gibt, aber das ist keine Voraussetzung für die Durchsetzbarkeit gegenüber Dritten. Diese Benachrichtigung kann absolut formlos erfolgen (Einschreibebrief, einfacher Brief, Fernschreiben oder sogar Telefonanruf...). Der Nachweis der Benachrichtigung kann mit allen möglichen Mitteln vorgenommen werden.

Es ist allerdings selbstverständlich, daß einige Bedingungen sehr genau präzisiert werden müssen; diese Bedingungen sind aber einfach zu handhaben, um die Durchsetzbarkeit der Subrogation zu erreichen.

Die Zahlung durch den Factor muß gleichzeitig mit der Aushändigung *einer Empfangsbestätigung,* der sogenannten „quittance subrogative", durch den übertragenden Gläubiger, und zwar durch eine formlos abgefaßte Urkunde, erfolgen. Diese Empfangsbestätigung, die den créancier subrogé, nämlich den Factor, in die Rechte des créancier subrogeant, nämlich des Anschlußkunden, einsetzt, ist keinen Formvorschriften unterworfen. Die Empfangsbestätigung braucht kein *bestimmtes Datum* zu tragen, wie im Artikel 1328 des Code Civil vorgesehen ist (Eintragung oder andere strenge Bestimmungen. − Cour de Paris, 14. November 1975, Rev. trim. dr. com. 1975, 342, obs. Cabrillac et Rives Lange). Aber Voraussetzung dieser Subrogation ist, daß die Zahlung durch den Factor gleichzeitig erfolgt. Das ist in diesem Zusammenhang die Hauptsache.

Praktisch wickelt sich das so ab, daß der Factor von seinem Anschlußkunden eine Reihe von Forderungen, in der Bankensprache sogenannte Rechnungen,[7] mit einer Empfangsbestätigung (quittance subrogative) erhält. Diese Subrogation muß deutlich gemacht werden. Sogar der Ausdruck „Subrogation" muß auf den Empfangsbestätigungen, die der Factor erhält, erscheinen.

Bei Vorlage der Rechnungen oder der Empfangsbestätigung bezahlt der Factor als Gegenleistung und im gleichen Augenblick seinen Anschlußkunden. Konkret: im Hinblick auf die fortgesetzten finanziellen Beziehungen, die der Factor zum Anschlußkunden unterhält, wird er ein Kontokorrent-Konto eröffnen.[8] Auf diesem Konto schreibt der Factor dem Anschlußkunden den Gegenwert der aus der Factoring-Transaktion erhaltenen Rechnungen gut und belastet ihn mit den Kosten und Gebühren für diesen Vorgang. Über den Saldo kann der Anschlußkunde verfügen. Die französische Rechtsprechung betrachtet die Gutschrift auf dem laufenden Konto des Anschlußkunden als eine unmittelbare Zahlung.

Wohlverstanden, es muß sich bei den dem Factor angebotenen Forderungen um wirkliche Forderungen handeln, keinesfalls um fiktive (also unwirksame, oder aus betrügerischen bzw. unerlaubten Geschäften stammende). Unter dieser Voraussetzung hat der Factor keinen Rückgriffsanspruch auf seinen Anschlußkunden, falls der Debitor insolvent ist oder böswillig die Forderung bei Fälligkeit nicht bezahlt.

Nur für den Fall, daß die abgetretene Forderung aus einem unwirksamen, betrügerischen oder unerlaubten Geschäft stammt, was in der Tat selten ist, hat der Factor einen Regreß. Und damit ergibt sich der Unterschied zu dem Diskontgeschäft, bei dem die diskontierende Bank sich automatisch an den Wechselaussteller hält, falls der Wechsel bei Fälligkeit unbezahlt bleibt.

Um es noch einmal zu sagen, die Empfangsbestätigung muß ganz deutlich und ohne jeden Zweifel den Willen zur Übertragung der Forderung zum Ausdruck bringen.

Die übertragene Forderung muß, und das genügt auch, im Augenblick der Bezahlung und der Subrogation existent sein. Diesen Bedingungen würden nicht entsprechen Eventualforderungen oder solche Forderungen, die Geschäfte betreffen, denen keine festen Bestellungen zugrunde liegen... oder solche, die erst nach *Eintritt der Zahlungsunfähigkeit* (Vergleichs- oder Konkursverfahren) durch den Vergleichs-/Konkursverwalter für Rechnung der Masse ausgeführt werden (Cass. com 21. Nov. 1972, D. 1973, I.R., p. 3, D. 1974, J. 213, note R. Rodière, Bull. Arrêts Cour Cass. IV, No. 296).

Die Subrogation von nichtigen und/oder fiktiven Forderungen an einen Factor gegen dessen Bezahlung kann einen Tatbestand des Betruges gemäß Artikel 405 des Strafgesetzbuches darstellen (Cass. trim. 3 juin 1985. Bull. trim. no. 211).
Zusammengefaßt: die Subrogation kann in ihrer formalen Durchführung nicht abgeändert werden:
1. Sie muß *absolut gleichzeitig mit der Zahlung* erfolgen (Cass. com. 14. Dez. 1965, Gaz. Pal. 1966, I, 278).
2. Die Subrogation — und damit unterscheidet sie sich wesentlich von der Zession — kann *nur in Verbindung mit der Zahlung* erfolgen. Eine Bezahlung von z. B. nur 60% des Forderungsbetrags bedeutet deshalb, daß auch nur 60% der Forderung selbst an den Factor übertragen sind.

IV. RECHTSWIRKUNGEN DER SUBROGATION

Das Ergebnis der Subrogation ist die Übertragung des Eigentums an der Forderung sowie der damit verbundenen Rechte und Sicherheiten (Hypotheken, Pfandrechte, Bürgschaften, Kreditversicherungspolicen) an den Factor... (Rives Lange et Contamine-Raynaud, Prècis Dalloz de Droit bancaire, 4è éd. 1986, No. 485).

Der Factor verliert im Prinzip, wie schon gesagt, seine Regreßforderung an den Anschlußkunden und hat nur in Ausnahmefällen ein Rückforderungsrecht, falls sich die übertragene Forderung ganz oder teilweise als nicht existent erweist.[9]

Es muß betont werden, daß eine so durchgeführte Forderungsübertragung sowohl zwischen den Parteien als auch gegenüber Dritten rechtswirksam ist, selbst im Fall der Zahlungsunfähigkeit des Anschlußkunden, und zwar ohne weitere Formalitäten.

Falls eine Kollision zwischen dem Factor und einem Gläubiger des Anschlußkunden oder der Gesamtheit aller Gläubiger des Anschlußkunden aufkommt, regelt sich dieser Streitfall nach dem Prioritätsprinzip. Ist die Forderung ordnungsgemäß an einen Factor übertragen worden, scheidet sie aus dem Herrschaftsbereich des Anschlußkunden aus. Eine Pfändung kann nicht mehr erfolgen. Der Factor ist absolut geschützt. Man muß allerdings ausländischen Juristen die genaue Bedeutung der Benachrichtigung an den Schuldner der abgetretenen Forderung klarmachen. Welcher Art ist ihre Rechtsnatur und was ist ihre Tragweite? Die Benachrichtigung im Falle der Subrogation steht nicht im Zusammenhang mit den zwingenden Publizitätsvorschriften bei der Zession von Forderungen, die diese rechtswirksam gegenüber Dritten macht (erga omnes).

Zunächst kann die Mitteilung der Subrogation ohne jede Formvorschriften erfolgen (Fernschreiben oder Telefon unter Vorbehalt des Nachweises). Der Zweck ist lediglich, den Schuldner von der Subrogation zu benachrichtigen und ihm ausdrücklich zu sagen, daß er gutgläubig nur noch an den Factor bezahlen kann. Das entspricht einem französischen Sprichwort, „Wer an die falsche Person zahlt, zahlt zweimal", dessen Sinn in Art. 1240 des Code Civil festgehalten ist.

Praktisch sieht das so aus: Ein Aufkleber wird auf den Rechnungen angebracht oder die Rechnungen werden mit einem entsprechenden Eindruck versehen, und zwar an einer sichtbaren und „markanten" Stelle (Cass. com. 14. Oktober 1975, J.C.P. 1976, II. 18279, Note Gavalda), (unterschiedliche Farbe, Schrägdruck, etc. ...), um die Aufmerksamkeit des Schuldners hierauf zu lenken und ihn damit aufzufordern, nur noch an den Factor und keine andere Person zu zahlen, z. B. an den ursprünglichen Verkäufer.[10] Eine gute Formulierung kann einem Vorschlag entnommen werden, der von der Direction du Trésor du Ministère des Finances, Instruction vom 4. September 1970 gemacht wurde (abgedruckt in unserem Artikel Encyclopédie Dalloz, Droit Commercial. V° Factoring, No. 43: „Elle (la société de factoring) le reçoit par subrogation, dans le cadre du contrat de factoring. Elle devra être avisée de toute demande de renseignement ou réclamation". („Die Factoringgesellschaft hat die Forderung auf dem Wege der Subrogation übertragen bekommen, und zwar im Rahmen eines Factoringvertrags. Sie muß von allen Vorgängen, die mit dieser Forderung zusammenhängen, oder von Reklamationen informiert werden").

Selbstverständlich erwirbt der Factor auf dem Wege der Subrogation die Forderung nur in dem Zustand, in dem sie sich befand, als sie noch im Herrschaftsbereich des Anschlußkunden war, mit all' den Merkmalen, die dieser Forderung anhaften, Mängel, Ungewißheiten, Nichteintreibbarkeit...[11]

V. DAS „DAILLY-GESETZ"

Das sogenannte Dailly-Gesetz, benannt nach dem Senator, der dieses Gesetz in Vorschlag gebracht hat und das am 2. Januar 1981 verabschiedet worden ist und seit 1. Mai 1981 in Frankreich angewandt werden kann, hat zum Ziel, die Übertragung von Forderungen, soweit sie mit Kreditgeschäften verbunden sind, zu erleichtern: Gesetz No. 81.[12] Ein Ziel ist auch, die Abwicklung des Factoringgeschäfts einfacher zu gestalten, aber es erscheint z. Z. nicht sicher, ob die Factoringunternehmen nicht weiterhin die konventionelle Form der Subrogation ex parte creditoris bevorzugen, die vom Cour de Cassation abgesegnet worden ist.

Der neue Text gestattet es dem Lieferanten, mehrere Rechnungen, die er gegen einen „gewerblichen" Schuldner hat (Kaufmann, Landwirt, Freiberufler) in einer Liste (Bordereau) zusammenzufassen und damit die Sicherheiten und die Nebenforderungen an eine Bank oder eine Finanzierungsgesellschaft (Société Financière) zu übertragen, und zwar sowohl das Volleigentum als auch das Pfandrecht. Dieser Rechtstitel – le Bordereau – ist eine absolut neue Einrichtung und mit einem Wechselrecht nicht vergleichbar. Seine Rechtsgültigkeit unterliegt strengen Vorschriften, was den Inhalt und die Form angeht, die in dem Gesetz aufgeführt sind. Es soll damit die globale Übertragung von gewerblichen Forderungen an eine Bank vorgenommen werden können. Diese Art der Abtretung ist ohne weitere Formalitäten rechtswirksam zwischen den Vertragsparteien und gegenüber Dritten.[13] Diese einfache Form der Übertragung einer Vielzahl von Forderungen ist damit sicherlich der individuellen, schwierigen und kostspieligen Übertragung, wie sie im Artikel 1690 des Code Civil vorgesehen ist, überlegen. Der Zedent muß das Bordereau unterschreiben und die Bank, oder in diesem Fall der Factor, muß das Bordereau mit einem Eingangsstempel versehen, der vollen Aufschluß über den Zeitpunkt der Übertragung verschafft (Datumsstempel). Dieses Datum muß in einem technisch absolut einwandfreien Verfahren auf dem Bordereau angebracht sein. Der Forderungsübergang zwischen den Parteien und damit die Wirksamkeit gegenüber Dritten erfolgt zu dem *Zeitpunkt,* wie er auf dem Bordereau angegeben ist.

Darüber hinaus bedarf die weitere Übertragung an eine Bank (Factor oder Finanzierungsgesellschaft) keiner sonstigen Voraussetzungen. Die bloße Zurverfügungstellung des Bordereau hat die Übertragung der darin aufgeführten Forderungen zur Folge.

Es muß noch einmal betont werden, daß diese Art der Übertragung von gewerblichen Forderungen an eine Bank oder eine Finanzierungsgesellschaft gebunden ist.

Nach der ersten Übertragung kann dieses Bordereau nur noch an eine andere Bank (oder eine Finanzierungsgesellschaft) weitergegeben werden.

Die ganze Angelegenheit hat einen schwachen Punkt. Sie behandelt nämlich nur die Übertragung von Forderungen. Der Anschlußkunde ist gemäß Artikel 1690 des Code Civil nicht der Garant für die Zahlungsfähigkeit des Schuldners, sondern nur für die Existenz der Forderungen. Dies ist ein Nachteil gegenüber der Übertragung der Forderungen durch Indossament oder durch Subrogation. Nur eine ausdrückliche Bonitätsklausel des übertragenden Gläubigers würde eine solch wertvolle Garantie[14] begründen.

Das Gesetz von 1981, das die Abtretung von gewerblichen Forderungen durch Bordereaus einführt, enthielt einige Lücken oder Unklarheiten, die mit Recht zu einem gewissen Mißtrauen bei Kreditinstituten und Factors führten. Das Bankgesetz vom 24. Januar 1984 hat das Dailly-System zwar verbessert, aber die allgemeinen Risiken dieser Art der Forderungsübertragung sind, wie es scheint, bis heute noch nicht beseitigt, so daß z. Z. (1986) nur einige wenige Factoringgesellschaften dieses Rechtsinstrument praktizieren.

Seit 1984 können die juristischen Personen des Privatrechts oder des öffentlichen Rechts ohne weitere Mitteilung ihre Forderungen in dieser Form abtreten. Die natürlichen Personen können es nur in Ausübung ihrer beruflichen Tätigkeit. Heben wir also klar hervor, daß die abgetretenen oder verpfändeten Forderungen (der terminus technicus des Dailly-Gesetzes ist: les creances nanties) gewerblicher Art sein müssen, wenn der Schuldner eine natürliche Person ist. Deshalb scheiden z. B. die Forderungen eines Einzelhändlers an Verbraucher für die Übertragung nach dem Dailly-Gesetz aus.

Ohne die Globalzession zuzulassen, die von einigen Autoren empfohlen wurde, gestattet das Gesetz von 1984 die Abtretung von Forderungen an ein Kreditinstitut auch für solche Geschäfte, die noch nicht zum Abschluß gekommen sind, für die das Angebot aber schon abgegeben wurde, oder für Verkäufe an den Importeur, der zum ständigen Kundenkreis gehört, der aber Aufträge noch nicht erteilt hat.

Eine andere Verbesserung des Dailly-Gesetzes von 1984 (Art. 2 Abs. 3) besteht darin, daß das Datum auf dem Bordereau in nicht veränderbarer Art und Weise angebracht werden muß. Wenn jedoch die Richtigkeit des von dem Kreditinstitut angebrachten Datums angezweifelt wird, hat dieses die Beweislast.

Noch bedeutender ist, daß die üblichen Sicherheiten, die von dem Zedenten an das Kreditinstitut abgetreten werden, nicht mehr auf der Dailly-Bordereau aufgeführt werden müssen. Im Sinne einer Erleichterung durch das Bankengesetz sind Sonderbestimmungen für die Übertragung durch elektronische Datentechnik vorgesehen.

Vorbehaltlich gegenteiliger individueller Absprachen sieht das gleiche Bankengesetz für Abtretungs- und Pfandurkunden vor, daß der Unterzeichner eine solidarische Bürgschaft für die Bezahlung der abgetretenen oder verpfändeten Forderungen übernimmt (Art. 1–1.2 Ges. v. 2.1. 1981, modifiziert 1984).

Diese Bürgschaftsverpflichtung ist der Verpflichtung des Ausstellers eines Wechsels ähnlich. Durch diese Bestimmung des Bankengesetzes wird auch die Dailly-Zession berührt.

Dagegen bestehen auch nach Einführung des Bankengesetzes von 1984 weiterhin einige Schwächen des Dailly-Systems fort. Sofern nicht ausdrücklich mit dem Schuldner einer abgetretenen Forderung anders vereinbart, kann gem. Art. 6 bei einer Abtretung oder einer Verpfändung der Schuldner dem begünstigten Kreditinstitut gegenüber die gleichen Einreden geltend machen, die er gegenüber dem ursprünglichen Gläubiger hätte machen können (Art. 121 Code Commerce). Wenn er, der Schuldner, jedoch das Dailly-Bordereau akzeptiert, sind Einreden nicht mehr möglich (Art. 121 Code Commerce). Damit ergeben sich die gleichen Konsequenzen, die sich bei einer sonstigen Benachrichtigung des Schuldners ergeben.

Aber man muß schließlich noch darauf hinweisen, daß die Möglichkeit der Offenlegung der Zession gegenüber dem Schuldner durch Vorlage des Bordereau keine bedeutende Hilfe ist. Die Erfahrung zeigt, daß die Offenlegung nämlich trotz ihrer sehr einfachen Form zu den vergessenen Angelegenheiten gehört. Mit anderen Worten, wenn die Offenlegung nicht erfolgt, kann der Käufer (der Schuldner) die Übertragung der Forderungen im Rahmen des Dailly-Gesetzes in verschiedener Weise „neutralisieren".[14]

Schließlich ist noch darauf hinzuweisen, daß im Falle einer gerichtlichen Reorganisationsmaßnahme (Gesetz vom 25. Januar 1985) die zugunsten des Factors erfolgte Zession, soweit sie vor dem Zeitpunkt der Einleitung der Reorganisationsmaßnahme liegt, von dem eingesetzten Verwalter nicht angefochten werden kann. Der Factor kann somit den Einzug der Forderung weiterhin vornehmen und die eingezogenen Beträge für sich behalten.

Außerdem muß auf die Risiken für einen Factor aufmerksam gemacht werden, Forderungen zu finanzieren, die auf Basis des Dailly-Gesetzes schon vorher an eine Bank oder eine Factoringgesellschaft abgetreten worden sind. Der Kunde, der so handelt, macht sich damit zwar strafbar, doch das finanzielle Risiko für den Factor ist nicht unbeträchtlich.

Für den internationalen Geschäftsverkehr bedeutet die Zession nach dem Dailly-Gesetz, die, wie ausgeführt, inter partes et erga omnes rechtswirksam ist, eine bedeutende rechtliche Grundlage. Sie wird daher für diese Geschäfte ex parte creditoris attraktiver als die Subrogation, die eigentlich nur im französischen Recht bekannt ist.

ANMERKUNGEN

1 Die Banken haben für das Factoringgeschäft Tochtergesellschaften gegründet, und zwar seit Einführung des Bankengesetzes vom 25. 1. 1984 in der Form von Finanzierungsgesellschaften. Die meisten, wenn nicht sogar alle französischen Factoringgesellschaften haben zur Zeit den Status eines Etablissement financier.
2 Nur ein spezieller Text des Steuerrechts beschäftigt sich mit dieser Vertragsart: Art. 168−10, ann. IV Code général des impôts; Adde Instruction ministérielle du 4 septembre 1970.
3 In Ausnahmefällen indossieren die Factoringunternehmen Tratten oder ziehen Tratten auf ihre Anschlußkunden. Aber bei den meisten Geschäften benutzen die französischen Factoringgesellschaften keine Tratten.
4 Das heißt konkret: im Fall des Vergleichsverfahrens des Anschlußkunden.
5 Die Schwierigkeiten der Abtretungen grenzüberschreitender Forderungen sollen hier außer acht gelassen werden. Unter internationalem Aspekt ist die Dailly-Zession möglicherweise zu bevorzugen.
6 Die Frage des *Zeitpunkts* der Rechnungsbezahlung wird hier nicht behandelt (sofort, bei Fälligkeit, nach Verfall, sogar... Tage nach Fälligkeit).
Diese finanziellen Lösungen werfen die gleichen rechtlichen Probleme auf wie die Übertragung des Eigentums an den Forderungen auf den Factor.
7 Die Forderung ist das *Negocium* und die Rechnung das Instrumentum entsprechend den Unterscheidungen des immer noch gültigen römischen Rechts.
8 Insbesondere aus diesem Grund müssen die Factoringinstitute den Status einer Finanzierungsgesellschaft haben.
9 Der Factor storniert auf dem laufenden Konto die Gutschrift für die nicht existente Forderung.
10 Die Benachrichtigung über die Abtretung muß von dem übertragenden Gläubiger nicht unterschrieben werden. Es ist nicht unbedingt erforderlich, daß das Wort „Subrogation" in dem Vermerk auf der Rechnung enthalten ist.
11 Ohne hier die generellen Ausführungen über das Wesen des Factoringvertrags zu wiederholen, sei daran erinnert, daß 1. der Factor, an den die Forderung auf dem Wege der Subrogation übertragen wurde, gegen den Debitor, den Schuldner der Rechnung, in dem Umfang vorgehen kann, wie er den Anschlußkunden bezahlt hat,
2. nachdem die Subrogation dem Debitor mitgeteilt wurde, der Factor allein berechtigt ist, Zahlungen vom Debitor zu erhalten.
3. der Debitor (Käufer) alle Einreden gegen den Gläubiger geltend machen kann, die mit der Forderung zusammenhängen, selbst wenn sie nach der Subrogation erst in Erscheinung treten; aber dem Factor gegenüber nur dann, wenn sie *vor dem Datum der Subrogation* entstanden sind und nicht unmittelbar die abgetretene Forderung betreffen. Das wäre z. B. der Fall bei einer gesetzlichen Aufrechnung zwischen dem Anschlußkunden (Verkäufer) und seinem Debitor (Käufer) vor der Subrogation. Alle späteren Einreden, die nicht unmittelbar die übertragene Forderung betreffen, sind nach der Subrogation ausgeschlossen.
12 Siehe Kommentar Gavalda, Dalloz du 31 juillet 1981; Stoufflet et Chapus, J.C.P. 1981, éd. C.I. sept. 1981.

13 Um auf jeden Fall zu vermeiden, daß der Debitor nach der Zession nicht an den ursprünglichen Gläubiger zahlt, ist eine Benachrichtigung über die Abtretung erforderlich. Er ist dann nicht mehr gutgläubig, wenn er an einen anderen als den Berechtigten zahlt. Wer falsch zahlt, zahlt zweimal (Art. 1240 du Code Civil). Aber das ist kein Publizitätserfordernis juridico sensu. Ein neues Dekret hat die Formen dieser Publizität präsentiert, D n° 81. 862 du 9 septembre 1981, v. Ch. GAVALDA, Dalloz 1981. Chr. P. 329.

14 Ohne daß der Debitor besondere Formvorschriften beachten muß, kann er weiterhin persönliche Einreden geltend machen, die er gegen den Gläubiger hat. (Siehe auch Ph. TURCAS, Le transfert des créances dans le dadre de la Dailly peut-il être neutralisé par l'acheteur? Gazette de Palais du 22 avril 1986; J. STOUFFLET, fascialé 570 du JURIS CLASSEUR „BANQUE et CRÉDIT" [1986]; Editions Techniques.)

Summary

In France the "Contract d'Affacturage" is a contract which provides services (collection on debts, information on markets, accounting for debtors) and the financing of accounts receivable based on covering the risk on debtors by a factoring company. Factoring companies are subject to the bank supervisory authority; but there are no specific laws for factoring itself in France.

A certain problem relates to the assignment because there are very stringent forms for the effectiveness of the "cession" agaist third parties (Article 1690 Code Civil). As a rule therefore factoring companies use "subrogation" (Article 1250 Code Civil). The factor pays his client and, as a result, the client transfers his claim against the debtor. In law a notification to the debtor is not required. But it is important to deliver a "quittance subrogative" (receipt) to the debtor on which the exact word "subrogation" must be mentioned. In accordance with the law the factor's entry on the current account of the client will be regarded as payment.

The "Loi Dailly", a law introduced by the senator Dailly, shall facilitate the global transfer of accounts receivable to banks and finance companies. The instrument of transfer is the "bordereau", a listing of the accounts receivable to be transferred. Inspite of certain improvements by the bank law of 1984 factoring companies seem to use this new legal instrument very seldom. Obviously, the subrogation has met all requirements of factoring.

In case of the reorganisation of a debtor's company introduced by a court the factor may collect all accounts receivable transferred to him prior to the beginning of such reorganisation.

6. The Legal Aspects of International Factoring
Rechtliche Gesichtspunkte des Internationalen Factoring

R. M. Goode

Gliederung

	Seite
1. Introduction	150
Structure of the Transaction	150
International factoring organisations	150
2. The Relationships Created	151
The five contracts	151
3. The Effect of the Foreign Element	151
Jurisdiction	152
Applicable Law	152
Recognition and enforcement of judgments	152
4. The Applicable Law in International Factoring	152
Example 1	153
Example 2	153
Example 3	153
Principal techniques	154
5. The Unidroit Initiative	155
About Unidroit	155
The proposed Uniform Rules	156
6. The Draft Convention on International Factoring	156
Scope of the Convention	156
Inter-factor agreements not regulated	157
Validity of assignment	157
No-assignment clauses	158
What can be assigned	159
Notice of assignment	159
Availability of defences and set-off	159
Debtor's right of recovery from factor	160
Exclusion of the Convention	160
7. Conclusions on the Draft Convention	160
Notes	161

1. INTRODUCTION

Structure of Transaction

In a domestic factoring transaction, the supplier, S, transfers to a factor in his own country debts arising from supplies of goods or services to trade debtors in the same country. The rights of all parties are usually governed by the same national law, since all of them carry on business in the same country.

An international factoring transaction is characterized by the fact that the debtor, D, carries on business abroad, so that the supply transaction involves the export of goods or services by S to D. As in a domestic transaction, S transfers the debt to a factor in his own country,[1] who may proceed to notify D of the assignment and get in the debt directly, but usually finds it more convenient to pass the debt on to another factor in D's country. Only the second assignment is notified. The first factor is known as the export factor (EF), the second the import factor (IF). EF may assign receivables to IF for collection only, the risk of non-payment remaining with EF, or S, or may sell on a non-recourse basis, in which event the risk of non-payment is carried by IF, within the limits of the agreement between the parties.

The agreement between EF and IF may be specially negotiated, but the parties will normally adopt standard conditions in general use in export factoring by the group or chain to which the parties belong.

International factoring organisations

A group of factoring companies whose members are under common control or otherwise associated through minority shareholdings and who operate in a number of different countries can conduct much of their international factoring operations by transacting business within the group. Two leading groups are Credit Factoring International and the Heller Group. The company acting as export factor will not normally assign its receivables to the import factor member of the group except so far as is necessary for the purpose of collection. The incidence of risk is a matter of group policy and accounting and does not necessitate contractual provisions for the assumption of risk by IF which are found in transactions between independent companies.

Many independent factoring companies find it advantageous to belong to an international factoring association, formed to promote co-operation and international factoring business among its members. Such an association may be "closed", e.g. by being limited to one member per country (as with the International Factors Group) or open, as is the case with Factors Chain International (FCI), membership of which is open to any reputable factoring company fulfilling the requisite criteria for membership. Export and import factoring between independent companies are conducted by means of bilateral agreements. These may be individually negotiated; but members of FCI usually adopt, with such modifications as may be necessary, the FCI's Code of International Factoring Customs (IFC) to regulate transactions between them. Like the Uniform Customs and

Practice for Documentary Credits, the IFC do not have the force of law, but require to be incorporated into the contract between EF and IF. Both the International Factors Group and FCI provide an arbitration service. In the case of FCI, arbitrations are conducted under the FCI Rules of Arbitration.[2]

2. THE RELATIONSHIPS CREATED

The Five Contracts

Where a factored debt is refactored to an import factor, no less than five different sets of relationships may have to be considered:

(1) S and D

This is regulated by the supply contract.

(2) S and EF

This is controlled by the factoring agreement.

(3) EF and D

There is no contractual relationship between EF and D, and in the normal case EF will not be concerned with D at all, since the receivable is sub-sold to IF. But where for some reason the debt is either not assigned to IF in the first place or is reassigned to EF (e.g. because of a breach of warranty), EF will, as owner of the debt, have the right to sue D, on giving D notice of assignment. However, this right is subject to all defences and rights of set-off of which D could have availed himself against S at the time D received notice of assignment.

(4) EF and IF

Relations between EF and IF are governed by the contract between them. Typically this takes the form of a refactoring of the debt by EF to IF by way of sale, but the debt may instead be transferred for collection only.

(5) IF and D

There is no contractual relationship between IF and D[3], but IF, as ultimate assignee of the debt, is entitled to recover it from D on giving notice of assignment, subject to D's defences and rights of set-off referred to in (3) above.

3. THE EFFECT OF THE FOREIGN ELEMENT

In a purely domestic factoring transaction, all the parties carry on business in the same country and their rights are governed by the same national law. By contrast, an international factoring transaction brings in a foreign element which may make it necessary for the parties to look at more than one legal system to determine their rights and remedies. In any dispute with a foreign element the following questions may arise:

Jurisdiction

In which court or courts may the plaintiff sue? Every country allows process against a defendant residing or carrying on business within its jurisdiction, but proceedings in that country may not suit a plaintiff who carries on business abroad, and who will often prefer to use the courts of his own country. It is that country's jurisdictional rules which will decide that question, though within the European Communities the rules are prescribed by the EEC Convention on Jurisdiction and the Enforcement of Judgments and Civil and Commercial Matters, concluded in 1968, and by the 1971 Protocol and any relevant Accession Convention.

Applicable law

An entirely separate question is which national law governs the dispute. An English court may well be prepared to entertain an action by an English factor against a foreign debtor, but it does not follow that it will apply English law in deciding the rights of the parties. The applicable law is to be determined by the conflict of law rules of the forum, the country in which the action is heard. Each country has its own conflict of laws rules (or private international law, as these are misleadingly called), and since these vary from State to State, the law to be applied to the relevant contract may differ according to the place where proceedings are brought.

Recognition and Enforcement of Judgments

Where a judgment obtained against a defendant in one country is sought to be enforced in another, the law of the latter country will determine the extent to which its courts are prepared to recognize the foreign judgment and the procedure which is to be used to enforce it. In Europe, this is for the most part regulated by the EEC Convention of 1968 referred to above.

4. THE APPLICABLE LAW IN INTERNATIONAL FACTORING

The law applicable to a dispute arising from a factoring transaction will vary according to the relationship and issue involved. Of particular interest to international factors are questions concerning the applicable law in actions against the debtor, D. The following illustrations highlight the problems involved.

Example 1

S in Manchester sells goods to D in Hamburg and factors the debt to a London factor, EF. EF in turn factors the debt to IF in Düsseldorf. IF endeavours to collect the debt but is told that S, prior to transferring the debt to EF, had already charged all its receivables to its London bank, B, as security for an advance, though IF was the first to give notice of its claim to D.

By English law, priority as between competing assignees of a debt goes to IF as the first to give notice of assignment to D.[4] By German law, priority is given to B as the assignee whose assignment is first in time.[5]

Who wins?

Example 2

The facts are as in (1) except that B, instead of being a bank holding a charge over S's receivables, is a Dutch manufacturer who sold the goods to S while reserving title until payment. S resold the goods without having paid for them. B claims the resulting debt as the proceeds of his goods, and further relies on a clause in his contract with S by which S undertook to transfer to B any receivables arising from resale of the goods.

Under Dutch law, B merely has a contractual right to require the debt to be made over to him by S, and title to the debt can only vest in B as the result of a transfer made after the debt came into existence.[6] Accordingly, by Dutch law IF is entitled to the debt. Neither English law nor German law gives a simple answer to this priority problem. In particular, it is unclear under English law whether the correct priority rule to apply is the first in time as between the competing real rights or the first to give notice to the debtor;[7] whilst under German law the question turns on whether the factoring agreement was one under which the factor assumed the credit risk.[8]

Which law applies, Dutch, English or German?

Example 3

S in Munich sells goods to D in London and factors the debt to EF in Frankfurt. EF in turn factors the debt to IF in Manchester. IF sues D in England to recover the debt and is met with a plea of set-off. The circumstances are such that this plea is not sustainable under the English rules of set-off but would have succeeded if the proceedings had been brought in Germany.

Is IF entitled to judgment?

These examples could be multiplied. National laws differ over a whole range of matters affecting international factoring, including the assignability of the debt before it has come into existence, the mode of assignment, the debtor's rights of defence and set-off, the resolution of competing claims to the debt and the efficacy of the assignment in the event to the supplier's insolvency.

Principal techniques

Four principal techniques are used to diminish the impact of differences in national laws, and in conflicts of laws rules, and to reduce the risk of differences in result according to the place where proceedings are brought.

(1) Model contract

The use of a model contract, by creating standard terms that are adopted in a number of countries, helps to bring about a consistency in legal relations and enables the courts of each country concerned to draw on judgments given in other countries on the interpretation of the model contract. A model contract is not, of course, relevant except as between contracting parties and assignees.

(2) Model Code

An alternative is a model Code, incorporated into the contract between the parties, which sets out their rights and duties. By adopting the Code the parties effectively make their own law. An example of such a Code is the IFC. Another is the Uniform Customs and Practice for Documentary Credits.

(3) Uniform Law

A number of States may conclude a Convention embodying a Uniform Law. The implementation of the Uniform Law by national legislation (where this is necessary) is obligatory for States who ratify the Convention, once the conditions for its coming into force (typically a stated number of ratifications) have been fulfilled, and subject to any reservations permitted by the Convention. Once adopted by a State, the Uniform Law becomes part of its national law and is enforceable accordingly; and provided that the courts of the various Contracting States interpret the Uniform Law in the same way the outcome of a dispute involving that Law will be the same in whichever of the Contracting States action is brought, as well as in Non-Contracting States whose conflict of laws rules lead to the application of the law of a Contracting State to the transaction in dispute. An example of such a uniform law is the Uniform Law on International Sales, made in 1964 and about to be superseded by the Convention on Contracts for the International Sale of Goods.

(4) Uniform Rules

A Uniform Law is typically annexed to a Convention which is the product of an official Diplomatic Conference whose members have diplomatic powers. Where the assembly approving the uniform measure is not such a gathering the proposals are termed "Rules". Their adoption is voluntary but they may presage a subsequent Convention to give binding effect to them. Thus in 1976 the UN General Assembly promulgated the UNCITRAL Arbitration Rules drafted by the United Nations Commission on International Trade Law.

(5) Model Law

States who are reluctant to enter into a binding commitment to accept a Uniform Law as it stands, subject only to reservations permitted by the relevant Convention, may feel more relaxed in agreeing the text of a Model Law, which is offered to States as the best compromise solution in a given field but which they are free to reject or to modify as they choose. A recent example is the UNCITRAL Model Law on International Commercial Arbitration.

(6) Uniform conflicts rule

To secure uniformity in substantive law is far from easy, particularly where the States concerned have fundamentally different legal systems. Where agreement on a substantive rule of law cannot be reached, a more modest solution may be available, namely agreement on a uniform conflict of laws rule to govern the issue in question. For example, the States concerned may agree to a rule by which the priority of competing assignments of a debt is to be governed by the law of the debtor's place of business. The effect of such a rule is that where proceedings are brought in a Contracting State, the same national law will be applied, regardless of the forum. An example is the recently concluded EEC Convention on the Law Applicable to Contractual Obligations.[9]

(7) EEC Directive

Various provisions of the Treaty of Rome empower the Council to issue a Directive to member States, obliging them to pass legislation giving effect to the Directives in question. A Directive thus produces a harmonizing effect, similar to that of a Uniform Law, some discretion being given to the member States as to the mode of implementation. The harmonization of national laws is increasingly being effected by Directive under Article 100 of the Treaty; and the Commission has indicated that in future it sees this, rather than a Community Convention, as the normal method of harmonization.

5. THE UNIDROIT INITIATIVE

About Unidroit

The International Institute for the Unification of Private Law, known more shortly as Unidroit, is an international, intergovernmental organization established in 1926 by the Italian Government under the auspices of the League of Nations to promote the harmonization of rules of private law. The Institute, based in Rome, has had considerable success in its endeavours, particularly in the fields of transport and commercial law.

The Proposed Uniform Rules

In 1975 the Council of Unidroit decided to explore the desirability of preparing uniform rules to facilitate international factoring. A detailed questionnaire was sent out to experts in a number of countries and in the light of the information received the Secretariat prepared a Report[10] describing factoring practice in the countries concerned, the national legislation and the problems peculiar to international factoring, caused primarily by differences in national laws. In December 1977 a further questionnaire was circulated as to the desirability of proceeding with the project, and the replies to this showed widespread support for the Unidroit initiative. Following on the meeting of a restricted exploratory group in 1978, a wider study group was set up to carry forward the project of formulating uniform rules of international factoring. This group consisted of both academic experts and practitioners, thereby ensuring that the problems addressed were of practical importance as well as of theoretical interest and that the solutions propounded met commercial needs. During the course of its work the Study Group produced a number of preliminary drafts, one of which was discussed in detail at a meeting with the Legal Committee of Factors Chain International, resulting in both an expression of interest and constructive criticism by members of the Committee.

The Study Group concluded its work in 1982, producing Preliminary Draft Rules on Certain Aspects of International Factoring, and these were duly approved by the Governing Council of Unidroit which, after consultation with governments of the member States, convened a meeting of governmental experts to consider the draft. It was then decided to work towards adoption of the proposals by a Diplomatic Conference, and to that end the draft Uniform Rules were converted to a draft Convention on International Factoring. Meetings of the committee of governmental experts took place in Rome in 1985, 1986 and 1987. The remainder of this chapter outlines the proposals embodied in the text of the draft Convention resulting from the 1987 meeting. This text, which received unanimous approval, is to be submitted to a Diplomatic Conference to be hosted by the Canadian government and held in Ottawa in May 1988. (The text of the draft Convention is printed in the annexe of this book.).

6. THE DRAFT CONVENTION ON INTERNATIONAL FACTORING

Scope of the Convention

The draft Convention is confined to international factoring contracts, that is to say, factoring contracts relating to receivables arising from a contract of sale of goods[11] between a supplier and a debtor whose places of business are in different States.[12] The test of internationality is thus by reference to the supply transaction. If this is interntional, in that seller and buyer are in different States, the Convention will apply, whether or not an import factor is involved, provided there is an appropriate connection with a Contracting State.[13]

Only factoring transactions in the strict sense are covered by the Convention. Accordingly this does not apply to non-notification factoring or invoice discounting.[14] This limitation was felt necessary in order to avoid the risk of covering the entire field of receivables financing. For the same reason, the definition of a factoring contract is drawn to emphasize that what is involved is the performance of functions – finance, maintenance of accounts (ledgering), collection of receivables, protection against default in payment by debtors – in relation to receivables arising from sales to customers other than those for the sale of goods bought for their personal, family or household use.[15] On the other hand, it was felt desirable not to make the definition so tight as to preclude the coverage of future factoring developments. Accordingly whilst in most countries factoring takes the form of a sale of the receivables, the Convention will extend to any assignments of receivables, whether by way of security, in reduction of indebtedness or otherwise.

Inter-factor agreements not regulated

Whilst the rules as to assignment by the supplier to the export factor are also made applicable to subsequent assignments,[16] e.g. by export factor to import factor, it was felt unnecessary to say anything about the contractual rights and duties of export factor and import factor *inter se*. These parties are well able to make their own terms to regulate their dealings with each other, and nothing in the Convention affects inter-factor agreements or inhibits the use of Codes such as the Code of International Factoring Customs (IFC).

Validity of assignment

Problems may arise under national law as to the extent to which receivables can be assigned without itemisation (as courts in Italy[17] and Germany[18] decided). Article 4 of the draft Convention makes it sufficient to have a contractual provision for the assignment of existing and future receivables, even though the contract does not specify them individually. This is important, for a requirement of individual specification would make the assignment of future receivables impracticable. The same Article provides that the assignment of future receivables vests these in the factor when they come into existence without the need for a new act of transfer. Again, such a provision is essential to the smooth functioning of a factoring operation; it would be extremely burdensome for the supplier to have to execute separate transfers of receivables as and when they were created.

Thus Article 4 is designed to remove impediments ot the assignment of receivables created by national laws. What it does not seek to do is to provide any general rules governing the validity either of the factoring agreement or of assignments made pursuant to it. These are left to be determined by the applicable law according to the conflict of laws rules of the forum. An import factor suing the debtor may be called upon to prove the validity of two distinct assignments, by the supplier to the export factor and by the export factor to the import factor. The validity of the first assignment will usually be governed by the law of Ef's place of business, so that IF faces the burden of satisfying its own courts on a question of foreign law. It is interesting that the problem rarely appears to have arisen in practice. Most debtors either do not defend the proceedings or set up defences which, if the facts pleaded were established, would be good under most legal systems, e.g. defects in the goods supplied.

These restrictions on the scope of Article 4 are sensible. To enlarge the Article to cover the whole field of validity of factoring agreements and assignments would involve a major incursion into complex issues of contract law. Moreover, questions as to the validity of an assignment are not readily distinguishable from issues of priority,[19] a minefield into which the Study Group and the committee of governmental experts wisely declined to venture.

No-assignment clauses

It has become increasingly common for supply contracts to include a provision prohibiting assignment of the supplier's rights under the contract. Public authorities, who have considerable negotiating power and order goods on their own standard terms of purchase, are reluctant to become involved with a factor or any other assignee. This is understandable. In a busy organisation a notice of assignment of a debt is easily overlooked, particularly where the debt does not become due until some time after receipt of the notice, and a debtor who pays the assignor after notice of assignment can be compelled to make payment over again, to the assignee — a matter of some anxiety where the assignor has meanwhile become insolvent. Further, the debtor cannot exercise rights of set-off in respect of cross-claims arising against the supplier after the debtor received notice of assignment.

However, it was found in the United States, where no-assignment clauses were common, that they represented a serious impediment to receivables financing. In several decisions such clauses were struck down by the courts as contrary to public policy, in that they prevented the assignor from freely alienating his assets (i.e. the debts due to him); and section 9—318 (4) of the Uniform Commercial Code renders ineffective no-assignment clauses insofar as they cover the transfer of accounts by way of sale or security.

Article 5 (1) of the draft Convention adopts a similar provision.

"The assignment by the supplier to the factor of a right to payment shall be effective notwithstanding any agreement between the supplier and the debtor prohibiting such assignment."

This provision of the draft Convention proved very controversial. Some of the representatives argued strongly that this was an interference with the autonomy of the parties to a contract and that a debtor ought not to have an assignment thrust upon him, with its concomitant disadvantages, when he had specifically prohibited assignment. Other representatives were equally vigorous in their defence of Article 5, pointing out that factors could not check individual contracts, and that a debtor in a strong bargaining position who insists on a no-assignment clause can create a serious problem for a supplier seeking security for payment, since the debtor not only declines to furnish security but also disables the supplier from transferring the credit risk to a factor.

In the end, a comprise was reached. It was agreed that Article 5 (1) should stand but that Article 5 (2) would be amended to prevent an assignment in breach of contract from being effective against the debtor when he has his place of business in a Contracting State which has made a declaration excluding Article 5 (1).

What can be assigned

To emphasise the flexibility of the Convention as to the subject-matter of the assignment, Article 6 provides that an assignment may validly provide as between the parties for the transfer to the factor of all or any of the supplier's rights deriving from the sale of the goods, including the benefit of any provision in the sale contract reserving title to the supplier or creating any security interest. Article 6 is restricted to relations between factor and supplier and does not constitute an implicit priority rule.

Notice of assignment

The debtor is, of course, entitled to pay the supplier until such time as he has received notice of the assignment to the factor. Under Article 7 (1) receipt of written notice of assignment obliges the debtor to pay the factor if and only if the debtor does not know of any other person's superior right to the debt and the notice of assignment (a) is given to the debtor in writing by the supplier or by the factor with the supplier's authority, (b) reasonably identifies the receivables and the factor and (c) relates to receivables arising under a contract of sale of goods made at or before the time the notice is given. This last condition is designed to prevent a debtor from being exposed to liability to a factor by reason of a general notice of assignment covering not only the contract of sale current at the time of the notice but all future contracts of sale, some of which may not be entered unit years later. Irrespective of any other ground on which payment by the debtor to the factor discharges the debtor from liability, a debtor who pays in good faith in conformity with Article 7 (1) obtains a good discharge to the extent of his payment.[20]

Availability of defences and set-off

Though the detailed rules differ from country to country, there is general agreement that the debtor may raise against an assignee all defences that would be available to him against the supplier and also all rights of set-off which the debtor could have asserted against the assignor at the time of the debtor's receipt of notice of assignment. This principle is embodied in Article 8.

Debtor's right of recovery from factor

A much debated issue was whether, and if so in what circumstances, a debtor who made payment to the factor in advance of performance by the supplier should have a right to recover his payment from the factor if the supplier failed to perform his obligations or performed them defectively. For the factors it was contended that just as the debtor's position should not be adversely affected by an assignment, so also it should not be improved by giving him a right of action against two parties instead of one. Further, it was unfair that the factor, having paid or become liable to pay the purchase price of the debt to the supplier, should have to refund the debt it had bought. However, a number of representatives were concerned at the debtor's position in the event of the supplier's insolvency and found it anomalous that a debtor who had not honoured his payment obligation to the factor should be entitled to withhold payment by way of defence, whereas the debtor who had paid promptly would have no right of recovery. Again, a comprise has been reached. Article 9 (1) gives a general immunity to the factor, but Article 9 (2) entitles the debtor who has a claim against the supplier to recover money paid to the factor to the extend that the factor has not paid the supplier or where at the time of payment to the supplier the factor knew of the supplier's non-performance. First, the debtor must have a claim against the supplier for recovery of the price. Secondly, the factor must either have paid the supplier of the receivable of incurred a liability to do so.

Exclusion of the Convention

The application of the Convention may be excluded either in the factoring contract or in the sale contract, but in the latter case the exclusion is effective only as regards receivables arising after the factor has received notice of the exclusion.[21] However, the Convention can only be excluded as a whole; it is not open to the parties to exclude parts only of the Convention or to vary any of its provisions.[22] It was felt that a partial exclusion or variation would disturb the balance which the draft Convention seeks to achieve between the interests of the various parties.

7. CONCLUSIONS ON THE DRAFT CONVENTION

The Convention is designed to facilitate international factoring without interfering with the right of factoring companies to make their own bargains with their clients (the suppliers) and with other factors. The Convention does not purport to be an exhaustive Code. It provides the framework within which national laws would continue to operate to a considerable extent in very much the same way as now. If the Convention is adopted and is found successful it may form the basis for a broader set of uniform rules dealing with the transfer of intangibles. But experience in the harmonisation of laws has shown that it is sensible to start with a more modest objective, enlisting the support and involvement of those who are actually engaged in the business activity concerned and are thus best able to identify the areas of difficulty and doubt.[23]

NOTES

1 In most jurisdictions this is by assignment. France is exceptional in that for technical legal reasons the method employed is not assignment but subrogation. A law passed a few years ago (no. 81–1 of 2nd January 1981) has greatly facilitated the assignment of debts but is considered unlikely to alter the traditional method of factoring by subrogation. For ease of exposition, I have assumed throughout this paper that S factors to a factor in his own country, which is the typical case. But not infrequently S factors his receivables directly to a factor in D's country. This is known as direct import factoring.
2 The first decision under these Rules was given in Amsterdam in September 1981, when the Arbitrators held that EF's breach of its warranty under art. 15 (f) of the FCI that EF was factoring all S's receivables from an approved customer, when in fact a substantial proportion of the customer's indebtedness was collected by S direct, entitled IF to refuse payment under the recourse provisions. The specific provisions of art. 15 (f) were more stringent in this respect than the general provisions of art. 9.
3 However, where D is a distributor IF may enter into a back-to-back factoring agreement with D to factor the latter's receivables, so that D is both a customer of S and a client of IF. This enables IF to look to the credit balance held for D as client to secure payment of sums due from B as customer, thus providing the security without which EF, if refactoring on a recourse basis, might not have been willing to factor S's receivables at all.
4 *Dearle v. Hall* (1828) 3 Russ. 1.
5 W. Fikentscher, *Schuldrecht* (6th edn.), p. 321; R. Serick, *Eigentumsvorbehalt und Sicherungsübertragung*, vol. IV, pp. 563, 604.
6 *Fijn van Draat v. N.V. Crediejmij. De Nederlanden*, NJ 1934, 343.
7 This depends on whether the rule in *Dearle v. Hall* applies to competing equitable interests where one of these does not arise by way of assignment. In the writer's opinion, it does. For a contrary view, see D. W. McLauchlan (1980) 96 L.Q.R. 90 at pp. 95–98.
8 The point here is that only non-recourse factoring is considered true factoring. The buyer is entitled to factor receivables a genuine factoring agreement, so that the factor will have priority over the original seller regardless of the time of assignment. See BGH 7.6.1978, NJW 1978, 1972, 1973; and Serick, *op. cit.* pp. 574 *et seq.;* C.-W. Canaris: *Verlängerter Eigentumsvorbehalt und Forderungseinzug durch Banken*, NJW 1981, 249 *et seq.* The Federal Supreme Court has recently decided that where, by contrast, the factor has a right of recourse against its client, the above principle does not apply and the time of assignment is decisive. See BGH 14. 10. 1981, NJW 1982, 164, 165; also R. Serick: "Befremdliches" zur Behandlung der Barvorschußtheorie beim Factoring-Geschäft?, NJW 1981, 794 *et seq.;*
U. Drobnig: *Sicherungsrechte im deutschen Konkursverfahren,* – RabelsZ 44 (1980), 796; H.-G. Graf Lambsdorff: *Anmerkung zu OLG Bremen* 24. 4. 1980, ZIP 1980, 546 *et seq.*
9 Concluded at Rome in 1980.
10 Study LVIII – Doc. 1, March 1976.
11 Defined to include the supply of services (art. 1.2).
12 Art. 2 (1)

13 I.e. (a) when the supplier, the debtor and the factor have their places of business in Contracting States; or (b) when both the contract of sale and the factoring contract are governed by the law of a Contracting State (art. 2 (1)). If a party has more than one place of business, the place of business is that which has the closest relationship to the contract and its performance, having regard to the circumstances known to or contemplated by the parties at any time before or at the conclusion of the contract (art. 2 (2))
14 Art. 1 (1) (c)
15 Art. 1 (1) (a), (b)
16 Art. 10 (1)
17 *Fall. soc. Saer v. Banca Communicaz.* Foro Italiano 1978, 302 (Corte di Cassazione)
18 BGH 19, 9, 97, NJW 1977 2207, 2208, Serick, op. cit. pp. 570 et seq. But global assignment is permitted only for "genuine" (i.e. non-recourse) factoring. In other cases it is considered by the Federal Supreme Court to be against public policy. See BGH 14, 10, 1981, NJW 1982, 164, 166 et seq.; Serick, NJW 1981, 794 et seq.
19 See R. M. Goode, "A Uniform Law on International Factoring" in *Unification* (a Liber Amicorum for J. G. Sauveplanne) at p. 98, Utrecht 1984.
20 Art. 7 (2)
21 Art. 3 (1), (2)
22 Art. 3 (3)

I should like to thank Professors Drobnig, Sauveplanne and Libonati as well as Rechtsanwalt Stoppok for their advice on Dutch, Italiean and German law respectively, Mr. F. R. Salinger for his helpful comments on the draft of this paper and Credit Factoring International, the Heller Group and International Factors for information supplied concerning their respective organisations.

Zusammenfassung

Internationales Factoring wird meist im Rahmen von Factoringgruppierungen abgewickelt. Der Exporteur überträgt Auslandsforderungen an einen (Export-)Factor, der diese an einen (Import-)Factor im Lande des Schuldners überträgt. Bei Einschaltung des internationalen Factoring bestehen folgende Beziehungen: Exporteur/Importeur aus Kaufvertrag; Exporteur/Export-Factor aus Factoringvertrag; Export-Factor/Importeur nur in Ausnahmefällen; Export-Factor/Import-Factor aus (meist standardisiertem) Forderungskauf- oder Inkassovertrag; Importfactor/Importeur: Import-Factor ist Empfangsberechtigter des Kaufpreises.

Von den verschiedenen Möglichkeiten, die im internationalen Factoring aufkommenden rechtlichen Probleme zu vermindern, hat sich eine Expertengruppe von UNIDROIT, dem internationalen Institut zur Vereinheitlichung des Privatrechts in Rom, für eine „Convention on International Factoring" entschieden. Der Entwurf der „Convention" betrifft nur grenzüberschreitendes Factoring, und zwar ausschließlich Forderungen gegen gewerbliche Käufer. Die Abtretung muß dem Verkäufer mitgeteilt werden. Bei Beachtung bestimmter Formvorschriften soll eine Abtretung im Rahmen des internationalen Factoring auch dann wirksam sein, wenn die Kaufvertragsbedingungen ein Abtretungsverbot enthalten. Für die Prioritätsfrage soll das Abtretungsrecht im Verkäuferland maßgebend sein.

Der Entwurf der „Convention" wird nunmehr einer diplomatischen Konferenz vorgelegt, die im Mai 1988 auf Einladung der kanadischen Regierung stattfindet.

IV.
INTERNATIONALES FACTORING
INTERNATIONAL FACTORING

Factor-Bank
Austria

Factor-Bank Ges.m.b.H.
Das Factoring-Institut der führenden Banken Österreichs.

A-1014 Wien, Graben/Naglergasse 1
Telefon (0 22 2) 533 17 76, Telex 115433

Mitglied der International Factors Group

1. Wirtschaftliche Bedeutung des Internationalen Factoring
Economic Aspects of International Factoring

Harald Schranz

Gliederung

	Seite
1. Einleitung	165
2. Entwicklung Anzahl Factoring-Gesellschaften	166
2.1. Durchschnittlicher Umsatz je Factoring-Gesellschaft	167
3. Umsatzentwicklung gesamt	168
3.1. Umsatzentwicklung Inlandsgeschäft/internationales Geschäft	169
4. Internationales Factoring	172
4.1. Parteien im internationalen Factoring	173
4.2. Beziehungen und Grundlagen der Zusammenarbeit	173
4.3. Ausprägungsformen und Abwicklungsstufen im internationalen Factoring	174
4.3.1. Two-Factor-System	174
4.3.2. Direktes Import-Factoring	176
4.3.3. Direktes Export-Factoring	178
4.3.4. Back-to-Back-Factoring	180
5. Zusammenfassung	182

1. EINLEITUNG

In diesem Beitrag wird nach einer kurzen Analyse des Factoring-Marktes unter Beachtung des Anteiles und der Entwicklung des internationalen Factorings im besonderen auf die unterschiedlichen Ausprägungsformen des internationalen Factorings eingegangen.

Unter „interntionalem Factoring" sollen jene Abwicklungsarten verstanden werden, bei denen zumindest ein Partner der Transaktionen seinen Sitz im Ausland hat.

Das bedeutet, daß sowohl das Direkte Import-Factoring als auch das Direkte Export-Factoring wie auch die klassische Form des Two-Factor-Systems dem internationalen Factoring zuzuordnen sind. Eine Beschreibung dieser Ausprägungsformen findet unter Punkt 4.3. statt.

Generell sei festgehalten, daß nur sehr ungenaue Statistiken, die in erster Linie auf eigenen Angaben von Factoring-Gesellschaften beruhen, über die Entwicklung von Factoring und insbesondere über den Anteil des internationalen Geschäftes existieren.

Die nachfolgenden Analysen beziehen sich auf Erhebungen, die von der Factors Chain International (FCI) Amsterdam, jährlich durchgeführt werden.

Aufgrund der starken Schwankungen der DM/Dollar-Parität im untersuchten Zeitraum wird das Factoring-Volumen sowohl auf Dollarbasis als auch auf DM-Basis umgerechnet dargestellt.

Im Hinblick auf gesicherte Aussagen wäre es wünschenswert, wenn nach überregional geltenden Gesichtspunkten (beispielsweise die Struktur des Inlands- und Auslandsgeschäfts), die Aussagefähigkeit dieser Statistiken erhöht würde bzw. in den jährlichen Geschäftsberichten der Gesellschaften entsprechende Informationen enthalten sein würden.

2. ENTWICKLUNG ANZAHL FACTORINGGESELLSCHAFTEN

Das Wachstum von Factoring wird einerseits bestimmt durch Aquisitionsbemühungen bereits bestehender Factoring-Gesellschaften aber auch durch die steigende Anzahl von Gesellschaften, die Factoring-Leistungen und -Finanzierung anbieten.

Insbesondere die Anzahl der Factoring-Gesellschaften hat sich im untersuchten Zeitraum fast verdoppelt. Können für das Jahr 1980 weltweit 157 Anbieter festgestellt werden, so erhöhte sich die Anzahl 1985 auf fast 300.

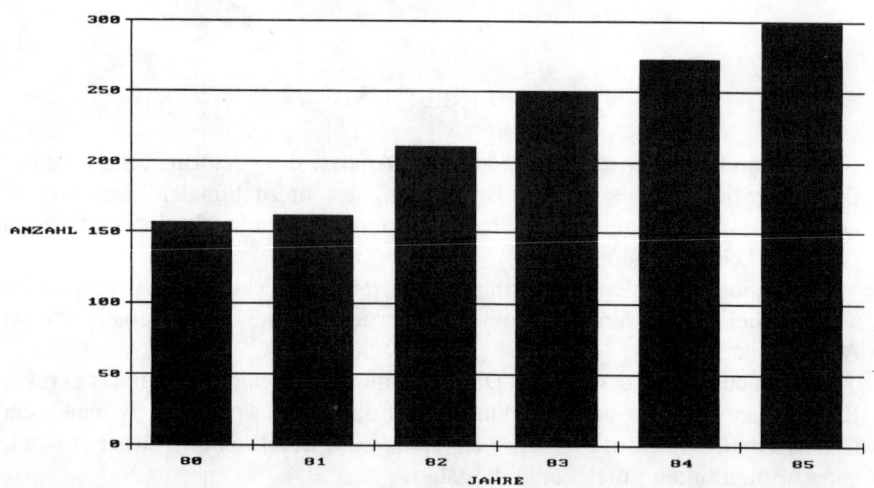

Entwicklung Anzahl Factoringgesellschaften
Number of Factoring Companies

Für Europa verlief die Entwicklung ungefähr dem weltweiten Trend entsprechend. Für den asiatischen Raum kann eine explosionsartige Steigerung von 14 Anbietern im Jahr 1980 auf 72 Anbieter 1985 festgestellt werden.

In Amerika ist ein Stagnieren bzw. ein leichter Rückgang festzustellen.

Ursache für die rückläufige Anzahl von Factoring-Gesellschaften in den USA ist eine geänderte Denkungsweise von Banken, die in den 60er und 70er Jahren sehr stark in den Factoring-Markt eingestiegen sind und eigene Factoring-Gesellschaften gegründet haben.

Sie sahen damals Chancen für Wachstum auch in anderen als den traditionellen Branchen wie Kleidung und Textilien. Nachdem sich diese Vorstellungen jedoch nicht entsprechend realisieren ließen, zogen sie sich Anfang der 80er Jahre wieder zurück. Die Anzahl der großen Factoring-Gesellschaften hat sich von 35 im Jahre 1980 auf 25 im Jahre 1985 durch Zusammenschlüsse bzw. Schließungen reduziert (vgl. Doherty Brian in: „Facts and Figures Behind the Factoring Shakeout", Daily News Record vom 14. April 1986, Seite 10).

Die Anzahl von Gesellschaften in Afrika und Australien ist wohl gestiegen, aber noch unbedeutend.

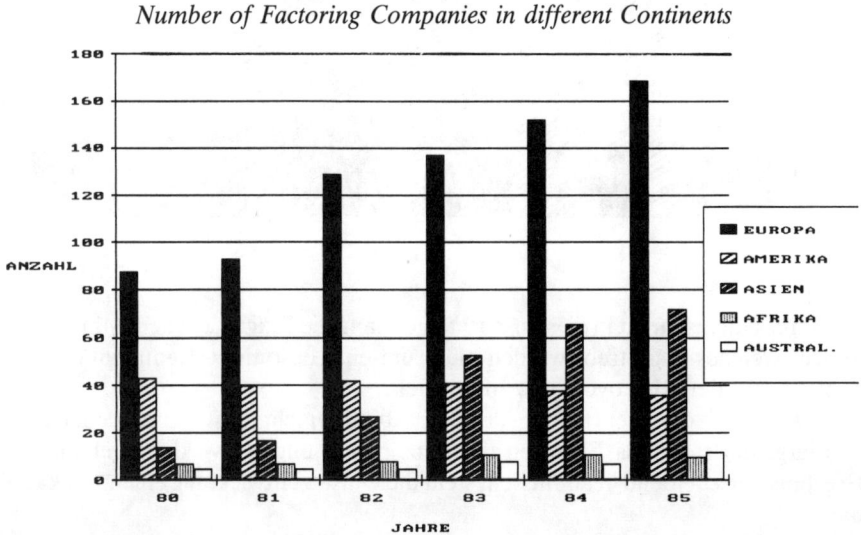

Factoringgesellschaften nach Kontienenten
Number of Factoring Companies in different Continents

2.1. Durchschnittlicher Umsatz je Factoring-Gesellschaft

Durch die steigende Anzahl von Factoring-Anbietern, die neu auf den Markt hinzukommen, entwickelt sich der durchschnittliche Umsatz je Factoring-Gesellschaft nach einem leichten Anstieg 1982 bis 1984 im Trend leicht rückläufig (sowohl auf Dollar- als auf DM-Basis).

Hat der durchschnittliche Umsatz je Factoring-Gesellschaft 1980 rd. 1,1 Mia. DM betragen, wurde 1985 ein durchschnittlicher Umsatz von knapp 1 Mia. erzielt.

Dieser Trend ist auch unter dem Gesichtspunkt der Konzentration von Factoring-Anbietern in den USA verstärkt zu sehen, da dort im untersuchten Zeitraum durch Zusammenschlüsse und Fusionen die Anzahl der Factoring-Gesellschaften rückläufig ist.

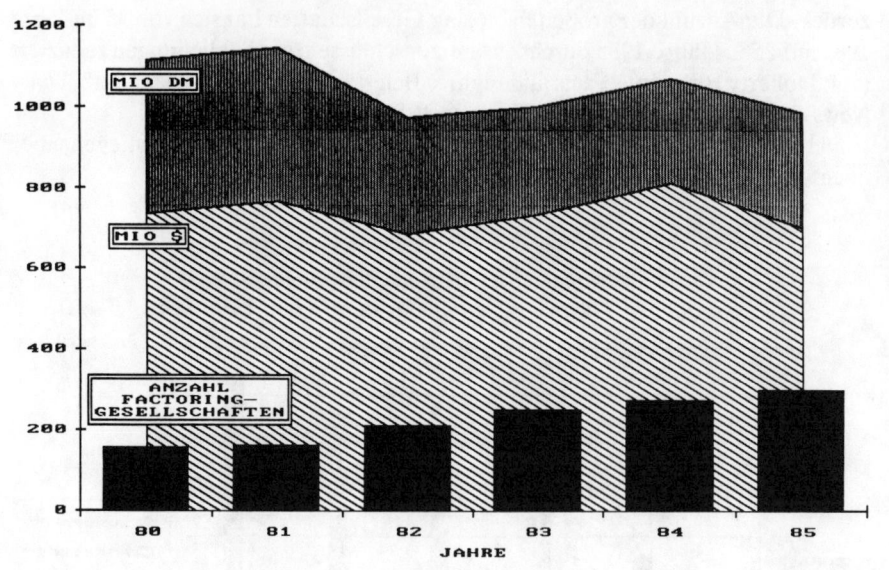

Umsatz/Factoringgesellschaft − Anzahl Factoringgesellschaften
Turnover per Factoring Company − Number of Factoring Companies

Interessant erscheint in diesem Zusammenhang die Frage nach dem Mindestvolumen, welches angestrebt werden muß, um eine bestimmte Rentabilität unter dem Aspekt der Risikovorsorge zu erzielen.

Obwohl bei der Beurteilung der Rentabilität nicht das Umsatzdenken im Vordergrund steht, da Faktoren wie Zinsspanne und Abwicklungsgebühr das Ergebnis entscheidend beeinflussen, stellt die Umsatzentwicklung einen Indikator dar.

Es sei jedoch die Hypothese aufgestellt, daß die Ertragskraft von Factoring-Gesellschaften unter 500 Mio DM Jahresvolumen, auch unter Berücksichtigung der jeweiligen Risikostreuung, nur schwer eine entsprechende Risikovorsorge erwarten läßt.

3. UMSATZENTWICKLUNG GESAMT

Die Daten, insbesondere über die Umsatzentwicklung in den einzelnen Ländern und die Anzahl der Factoring-Gesellschaften werden von der FCI erfaßt und beruhen wie erwähnt auf Angaben einzelner Factoring-Gesellschaften. Sie betreffen jedoch nicht nur FCI-Mitglieder, sondern berücksichtigen auch weitere Mitbewerber anderer Factoring-Organisationen wie Heller Overseas Corporation und der International Factors Group.

In den nachfolgenden Grafiken werden die Werte von 1980 bis 1985 dargestellt, wobei einige signifikante Aussagen zu treffen sind.

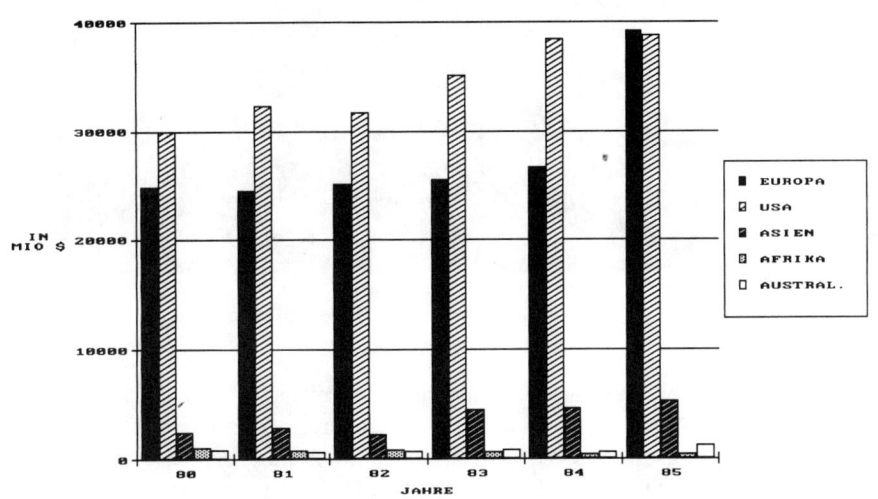

Umsatzentwicklung nach Kontinenten
Turnover per Continent

Die Struktur des Factoring-Geschäftes nach Kontinenten zeigt deutlich die Vormachtstellung Europas und der Vereinigten Staaten.

Während zu Beginn der 80er Jahre noch ca. 50% des Gesamtvolumens auf die USA entfielen und knapp 42% auf Europa, hat sich 1985 diese Relation zugunsten Europas auf rund 46% zu 45% verschoben.

Einen relativ großen Aufschwung zeigen die Länder Asiens (z. B. Japan, Singapur, Südkorea, Malaysia), deren Anteil im untersuchten Zeitraum von rund 4% auf 6% gestiegen ist.

Für Afrika ist ein Rückgang festzustellen, der Anteil Australiens ist mit rund 1,5% konstant geblieben.

3.1. Umsatzentwicklung Inlandsgeschäft/internationales Geschäft

Auf Dollar-Basis hat sich das Factoringvolumen gesamt (nationales und internationales Geschäft) von rd. 60 Mia. Dollar im Jahr 1980 auf rund 85 Mia. Dollar im Jahr 1985 erhöht. Dies entspricht einer Steigerung von ca. 43%.

Das internationale Factoring ist in diesem Zeitraum um rd. 20% auf 4,34 Milliarden Dollar gewachsen.

Umsatzentwicklung national/international
Turnover domestic/international factoring

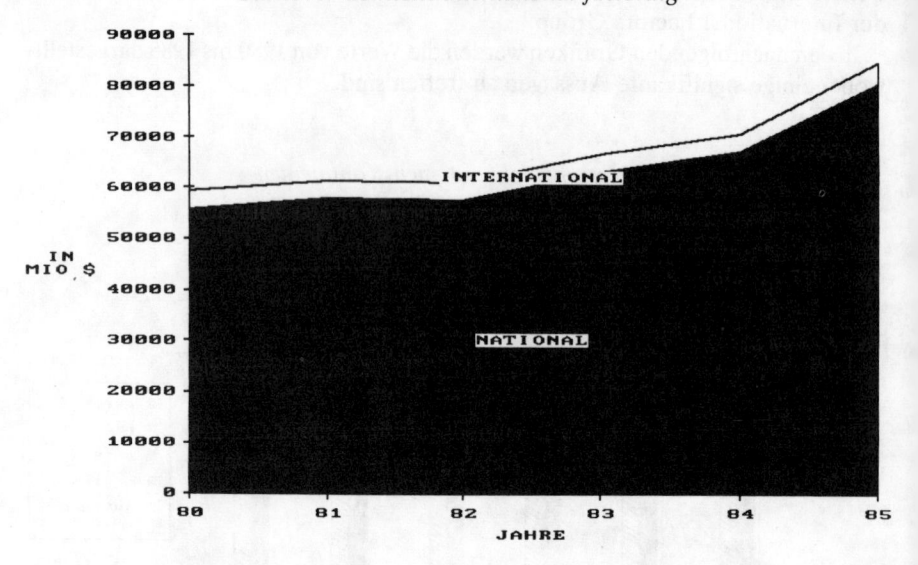

[Diagram: Stacked area chart showing NATIONAL and INTERNATIONAL turnover in Mio. $ from years 80 to 85, with values ranging from 0 to 90000.]

Auf DM-Basis ergeben sich, im untersuchten Zeitraum, trotz des nominellen Rückganges 1984 auf 1985, durch die Veränderung der Dollar-DM-Parität, höhere Steigerungsraten. Das Gesamtwachstum beträgt ca. 82%, wobei das internationale Geschäft um ca. 52% ausgeweitet werden konnte.

1970 hat das angekaufte Forderungsvolumen insgesamt ca. 115 Mia. DM betragen, 1985 ca. 210 Mia. DM. Das Volumen des internationalen Factoring konnte von 7 Mia. DM im Jahr 1980 auf 10,7 Mia. DM im Jahr 1985 erhöht werden.

Der Anteil des internationalen Geschäftes liegt weltweit bei rund 5 bis 6% des Gesamtvolumens, wobei Europa mit rund 9 bis 10% Anteil des internationalen Geschäftes klar an der Spitze liegt.

Maßgebenden Einfluß auf diese Entwicklung haben Gesellschaften in der Bundesrepublik Deutschland, Niederlande und Großbritannien.

Einzelne Factoring-Gesellschaften, die Exportfactoring besonders forcieren, haben natürlich einen wesentlich höheren Anteil des internationalen Geschäftes als der länderweise Durchschnitt repräsentiert. Man kann klar erkennen, daß insgesamt der Schwerpunkt des Factoring-Geschäftes aber im inländischen Bereich liegt, wenngleich die Möglichkeiten des internationalen Factoring, insbesondere die einfache Abwicklung als sehr gut zu beurteilen sind.

Viele Gesellschaften sammeln ihre Erfahrungen zuerst im Inlandsgeschäft und weiten die Aktivitäten sukzessive auf den Auslandsbereich aus. Dies trifft auch auf einzelne Gesellschaften in asiatischen und südamerikanischen Ländern zu, die noch kein Geschäft im internationalen Bereich anbieten.

Obwohl die Entwicklung von 1980 bis 1985 als relativ konstant zu bezeichnen ist, sollten langfristig gesehen die Vorteile dieser Finanzierung und Absicherung zu einem höheren Anteil des internationalen Geschäftes führen.

Umsatzentwicklung intern. Factoring nach Kontinenten
Turnover intern. factoring per Continent

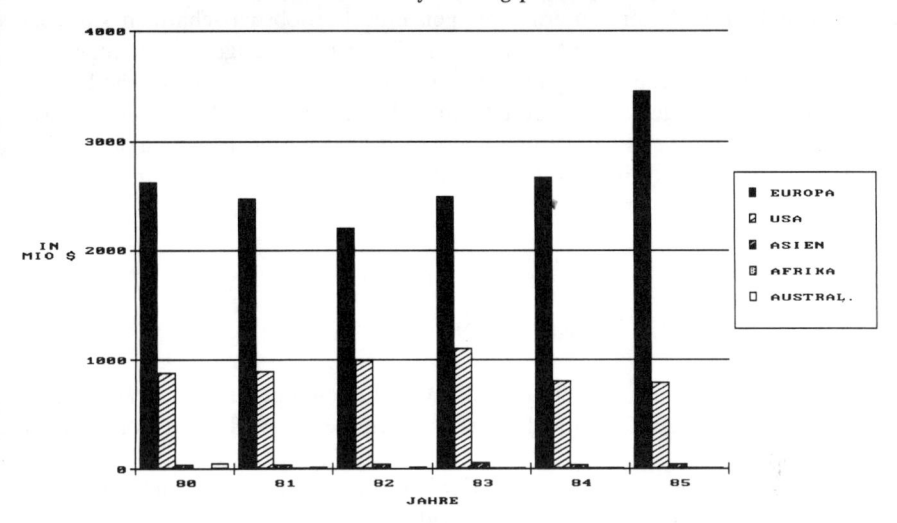

[Balkendiagramm: IN MIO $ (0–4000) über JAHRE 80–85; Legende: EUROPA, USA, ASIEN, AFRIKA, AUSTRAL.]

Das internationale Factoring wird in erster Linie vom Volumen in Europa und den USA getragen. Auf Dollar-Basis stehen einem steigenden internationalen Geschäft in Europa rückläufige Umsätze in Amerika gegenüber. Das internationale Geschäft in den anderen Kontinenten ist insgesamt gesehen noch relativ unbedeutend, wenngleich man der zukünftigen Entwicklung in Asien Augenmerk schenken wird müssen.

Die Entwicklung des internationalen Factoring weist beispielsweise in der Bundesrepublik Deutschland 1985 sehr hohe Zuwachsraten auf. Das Auslandsgeschäft beträgt 1985 rund 20% des Gesamtumsatzes; dies bedeutet eine weitere Erhöhung des Anteils am Gesamtvolumen gegenüber den Vorjahren.

Im Export-Factoring betrug der Zuwachs rund 28%, auf der Importseite rund 17%. Nach Aussagen des Deutschen Factoring-Verbandes liegt die Bundesrepublik Deutschland im internationalen Factoring weltweit nach den Vereinigten Staaten an 2. Stelle. An 3. Position folgen die Niederlande (vgl. Wassermann in: FLF 4/1986, Seite 144).

Die Ursachen für die insgesamt relativ niedrige Verbreitung des internationalen Factoring sind nicht eindeutig erkennbar.

Doch haben sicherlich diverse staatliche Exportförderungs- und Finanzierungsverfahren durch ihre Stützung und daher nicht marktkonforme Finanzierung auch negativen Einfluß auf das Factoring-Geschäft.

Der durch Inanspruchnahme solcher Förderungen relativ große administrative Aufwand auf dem Gebiet der Überwachung der Förderungsbedingungen bzw. bei Geltendmachung der Garantiebeträge wird von exportorientierten Unternehmungen oftmals zu wenig kalkuliert.

Als weiterer Grund ist auch die Problematik von Zessionsverboten generell anzuführen. Viele Unternehmen haben in ihren Lieferbedingungen die Klausel enthalten, daß ihre Forderungen nicht weiter abgetreten oder verkauft werden dürfen. Diese Bestimmungen gelten auch für Factoring-Gesellschaften. So wird den Abnehmern dieser Unternehmungen eine betriebswirtschaftlich sinnvolle umsatzadäquate Finanzierungsmöglichkeit dieser Forderungen genommen.

Hier würden international gültige Bestimmungen bzw. Richtlinien die Rechtsunsicherheit in einigen Staaten beseitigen helfen, so daß diese Finanzierungsmöglichkeiten verstärkt genützt werden könnten. Verhandlungen auch in diese Richtung werden von der UNIDROIT (International Institute for the Unification of Private Law, Rom) geführt.

4. INTERNATIONALES FACTORING

Factoring wird auch im internationalen Geschäft als der Ankauf von Forderungen, hier als der Ankauf von Export-Forderungen bzw. Import-Forderungen verstanden.

Die Exportforderungen werden in der Regel sofort nach Entstehen mit 70 bis 90% des Fakturenbruttowertes bevorschußt.

Der Exporteur erhält über alle Bewegungen, soweit sie die Debitoren betreffen, Aufzeichnungen in Landes- oder Fremdwährung (sales ledger administration). Insbesondere werden Informationen über die Fälligkeit und Struktur der Forderungen, nach Größenordnung bzw. nach Exportländern sortiert, zur Verfügung gestellt.

Wichtig ist ebenso eine Aufstellung jener Forderungen, denen Reklamationen (disputes) zugrundeliegen. Durch diese Unterlagen hat das Management der mit Factoring arbeitenden Unternehmen aktuelle, wertvolle Entscheidungshilfen zur Hand.

Neben der Finanzierung übernimmt der Factor auch das Risiko der von ihm angekauften Forderungen (protection against credit risks).

Diese Absicherung erfolgt zu 100%, also ohne Selbstbehalt des Exporteurs.

Das Factoring-Institut übernimmt auch das Mahn- und Inkassowesen (collection service) im Falle der nicht fristgerechten Zahlung der Forderung.

Gerade diesem Aspekt muß besondere Beachtung geschenkt werden. Im Hinblick auf das Mahnwesen wird oft der Einwand gebracht, daß auch ein im Ausland ansässiger Vertreter des Exportunternehmens den direkten Kundenkontakt hat und damit auch Einfluß auf das Mahnwesen nehmen kann.

Die Erfahrung zeigt, daß der Vertrieb in der Regel nicht mit Agenden des Rechnungswesens betraut werden soll. Es besteht ein Interessenkonflikt zwischen umsatzorientiertem Verkauf und bonitätsbewußtem Inkassowesen. Durch die Zusammenarbeit mit einem Factoring-Institut wird der Vertrieb von diesen Problemen befreit.

Bei Zahlungsunfähigkeit des Abnehmers wird der Forderungsausfall nach klar definierten Richtlinien (meistens 100 Tage nach Fälligkeit der Fakturen) dem Exporteur ersetzt. Voraussetzung ist jedoch, daß die Lieferung mängelfrei erfolgt ist.

Im Kapitel über die unterschiedlichen Ausprägungsformen des internationalen Factorings wird auch auf die Möglichkeiten der Finanzierung eingegangen, wobei hier jedoch länderweise auch devisenrechtliche Aspekte der jeweiligen Notenbanken berücksichtigt werden müssen.

4.1. Parteien im internationalen Factoring

Um einer Begriffsvielfalt vorzubeugen, seien vorweg kurz die beteiligten Parteien im internationalen Geschäft erläutert.

Im internationalen Factoring sind je nach Art der Abwicklung bis zu 4 Parteien involviert.
1) Exporteur (Exp.): liefert grenzüberschreitend Ware oder Dienstleistung;
2) Importeur (Imp.): empfängt grenzüberschreitend Ware oder Dienstleistung;
3) Export-Factor (EF): Factoring-Institut im Land des Exporteurs, welches die Exportforderungen ankauft und gegenüber dem Exporteur die Abwicklung bzw. Absicherung übernimmt;
4) Import-Factor (IF): Factoring-Institut im Importland, welches nach Prüfung der Bonität des Importeurs (Abnehmer) im Innenverhältnis dem Export-Factor die Bonität des Importeurs bzw. die Einbringlichkeit der Forderungen garantiert.

Üblicherweise stehen dem Import-Factor durch Kenntnis der Gegebenheiten im Importland bessere Informationsmöglichkeiten zur Beurteilung der Bonität des Importeurs zur Verfügung als aus der Sicht des Exporteurs bzw. des Export-Factors.

Im Falle der Beitreibung von überfälligen Forderungen können rechtliche Aspekte zielführender behandelt und Schwierigkeiten beim Inkasso in der jeweiligen Landessprache geregelt werden.

4.2. Beziehungen und Grundlagen der Zusammenarbeit

Basis für die Zusammenarbeit Exporteur und Export-Factor ist ein Factoring-Vertrag, in dem der Exporteur alle Forderungen aus Warenlieferungen und Leistungen generell aus Exporten bzw. aus Exporten in ein bestimmtes Land abtritt.

Der Export-Factor übernimmt nach Maßgabe der Möglichkeiten das Delkredere-Risiko sowie buchhalterische Agenden (z. B. Fremdwährungsverbuchung) und die Finanzierung.

Da die Sätze für die Absicherung länderweise unterschiedlich sind, können im Factoring-Vertrag ein Pauschalsatz (flat rate) nach Struktur der Exportforderungen bzw. länderweise unterschiedliche Sätze angeführt werden.

Im Factoring-Vertrag werden auch der Prozentsatz der Bevorschussung und die Finanzierungskosten (Zinssatz) festgelegt.

Die Beziehungen zwischen Export-Factor und Import-Factor regeln bilaterale Abkommen (Interfactor-agreements). Diese enthalten Bestimmungen über die

Art der Abwicklung, insbesondere Fristen und Bestimmungen bezüglich Limitanfragen, Garantiezahlungen, den Zahlungstransfer, Zahlungsmodalitäten betreffend Gebühren der Abwicklung und Bestimmungen über den jeweiligen Abtretungsvermerk.

Basis für diese bilateralen Abkommen kann eine überregional (von den jeweiligen internationalen Factoring-Dachorganisationen) abgeschlossene Vereinbarung über die grundsätzliche Zusammenarbeit sein (z. B. „Code of International Factoring Customs" der Factors Chain International).

4.3. Ausprägungsformen und Abwicklungsstufen im internationalen Factoring

Um das Zusammenspiel und die Aufgabenteilung der beteiligten Parteien im internationalen Factoring darzustellen, werden bei den einzelnen Verfahren die Aktivitäten in chronologischer Reihenfolge dargestellt. Da die klassische Form der internationalen Factoringabwicklung das Two-Factor-System darstellt, werden zuerst die Abwicklungsstufen dieser Variante erläutert, bei den anderen Verfahren wird auf Abweichungen hingewiesen.

4.3.1. Two-Factor-System

1) Limitanfrage/Delcredereabsicherung
2) Lieferung/Fakturenversand
3) Finanzierung
4) Zahlung

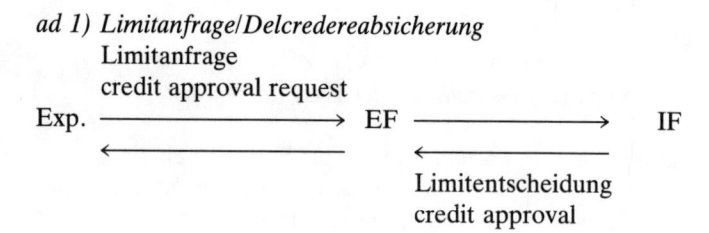

ad 1) Limitanfrage/Delcredereabsicherung
    Limitanfrage
    credit approval request
Exp. ———————→ EF ———————→ IF
    ←———————   ←———————
                                  Limitentscheidung
                                  credit approval

In der Regel fragt der Exporteur vor Vertragsabschluß bzw. Auftragsannahme den abzusichernden Betrag bei seinem Export-Factor an (Limitanfrage).

Die Limitanfrage enthält Angaben über den Abnehmer bzw. Importeur (Firmenwortlaut, Adresse), die Höhe des benötigten Limits, das gewährte Zahlungsziel sowie auch Angaben über die Art bzw. die Spezifikation der Ware.

Für Zwecke der Kalkulation durch den Import-Factor sind auch Anzahl der Abnehmer je Exportland sowie Anzahl der voraussichtlichen Fakturen von Bedeutung. In der Regel liegt der Kalkulation ein Mengengerüst der abzuwickelnden Fakturen zugrunde.

Eine hohe Fakturenanzahl mit geringem durchschnittlichen Fakturenwert bedeutet in Relation zum Umsatz eine höhere Belastung als ein hohes Umsatzvolumen mit einer geringen Fakturenanzahl.

Die Höhe des Limits richtet sich nach dem Auftragswert bzw. bei revolvierender Belieferung, unter Berücksichtigung der vereinbarten Zahlungsziele, nach dem zu erwartenden Höchststand der Forderungen.

Der Export-Factor fragt nun seinerseits beim Import-Factor das gewünschte Limit an. Bei Bestätigung informiert der Export-Factor den Exporteur, der nun zu 100% abgesichert die Lieferung durchführen kann.

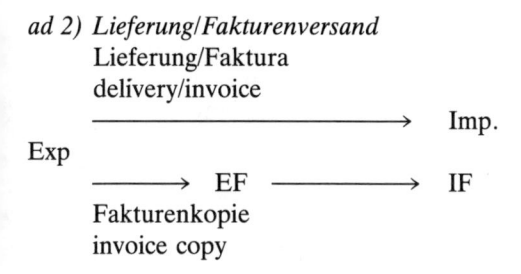

ad 2) Lieferung/Fakturenversand

```
        Lieferung/Faktura
        delivery/invoice
        ─────────────────────►   Imp.
Exp
        ─────►   EF   ─────►   IF
        Fakturenkopie
        invoice copy
```

Der Exporteur liefert die Ware; gleichzeitig versendet er die Faktura mit dem entsprechenden Abtretungsvermerk an den Importeur und eine Fakturenkopie an den Export-Factor.

Der Abtretungsvermerk enthält die Klausel, daß die Forderungen aus dieser Faktura an den Import-Factor übertragen sind, wobei auch die Konto-Nummer, auf die der Importeur zu zahlen hat, angeführt ist.

Dieser Abtretungsvermerk wird meist in der Form eines Stempels oder Aufklebers in der Landessprache des Importeurs bzw. Import-Factors dem Exporteur zur Verfügung gestellt.

Der Import-Factor verbucht nach Erhalt der Fakturenkopie die Forderungen unter besonderer Berücksichtigung der Fälligkeit.

Beim Import-Factor werden sämtliche wesentlichen Daten der Exporttransaktion erfaßt, die Kontobewegungen, Fälligkeits- und Fristenübersichten sind jederzeit abrufbar und werden in regelmäßigen Abständen dem Export-Factor bzw. dem Exporteur zur Verfügung gestellt.

ad 3) Finanzierung

```
        Bevorschussung/Finanzierung
        advance payment/financing
EF      ─────────────────────►   Exp.
```

Nach Lieferung bzw. Fakturenversand finanziert der Export-Factor dem Exporteur den Rechnungsbetrag mit dem im Factoring-Vertrag vereinbarten Bevorschussungsprozentsatz des Fakturenbruttowertes (70% bis 90%).

Die Zinsen für diese Finanzierung werden üblicherweise nur für den Zeitraum der tatsächlichen Inanspruchnahme verrechnet, d. h. bis Gutschrift des Zahlungseinganges bzw. bei Insolvenz des Importeurs bis Vorlagezahlung durch den Import-Factor.

ad 4) Zahlung

			Gutschrift in Höhe des nicht bevorsch. Rechn.betrages
Zahlung 100%	Weiterleitung		− of the non-advanced amount
payment	transfer		of the invoice
Imp. ⎯⎯⎯⎯→	IF ⎯⎯⎯⎯→	EF ⎯⎯⎯⎯⎯⎯⎯⎯⎯⎯→ Exp.
bei Zahlungs-	Garantie-		Weiterleitung in Höhe vom
unfähigkeit	zahlung		nicht bevorschußten
financial	payment under		Rechnungsbetrag
inability	guaranty		transfer of the non-advanced amount of the invoice

Erfolgt die fristgerechte Zahlung des Importeurs an den Import-Factor, so leitet dieser den Betrag sofort an den Export-Factor weiter und verbucht auch den Zahlungseingang.

Der Export-Factor, der diese Forderungen bevorschußt hat, überweist dem Exporteur den nicht finanzierten Forderungsbetrag (10% bis 30%).

Sollte das Zahlungsziel nicht eingehalten werden, mahnt der Import-Factor den Importeur. Diese Mahnungen erfolgen in der jeweiligen Landessprache. Sollte nach 2 bis 3 Mahnschreiben die Forderung noch nicht beglichen sein, wird auch der Rechtsweg vom Import-Factor beschritten.

Durch die Kundennähe des Import-Factors und Kenntnis der landesspezifischen rechtlichen Voraussetzungen ist dieses Vorgehen sehr effizient.

Spätestens 100 Tage nach Fälligkeit der Faktura tritt jedoch der Import-Factor dem Export-Factor gegenüber in Vorlage und überweist, unabhängig von der Zahlungsfähigkeit des Importeurs, den fälligen Betrag.

Nochmals sei darauf hingewiesen, daß die Forderung jedoch unbestritten sein muß, d. h. daß beispielsweise keine Reklamationen an der gelieferten Ware aufgetreten sind.

4.3.2. *Direktes Import-Factoring*

Im Gegensatz zum Two-Factor-System erfolgt die Vertragsgestaltung hier direkt zwischen Exporteur und Import-Factor. Der Exporteur schließt mit einer im jeweiligen Importland ansässigen Factoring-Gesellschaft einen Vertrag, in dem diese sich zur Eintreibung bzw. Absicherung der Forderungen des Exporteurs verpflichtet.

Bei Exporten in verschiedene Länder bedeutet dies einen administrativen Mehraufwand bzw. ist auch Bedacht darauf zu nehmen, daß die von den jeweiligen

Factoring-Gesellschaften zur Verfügung gestellten Informationen und Abwicklungsmodalitäten differieren können.

Beim Two-Factor-System hat der Exporteur nur den Export-Factor als Ansprechpartner, der standardisiert die Informationen zur Verfügung stellt.

Aufgrund länderweise verschiedener devisenrechtlicher Bestimmungen ist eine Vorfinanzierung durch den Import-Factor jedoch nicht immer möglich.

Dieses Verfahren wird daher in erster Linie für Unternehmen interessant sein, die Wert auf die Absicherung legen, jedoch keine sofortige Finanzierung der Forderungen benötigen.

Die Grundzüge der Abwicklung sind jedoch im wesentlichen identisch dem Two-Factor-System.
1) Limitanfrage/Delcredereabsicherung
2) Lieferung/Fakturenversand
3) Zahlung

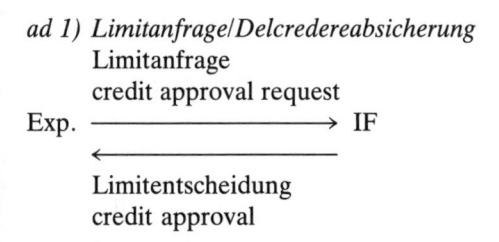

ad 1) Limitanfrage/Delcredereabsicherung
    Limitanfrage
    credit approval request
Exp. ———————————→ IF
    ←———————————
    Limitentscheidung
    credit approval

Die Limitanfrage bzw. Absicherung erfolgt in der gleichen Form wie beim Two-Factor-System beschrieben, jedoch ohne Einschaltung eines Export-Factors, d. h. direkt zwischen Exporteur und Import-Factor.

Nach Limitentscheidung durch den Import-Factor kann die Lieferung, im Rahmen der gewährten Limits abgesichert, erfolgen.

ad 2) Lieferung/Fakturenversand
    Lieferung/Faktura
    delivery/invoice
    ———————————→ Imp.
Exp ———————————→ IF
    Fakturenkopie
    invoice copy

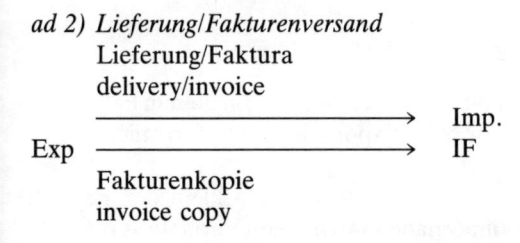

Bei Lieferung erhält der Importeur die Faktura mit dem entsprechenden Abtretungsvermerk. Eine Fakturenkopie wird an den Import-Factor versandt.

ad 3) Zahlung

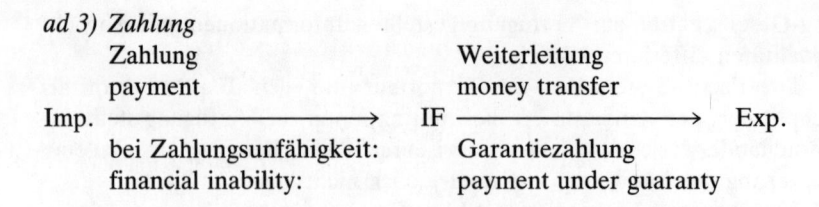

```
            Zahlung                    Weiterleitung
            payment                    money transfer
Imp. ─────────────────────→  IF  ─────────────────────→ Exp.
            bei Zahlungsunfähigkeit:   Garantiezahlung
            financial inability:       payment under guaranty
```

Der Import-Factor kümmert sich nun um die fristgerechte Bezahlung und den Zahlungstransfer an den Exporteur bzw. übernimmt im Falle von Verzögerungen das Mahnwesen.

Bei Insolvenz des Importeurs tritt der Import-Factor dem Exporteur gegenüber vereinbarungsgemäß in Vorlage und leistet den Garantiebetrag.

4.3.3. Direktes Export-Factoring

Beim Direkten Export-Factoring verkauft der Exporteur die Forderungen an eine in seinem Land ansässige Factoring-Gesellschaft. Diese kann dem Exporteur gegenüber die Haftung für die Einbringlichkeit der Forderungen übernehmen, finanziert diese und führt die Debitorenbuchhaltung und das Inkasso durch.

Die Einschaltung einer Factoring-Gesellschaft im Importland entfällt.

Da es in der Regel jedoch schwierig ist, die Bonität der Abnehmer im Importland entsprechend zu beurteilen, um das Risiko der Zahlungsunfähigkeit zu übernehmen, werden bei diesem Verfahren oftmals staatliche Exportgarantiemöglichkeiten genützt und es wird mit einer im Importland ansässigen Kreditversicherung zusammengearbeitet.

So ist eine kostengünstige Absicherung (jedoch meistens mit vereinbartem, länderweise unterschiedlichem Selbstbehalt) und eine für den Unternehmer administrativ einfache Abwicklung möglich.

Bei Zusammenarbeit mit einer staatlichen Exportgarantiegesellschaft kann auch der Export-Factor die Überwachung der Auflagen bzw. Garantiebedingungen übernehmen.

1) Limitanfrage/Delcredereabsicherung
2) Lieferung/Fakturenversand
3) Finanzierung
4) Zahlung

Die Limitanfrage erfolgt in der schon beschriebenen Form; in diesem Fall direkt zwischen Exporteur und Export-Factor bzw. Exporteur und der staatlichen Garantiegesellschaft.

Zur Beurteilung des Risikos bzw. zur Rückversicherung kann der Export-Factor eine Kreditversicherung im Importland einschalten (Variante A).

Ebenso ist es möglich, daß der Exporteur sein Forderungsrisiko durch eine Garantie einer staatlichen Exportgarantiegesellschaft absichert und die Rechte und Ansprüche aus dieser Garantie im Falle der Bevorschussung solcher Forderungen an den Export-Factor abtritt (Variante B).

ad 1) Limitanfrage/Delcredereabsicherung

Variante A)

```
                    Rückversicherung
       Limitanfrage          reinsurance by a foreign
       credit approval request    credit insurer
Exp. ──────────────→  EF ──────────────→  ausländische
     ←──────────────                       Kreditversicherung
       Limitentscheidung                   foreign
       credit approval                     credit insurance
```

Variante B)

```
             Zahlungsgarantie         Abtretung der Garantieansprüche
             payment guaranty         assignment of payment
staatl.  ──────────────→  Exp.  ──────────────→  EF
Garantiegesellschaft
governmental
credit insurance
```

Das Factoringinstitut kümmert sich um die Antragstellung bzw. Einholung entsprechender Handelsauskünfte ausländischer Abnehmer.

Im Einzelfall sind die Bedingungen bzw. Auflagen der staatlichen Garantiegesellschaft zu prüfen und ein Kosten-Nutzen-Vergleich anzustellen, um für den Exporteur die für ihn günstigste Variante zu wählen.

ad 2) Lieferung/Fakturenversand

```
      Lieferung/Faktura
      delivery/invoice
     ──────────────────→  Imp.
Exp
     ──────────────────→  EF
      Fakturenkopie
      invoice copy
```

Nach Lieferung und Fakturierung an den Importeur versendet der Exporteur eine Fakturenkopie an den Export-Factor, der die Zahlungsfristen evident hält und bei Überschreiten des Zahlungszieles entsprechende Schritte unternimmt.

ad 3) Finanzierung

```
       Bevorschussung/Finanzierung
       advance payment/financing
EF   ──────────────────→  Exp.
```

Nach Lieferung erfolgt die Finanzierung des Exportes im Rahmen der erteilten Garantie bzw. der gewährten Absicherung.

Ergänzend sei bei dieser Variante angeführt, daß, länderweise verschieden, im Rahmen der Absicherung durch eine staatliche Exportgarantiegesellschaft auch eine zinsbegünstigte Finanzierung solcher Exporte erfolgen kann.

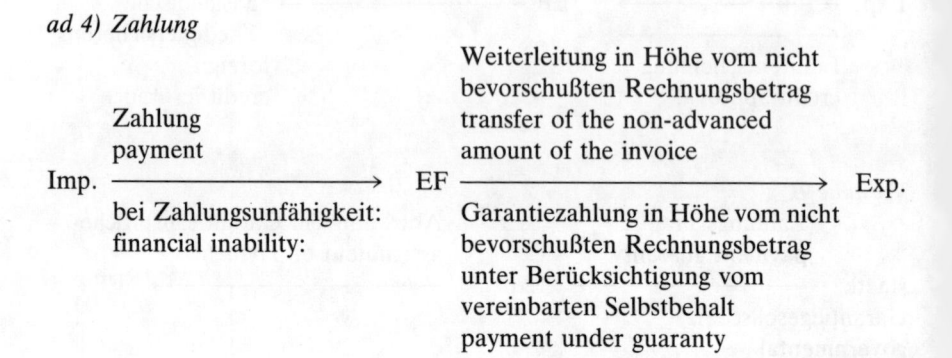

ad 4) Zahlung

	Zahlung payment	Weiterleitung in Höhe vom nicht bevorschußten Rechnungsbetrag transfer of the non-advanced amount of the invoice	
Imp.	⟶	EF ⟶	Exp.
	bei Zahlungsunfähigkeit: financial inability:	Garantiezahlung in Höhe vom nicht bevorschußten Rechnungsbetrag unter Berücksichtigung vom vereinbarten Selbstbehalt payment under guaranty	

Bei fristgerechter Bezahlung durch den Importeur an den Export-Factor wird der nicht bevorschußte Rechnungsbetrag an den Exporteur weitergeleitet.

Bei Eintreten des Garantiefalles übernimmt der Export-Factor die Abwicklung.

Bei vereinbarter Absicherung durch eine staatliche Garantiegesellschaft werden die Auflagen genauestens überprüft und es muß der Nachweis erbracht werden, daß über das Vermögen des Importeurs ein gerichtliches Insolvenzverfahren eröffnet worden ist. Dies führt oftmals zu langen Verzögerungen bei der Inanspruchnahme von Garantiebeträgen.

4.3.4. Back-to-Back-Factoring

Exportorientierte Unternehmen errichten im zunehmendem Maße Tochtergesellschaften im Ausland, um von dort Vertriebsaufgaben zu erfüllen. Die Kapitalausstattung dieser Unternehmen genügt oftmals nur den gesetzlichen Mindestansprüchen.

Da diese Unternehmen jedoch den einzigen Abnehmer im jeweiligen Exportland bilden, bewirken die Forderungen an solche Tochtergesellschaften eine hohe Kapitalbindung in der Muttergesellschaft.

In der Regel werden jedoch Konzernforderungen im Factoring nicht bevorschußt bzw. finanziert.

Um diese Finanzierungslücke zu schließen, wurde das Back-to-Back-Factoring entwickelt.

Bei diesem Verfahren arbeitet der Exporteur mit einem im Inland ansässigen Factoring-Institut und der Importeur (ausländisches Tochterunternehmen) mit einem Factoring-Institut, welches seinen Sitz im Importland hat, zusammen.

Die Abwicklung beim Back-to-Back-Factoring entspricht im Prinzip einer Kombination aus dem Two-Factor-System (siehe Pkt. 4.3.1.) und einem normalen Inlandsfactoring.

Die Muttergesellschaft (Exporteur) verkauft die Export-(Konzern-)forderungen an den Exportfactor. Um diese Konzernforderungen finanzierbar zu gestalten, muß nun ein Durchgriffsrecht des Exportfactors auf die Forderungen des Importeurs geschaffen werden.

Zu diesem Zweck schließt der Importeur einen Factoring-Vertrag mit einer im Importland ansässigen Factoring-Gesellschaft. Die Abwicklung gestaltet sich hier wie beim normalen Inlandsfactoring mit der Ausnahme, daß nur ein Teil der Forderungen direkt finanziert wird. Für den nicht finanzierten Forderungsbetrag gibt der Importfactor dem Exportfactor eine Garantie. Im Rahmen dieser Garantie kann nun der Exportfactor die Forderungen des Exporteurs an die Importgesellschaft finanzieren.

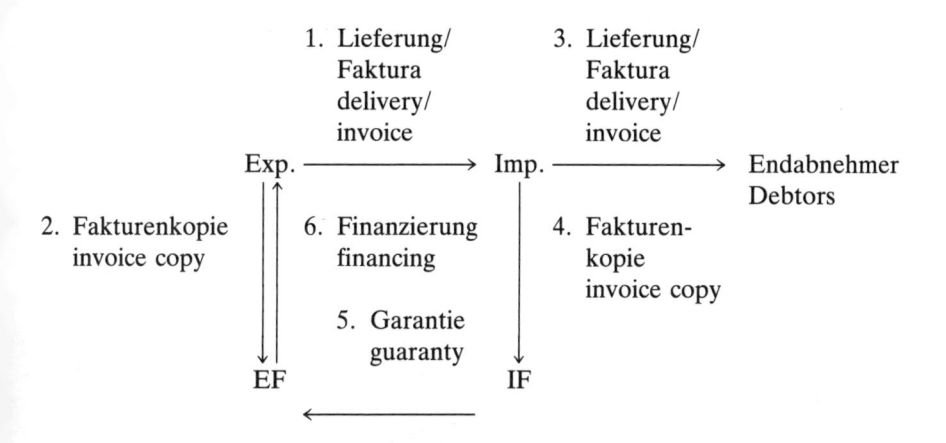

```
                1. Lieferung/        3. Lieferung/
                   Faktura              Faktura
                   delivery/            delivery/
                   invoice              invoice
          Exp. ─────────────→ Imp. ─────────────→ Endabnehmer
           ↑↓                                      Debtors
2. Fakturenkopie   6. Finanzierung    4. Fakturen-
   invoice copy       financing          kopie
                                         invoice copy
                   5. Garantie
                      guaranty
           ↓↑
           EF                   IF
           ←─────────────────────
```

Der Import-Factor leitet die bei ihm einlangenden Zahlungen der Endabnehmer bis zur Höhe des garantierten Betrages an den Export-Factor weiter.

Die den vom Import-Factor garantierten Betrag übersteigenden Zahlungen werden direkt dem Importeur angewiesen. Selbstverständlich steht, wie beim normalen Inlandsfactoring, dem Importeur die Möglichkeit der Finanzierung des den garantierten Forderungsteiles übersteigenden Betrages zur Verfügung.

Da die trockene Darstellung dieser Abwicklung im ersten Augenblick relativ kompliziert erscheint, soll ein Zahlenbeispiel die Finanzierung und Zahlungsströme entsprechend verdeutlichen.

Annahmen:
Forderungen Muttergesellschaft an Tochtergesellschaft (Exporteur an Importeur)   1.000 WE (= Währungseinheiten)
Forderungen Importeur an Endabnehmer   1.500 WE
Bevorschussung: 80%

1) Finanzierung für Exporteur

Import-Factor übernimmt gegenüber dem Export-Factor Garantie in Höhe von 1.000 WE und sperrt dafür 1.250 WE Forderungen (80% von 1.250 = 1.000) des Importeurs.
Export-Factor finanziert Exporteur in Höhe von 1.000 WE.

2) Finanzierung für Importeur

Gesamtforderungen	1.500 WE
− gesperrte Forderungen für Garantie	1.250
bevorschußbare Forderungen	250 WE × 80% =
Finanzierung	200 WE

3) Zahlung von Endabnehmer

Zahlungseingang bei Import-Factor in Höhe von	1.500 WE
− Weiterleitung an Export-Factor gegen Rücknahme der Garantie	1.000 WE
− Berücksichtigung des bereits finanzierten Betrages (siehe Pkt. 2) von	200 WE
Weiterleitung an Importeur	300 WE

Durch diese Form der Zusammenarbeit wird daher auch die Finanzierung von Konzernforderungen aber auch von Forderungen unabhängiger Importfirmen ermöglicht.

Darüber hinaus kann die Finanzierung in jenem Land erfolgen, in dem sich die Zinssituation günstiger darstellt.

5. ZUSAMMENFASSUNG

Im Rahmen des internationalen Factoring werden je nach Ausprägungsform dem Exporteur bzw. Importeur eine Kombination von Dienstleistungen angeboten, die neben der Finanzierung auch die delkrederemäßige Absicherung und das im Export besonders bedeutende Forderungsinkasso gewährleisten.

Der Anteil des internationalen Factoring am Gesamtfactoring-Volumen liegt weltweit bei rund 6%, in Europa ist der Anteil mit ca. 10% am höchsten.

Die Zuwächse des internationalen Factoring liegen seit 1980 weltweit gesehen bei jährlich rund 9%, in Europa bei rund 12%.

Schwerpunkt des internationalen Geschäftes ist Europa, gefolgt von den USA. Durch die steigende Anzahl von Factoring-Gesellschaften in Asien wird diesem Markt auch im internationalen Geschäft in Zukunft mehr Bedeutung zukommen.

Die klassische Form des Two-Factor-System bietet neben der Finanzierung auch eine Absicherung der Exportforderungen zu 100%. Ein oftmals zu wenig berücksichtigter Aspekt ist die für Unternehmen relativ einfache Form der Abwicklung, die auch Einsparungen im Verwaltungsbereich mit sich bringt.

Beim Direkten Import-Factoring steht für das Unternehmen die Absicherung im Vordergrund, wobei eine Finanzierung aufgrund länderweise unterschiedlicher devisenrechtlicher Bestimmungen nicht immer möglich ist.

Die Form des Direkten Export-Factorings wird vor allem von jenen Unternehmen zu wählen sein, die günstige staatliche Garantiemöglichkeiten (jedoch unter Berücksichtigung eines Selbstbehaltes) ausnützen wollen. Staatliche Exportgarantiegesellschaften decken oftmals auch politische bzw. Katastrophenrisiken ab, so daß bei Exporten in Ländern, in denen auch diese Risiken abgedeckt werden sollen, diese Variante Vorteile bietet.

Für internationale Konzerne bzw. Unternehmungen mit Tochtergesellschaften im Ausland wird durch das Back-to-Back-Factoring auch eine Finanzierung von Konzernforderungen ermöglicht.

Für die Finanzierung ist in erster Linie die Qualität der Forderungen maßgeblich. Factoringinstitute sind, auch betreffend internationaler Finanzierungen, auf die Beurteilung von Forderungen spezialisiert.

Es stellt sich die Frage, welche Stellung Spezialfinanzierungsinstitute, wie Factoring-Gesellschaften, im Bankensystem einnehmen können. Da sie Aufgaben wahrnehmen, die aufgrund der Spezialisierung auch große Institute im einzelnen nicht kostengünstig abwickeln können, werden Factoring-Gesellschaften auch in Zukunft verstärkte Entwicklungsmöglichkeiten haben (vgl. Haschek Helmut, Aktienbanken, Universalbanken und Spezialkreditunternehmungen in: Das Kreditwesen in Österreich, Seite 85 ff.).

Factoring-Gesellschaften bedeuten daher keine direkte Konkurrenz zu Universalbanken, sondern bieten kostengünstig komplementäre Bankdienstleistungen an.

Internationale Unternehmen verkaufen oftmals aus konzernpolitischen oder bilanztaktischen Überlegungen Forderungen an eine Factoring-Gesellschaft.

In erster Linie sind dafür Risikoaspekte ausschlaggebend, wobei gleichzeitig auch eine Verbesserung einzelner Bilanzpositionen und Kennziffern erzielt wird (siehe z. B.: Dupont-System of Financial Control in: Meyer Claus, Kennzahlen und Kennzahlen-Systeme, S. 101 ff.).

Aufgrund der verschiedenen Möglichkeiten und Ausprägungsformen des internationalen Factoring bieten sich für im Export bzw. Import tätige Unternehmen verschiedene Formen der Zusammenarbeit an, wobei jeweils im Einzelfall ein Kosten-/Nutzenvergleich die quantifizierbaren Vorteile zeigt.

Daher erscheint der Schluß zulässig, daß auch in Zukunft die Entwicklung des internationalen Geschäftes weiterhin überdurchschnittliche Zuwachsraten aufweisen wird.

Voraussetzung dafür sind u. a. international bindende Richtlinien betreffend Abtretungsverboten aber auch ein verstärktes Herausstreichen der Möglichkeiten der Vorteile von Factoring gegenüber einer normalen Kreditfinanzierung.

Anhang — Literaturhinweise

1) Salinger F R, "Factoring — A guide to factoring practice and law", Tolley Publishing Company Ltd., Croydon 1984
2) Doherty Brian, "Facts and Figures behind the Factoring Shakeout", Daily News Record, April 14th, 1986
3) Wassermann Dr. Heinrich, „Factoring in Deutschland 1985", Finanzierung Leasing Factoring, Verlag für Absatzwirtschaft, Bonn 4/1986
4) Fuchs, Scheithauer, Das Kreditwesen in Österreich, Manz Verlag, Wien 1983
5) Meyer Claus, Kennzahlen und Kennzahlen-Systeme, Sammlung Poeschel, Stuttgart 1976

Summary

The total volume of Factoring worldwide is estimated to be US $ 85 Billion in 1985 (in 1980 US $ 65 Billion) offered by 300 factoring companies (1980 by 157).

6 per cent of the volume is international business; but in Europe international business is close to 10 per cent of the turnover.

A very important form of international factoring is achieved by the co-operation between an export factor and an import factor. The export factor sells the accounts receivable of exportors in his country to an import factor in the country of import for cellection and/or covering the risk of non-payment by the importer (two factor system).

There are some other forms of international factoring: direct export factoring and direct import factoring. In each case the factor involved loses the use of the know-how of the import or export factor respectively. A special kind of factoring is, so-called, back-to-back factoring which, for example, is provided for sales from a manufacturer to his sales subsidiary abroad. In this case the export factor will provide finance when the import factor covers credit risks by means of a domestic factoring contract with the subsidiary.

2. The Geographic Spread of Factoring

Jeroen Kohnstamm

Gliederung

	Seite
Introduction.	185
The Three Major International Factoring Networks.	185
Other Multinational Factoring Groupings	188
The Future Role Of The Networks.	189
The World Wide Spread Of Factoring.	190

INTRODUCTION

Although factoring has been associated with international trade for many centuries, it was not until the beginning of this century that a true factoring industry developed. As covered in previous chapters, modern day factoring had its cradle in the United States and matured there in the form of domestic factoring. How did factoring spread to other countries? In this chapter we will describe the role of some American institutions which took factoring beyond the borders of the United States and we will see how this role has been gradually taken over by the factoring "networks". It should be understood that the offering of factoring services in various countries is not necessarily the same as "international factoring". The latter term is used exclusively (as we have seen in the preceding chapter) to describe the application of the factoring technique to cross-border business, in other words to international trade. "Domestic factoring" is restricted to commercial transactions within the same country. Nevertheless, the introduction of (domestic) factoring in countries outside the U.S.A. has had the effect that the seeds were planted for successful cross-border business.

THE THREE MAJOR INTERNATIONAL FACTORING NETWORKS

The internationalization of factoring in the early 1960's must be attributed primarily to the First National Bank of Boston. This institution operated a successful factoring division in the United States and developed initiative for an overseas factoring jointventure which led in 1961 to the establishment of International Factors Ltd., the first factoring company in Britain, and the first such company outside North America.

It is worthwhile to consider briefly why FNBB took this initiative. Many American manufacturing companies had discovered Europe as a very attractive new market and the volume in world trade had suddenly surged. The formation of the European Economic Community promised a further increase in international trade and the Americans were the first to take advantage of that development. Following the American manufacturers in their foot-steps, the large American banks also established themselves in Europe and succeeded in developing not only international business, but local domestic business as well. With the same dual objective FNBB chose Britain as the base for the first "overseas" factoring company

1) to offer a factoring service which could facilitate the booming trade between the U.S.A. and Britain (both ways),
2) to offer a domestic factoring service in a country which was not too different from the U.S.A. and which, hopefully, would respond well to this new service.

It is important to keep this dual-objective in mind even though FNBB soon discovered that their British company was doing much more domestic than international business. True international business proved to be more complicated to handle and the demand for domestic business was certainly sufficient to keep the company going. Despite typical start-up problems for International Factors Ltd., FNBB was convinced that the concept was right and decided to move into other European countries with similar joint ventures. In practically all cases, the name "International Factors" was chosen, symbolizing that the international side of the activities would not be overlooked. FNBB aimed not only for trade with the U.S.A. as the exporting or the importing country, but also for trade between Britain and Germany, Germany and France, etc. The various International Factors companies, together with the FNBB became known as the International Factors Group (IFG), the first multinational network of factoring companies.

The initiatives by FNBB were watched closely by other financial institutions and the result was that for instance in England several new factoring companies were created by local partners, primarily merchant banks and insurance companies. These factors could not depend on know-how imported from a parent organization in the U.S.A. and had to start from scratch. Lacking the international connections, their aim was obviously to be active in domestic factoring only.

The same development could be seen in other European countries and by 1964, aside from the companies belonging to the International Factors Group, there were at least 20 independent companies spread out through Western Europe, with something of a concentration in the Scandinavian countries. With a few exceptions, all these companies were bank owned, sometimes as joint ventures with other banks, or solely owned by one bank. A company which was going to play an important role was Svensk Factoring AB, established in Stockholm in 1963 as a 100% subsidiary of Svenska Handelsbanken.

Around the same time, another American institution started to play a role in the European factoring market. Walter E. Heller & Company, a Chicago based company active in factoring, leasing, consumer credit and other financial services, followed the initiative of FNBB and offered factoring know-how to local European banks in exchange for (usually) a substantial interest in a jointly operated company. In Britain, together with Hambros Bank, H & H Factors was started in 1964. In the same year a German operation was set up, but this time without local bank support. Heller then changed tactics and for most later enterprises local participation was part of the scheme. The second factoring network was born, similar to IFG, but with the important difference that the Chicago parent organization of the Heller companies did not really have a dual objective. The aim was to develop profitable subsidiaries, active in that field of factoring where the local competitors had been most successful: domestic factoring. In 1982, the Heller organization was acquired by the Japanese Fuji Bank. The organization has now two principle operating divisions: Heller Financial Company, a widely diversified financial services company active in the U.S.A. market, and Heller Overseas Corporation, a holding company for the investments in some 15 "overseas" factoring companies. The emphasis today is still on domestic factoring, although some of the individual Heller companies have become more interested recently in further developing cross-border business.

The third factoring network to develop was Factors Chain International (FCI). FCI traces it origins to a 1964 cooperation agreement between Svensk Factoring of Stockholm and Shield Factors of London. Both companies were independent of each other, but were drawn together because of the simple fact that their domestic factoring business automatically resulted in some international business as well.

Certainly in the Scandinavian economy, the typical manufacturer does not limit his sales to domestic customers, but also sells in the normal course of business to foreign buyers. Clients of Svensk Factoring requested the company to insure and to collect debts abroad in countries like England, Norway, Denmark and Finland and in order to give a first class service, Svensk Factoring decided to look for local expertise. Rather than contacting banks or collection agencies, the obvious approach was to establish contacts with local factoring companies.

As the IFG members and the Heller companies had adopted the principle to conduct international business solely through their sister factors within their respective network, Svensk Factoring had no other choice than to select factors which were "independent". In this manner Svensk Factoring brought together a group of 5 bank sponsored factors which, in addition to Shield Factors, all signed a standard cooperation agreement. The organization was initially called Factors Chain but changed its name to Factors Chain International when four years later, in 1968 another 14 companies from various countries joined the network. Over the years the FCI network would grow into the largest organization of its kind. By the middle of 1987 FCI comprised of some 80 companies in 29 countries, jointly handling a total factoring volume of $ 37 billion per year. As such the FCI organization was responsible for 36% of the worldwide factoring volume, followed by the International Factors Group with a 15% market share.

The three international factoring networks can, for convenience sake, be classified in two categories: the "closed" networks of the multinationals, and FCI, the single "open" network. Between them, these groups probably account for 90% of all factoring conducted outside the U.S.A. Thanks to the extensive penetration of factoring during the past fifteen years, much of the globe is now covered by the factoring network.

OTHER MULTINATIONAL FACTORING GROUPINGS

Aside from the three "networks" mentioned before, a number of financial institutions have taken their factoring activities into the multinational arena without necessarily aiming for a worldwide representation. The British National Westminster Bank, through its subsidiary Credit Factoring Ltd., decided to establish mini-offices in a number of countries and to connect these to the data-processing centre of Credit Factoring Ltd. in England. Although a number of such mini-offices is still in existence Credit Factoring's success must be primarily measured by looking at the group's large volumes of British and U.S.A. factoring business. On the European continent the operations are more modest in size and have illustrated that an inhouse data processing capability is essential to satisfy the sometimes very specific needs of the larger domestic (and export) clients.

Another company which has branched out is A.S Nevi Finans in Norway. Although a member of Factors Chain International, this large and diversified finance company has set up offices in Denmark and Sweden and portrays itself as being capable in handling domestic, export and import factoring in all of the Scandinavian countries, Iceland included. A.S Nevi Finans offers these services as well to FCI correspondents and competes therefore with other FCI members in those countries.

Not only by financial institutions, but also by industrial groups, factoring has been taken across national boundaries. The U.S.A. based Clark Equipment Company added factoring to its string of financial services subsidiaries. Although obviously these subsidiaries were first of all concerned with "equipment financing", the factoring technique could be profitably employed in a number of cases.

As Clark Equipment Company has recently decided to withdraw itself from the financial services sector, it remains to be seen what will happen with the factoring portfolio.

Another name which is becoming more and more visible in the factoring industry is the Italian Olivetti group. Originally interested in offering factoring services to its Italian suppliers, the group has now established full-scale factoring companies in Italy, Spain and Germany offering factoring services to the market at large. In view of the enormous success of factoring in Italy (see appendix 1), there is no doubt that the group has more than an average degree of motivation in setting up factoring companies in countries which still offer substantial growth potential.

Last but not least, it is important to look at the activities of some of the major American banks. Security Pacific, with a factoring company based in New York, has recently bought an existing factoring company in the United Kingdom and has announced to look for similar acquisitions in markets such as France, Germany and the Benelux. In addition (and this is very typical for the large bank-owned American factors) a factoring expert in Hong Kong was hired to develop direct factoring business offering Hong Kong exporters credit risk protection and collection services for their sales to United States customers. Such "sales offices" have been established in Hong Kong by a handful of American factors and through a close cooperation with the Hong Kong branch office of the parent bank, it is normally possible to provide the exporters with advances against the receivables as well.

THE FUTURE ROLE OF THE NETWORKS

Despite the success of some of the various multinational operations, it should be understood that the companies in question are often loyal members of one of the official factoring "networks". In fact, all but one of the American banks active in the Hong Kong factoring market are members of FCI and the same applies to the Security Pacific companies and to A.S Nevi Finans. Direct international factoring often exists parallel to the two-factor system and is particularly suited for those situations that the exporter sells primarily into one foreign market (for instance the important U.S.A. market).

In the further development of the factoring industry multinational operations, either wholly owned or in the form of joint-ventures, will continue to exist. But no bank or factoring company will be capable in matching the market penetration or the geographical spread of the larger "networks". In relative terms the factoring industry is still so young and the existing companies still growing so vigorously that there is a great shortage of key factoring personnel. Apart from the fact that it is difficult to attract the necessary level of expertise, the creation of a new factoring company in an established market requires a substantial investment in e.d.p. systems. These are just two reasons why a factoring company is not profitable from its first day of operations and why investors should have patience in reaching the break-even point. The same can be said for factoring companies in new markets, although the underlying reasons are slightly different. A first factoring company in a developing country has no immediate need for sophisticated data processing applications and the initial investment is therefore relatively small. But actual business development will prove to be slow as well and investors have learned to accept that they must have a long-term objective rather than a short-term profit motive. For some specific circumstances in "developing countries" we refer to the final section of this chapter, but the above remarks must be seen already as an explanation why we anticipate that most new factoring companies will be backed by large local banks and finance companies which see the need to offer factoring as a complementary financial service to their existing customer base. Having made this decision "independent" from a foreign factoring company, these institutions will realise, sooner or later, that the link to one of the factoring "networks" will provide substantial benefits.

The factoring "networks" which can indeed offer the full range of know-how, the standardised technical and legal procedures for cross-border business, the state-of-the-art correspondent communication systems (such as already developed by the International Factors Group and by Factors Chain International) and last but not least, the climate for positive cooperation between independent correspondents, these networks will continue to grow in size and significance.

THE WORLD WIDE SPREAD OF FACTORING

The original pioneering roles of the Bank of Boston and Walter E. Heller & Company have over the years been taken over by the major factoring "networks". The introduction of domestic and international factoring in such countries as Korea, Malaysia, Thailand, the Philippines, Ecuador, Chile and even a major market as Japan is the immediate result of intensive efforts by the two leading "networks". Discussions on government level have often paved the way for the establishment of new factoring companies and the active support given to local financial institutions during the various stages of start-up have given the factoring industry in the above mentioned countries a solid basis. Although actual factoring volumes today may still be small, it should not be forgotten that also in Europe factoring experienced a slow growth during the early years. With the conviction that the factoring technique is globally suited for the much needed injection of working capital in healthy but undercapitalized companies, the "networks" continue their efforts where the service is not yet in existence. In the present case of Factors Chain International, Greece, Turkey, Brazil, China, Taiwan, India and Indonesia are regularly visited, with presentations given to monetary authorities and financial institutions. In those countries where there is particular scope for export factoring, exporters and export trading corporations are addressed as well. Since the World Bank organization has made its first equity investment in a factoring company in a typical development country, factoring has had official recognition for the benefits it can offer to small and medium sized companies in such economy. With the global spread of factoring, more and more manufacturers will become familiar with the service and use it as well to offer foreign customers the full advantage of open-account terms. With the factoring companies providing pre-financing, collection services and credit risk coverage, such shipments are as secure as one could wish for under the much more restrictive letter of credit.

The main challenge of factoring institutions in future will be to remain flexible and responsive to the rapid changes taking place in society resulting in a great variety of market needs.

New technologies must be used wherever feasible and investments will be of such a size that the burden must be shared with other service providers. The factoring "networks" provide the infrastructure for such cooperation and are therefore very well positioned to play a crucial role in the further internationalization of factoring.

Zusammenfassung

Zur Verbreitung von Factoring über Nordamerika hinaus und zu einer internationalen Zusammenarbeit von Factoringgesellschaften hat die First National Bank of Boston wesentlich beigetragen. Die in den sechziger Jahren gegründete International Factors Group ist in vielen Ländern vertreten. Die ursprüngliche Beteiligung der FNBB ist inzwischen meist ganz auf die in den einzelnen Ländern kooperierenden Banken übergegangen. Das internationale Geschäft darf nur mit Mitgliedsfirmen getätigt werden.

Auch die Walter E. Heller International Corporation, Chicago, hat seit 1964 ein ganzes Netz aufgebaut. Im Jahre 1982 hat die Fuji Bank die Heller-Gruppe übernommen und neu geordnet. Während Heller Financial Company Finanzierungsservice in den USA anbietet, arbeitet die Heller Overseas Corporation als Holdinggesellschaft für die Auslandsbeteiligungen. Das Schwergewicht der Gruppe liegt immer noch im Inlandsgeschäft, obwohl einige Heller-Gesellschaften auch stärker international tätig sind.

Die Factors Chain International, gegründet 1968, ist die stärkste internationale Factoringorganisation mit 80 Mitgliedern in 29 Ländern. Im Gegensatz zu den anderen Gruppen gibt es in vielen Ländern mehrere miteinander konkurrierende Mitgliedsfirmen. Die Mitgliedsfirmen der FCI haben weltweit einen Marktanteil von 36%, gefolgt von der International Factors Group mit 15%.

Die National Westminster Bank hat seit 1971 mit ihrer Tochtergesellschaft Credit Factoring International ein eigenes Netz von Factoringgesellschaften aufgebaut. Das Schwergewicht des Geschäfts scheint jedoch auf dem britischen und amerikanischen Markt zu liegen.

Eine neue Gruppierung hat sich in Norwegen, Dänemark, Schweden und Island um die A/S Nevi Finance, Oslo, (Mitglied der FCI) gebildet. Eine ähnliche Entwicklung zeichnet sich bei der Security Pacific Business Credit, New York, ab, die angekündigt hat, neben der bereits vorhandenen Beteiligungsgesellschaft in Großbritannien auch in Frankreich, Deutschland, sowie den Benelux-Ländern Factoring zu betreiben.

Interessanterweise sind nunmehr auch Industriefirmen im Factoring tätig wie Clark Equipment Company und die italienische Olivetti-Gruppe.

In den letzten Jahren konnte Factoring neben dem bedeutenden Markt in Japan auch in Korea, Malaysia, Thailand, den Philippinen, Equador und Chile zum Teil mit Hilfe der beiden großen Factoring-Organisationen eingeführt werden. Interesse für Factoring zeichnet sich auch ab in Griechenland, Türkei, Brasilien, China, Taiwan, Indien und Indonesien.

Umfassend und aktuell für die Kreditwirtschaft

Handbuch des gesamten Kreditwesens

Begründet von Dr. Walter Hofmann.
Herausgegeben von Dr. Hanns C. Schroeder-Hohenwarth, Dr. h. c. Helmut Geiger und Dipl.-Volkswirt Bernhard Schramm.
8., völlig neu bearbeitete Auflage 1987.
Von Hermann Delorme und Dr. Herbert Schlicht.
984 Seiten, geb., DM 245,—. ISBN 3-7819-0339-7.
Alle Vorschriften entsprechen dem Rechtsstand vom 1. Januar 1987.

Das vollständige Nachschlagewerk über Aufbau, Organisation und Gesetzgebung aller Sparten der Kreditwirtschaft in der Bundesrepublik.

Seit der ersten Auflage 1936 hat sich das nunmehr in 8. Auflage vorliegende Handbuch als nützliches Nachschlagewerk für die Praxis bewährt und erfreut sich in Fachkreisen besonderer Wertschätzung. Seit dem Erscheinen der siebten Auflage wurde eine Reihe von grundlegenden Gesetzesnovellierungen verabschiedet und daran anschließende Rechtsverordnungen, Anordnungen und Bestimmungen erlassen, die die gesetzliche Regelung des Kreditwesens betreffen und eine Neubearbeitung dieses Standardwerkes unerläßlich machten. So mußte aufgrund des inzwischen erreichten Volumens des Wertpapiermarktes der Abschnitt über die gesetzlichen Regelungen und Bestimmungen des Börsenwesens wesentlich erweitert werden. Zusätzlich wurden Beiträge über Factoring und Leasing neu eingefügt, die den hohen Informationswert dieses Handbuchs weiter verbessern.

„Erfaßt sind nicht nur die allgemein für das Kreditwesen gültigen Normen, wie Kreditwesen-, Depot-, Scheck- und Wechselgesetz mit den zugehörigen Verordnungen, Grundsätzen und Richtlinien, sondern auch die Spezialgesetze für die einzelnen Kreditinstitutsgruppen (Hypothekenbanken, Bausparkassen, Kapitalanlagegesellschaften), alle wichtigen Einzelinstitute mit Sonderaufgaben und die Deutsche Bundesbank. Außerdem enthält die Schrift die rechtlichen Grundlagen des deutschen Börsenwesens und der internationalen Währungs- und Finanzorganisationen sowie die AGB der Kreditinstitutsgruppen und deren Mustersatzungen." *Die Bank*

Ein umfangreiches, klar gegliedertes und aktuelles Verzeichnis aller Institute und der berufsständischen Organisationen des Kreditwesens, die übersichtliche Gestaltung des Stoffes und ein ausführliches Sachregister machen das Handbuch unentbehrlich für den ständigen Gebrauch in Banken, Versicherungen, Verbänden, Behörden, Industrie und Instituten der Wirtschaft und Wissenschaft.

FRITZ KNAPP VERLAG · Postfach 11 11 51 · 6000 Frankfurt/Main 11

V.
FORFAITIERUNG – EXPORTFINANZIERUNG FÜR INVESTITIONSGÜTER
FORFAITING – EXPORT FINANCING OF CAPITAL GOODS

Alles über die aktuelle Finanzierungsalternative

Das Leasinggeschäft

Von Klaus Feinen. 1983. 116 Seiten, brosch., DM 21,–. ISBN 3-7819-1120-9.
Band 90 der Reihe »Taschenbücher für Geld · Bank · Börse«

Klaus Feinen, Vorsitzender des Bundesverbandes der Deutschen Leasinggesellschaften und Geschäftsführer der Deutschen Gesellschaft für Immobilien-Leasing mbH, hilft mit dieser aktuellen und preiswerten Originalausgabe eine Lücke zu schließen. Er geht auf die Grundlagen und die Entwicklung des Leasinggeschäftes ein, stellt dessen Funktionen als Vermietungs-, Investitions-, Finanzierungs- und Dienstleistungsinstrument vor, nennt die Leasing-Objekte und den Einfluß fiskalischer Regelungen auf das Leasinggeschäft. Ferner werden Kalkulation, Abwicklungspraxis und die Bilanzierung nach Handelsrecht eingehend erläutert, wird im betriebswirtschaftlichen Vergleich eine Vorteilhaftigkeitsanalyse vorgenommen und ein Ausblick auf die Zukunftsperspektiven des Leasinggeschäftes gegeben.

Gut gegliedert – auf das Wesentliche beschränkt – bietet dieser Band dem Leser eine Fülle wertvoller Informationen über das moderne Leasinggeschäft.

Die Leasingentscheidung bei beweglichen Anlagegütern

Ein Vorteilhaftigkeitsvergleich zwischen Leasing und Kreditkauf aus der Sicht gewerblicher Investoren.

Von Dr. Thomas Degener. 1986. Band 31 der Schriftenreihe des Instituts für Kreditwesen der Westfälischen Wilhelms-Universität Münster. XX und 360 Seiten, geb., DM 63,80. ISBN 37819-0353-2.

Wie kaum eine andere Finanzierungsalternative hat Leasing in den vergangenen 25 Jahren einen ungebrochenen Aufschwung erlebt. Dennoch ist die Vorteilhaftigkeit des Leasing nach wie vor umstritten, weil die Beurteilung meist gefühlsmäßig oder aber nur auf einem Teil ökonomisch bedeutsamer Kriterien erfolgt.

Diesem unbefriedigenden Zustand entgegenzuwirken, ist die Absicht dieser Arbeit. Der Autor unterzieht Leasing einer Kosten-, Liquiditäts-, Risiko- und Flexibilitätsanalyse, die den Leser zu einer klaren Abwägung zwischen Leasing oder Kreditkauf bei beweglichen Investitionsgütern führt. Dabei zeigt er auf, in welchen Fällen die eine oder die andere Finanzierunggsform vorzuziehen ist. Entstanden ist eine betriebswirtschaftlich fundierte Untersuchung, die für Theorie und Praxis gleichermaßen von Bedeutung ist.

Leasing-Handbuch für die betriebliche Praxis

Herausgegeben von Prof. Dr. K. F. Hagenmüller u. RA Gerhard Stoppok unter Mitarbeit mehrerer Leasingexperten aus dem In- und Ausland. 5., völlig neu bearbeitete Auflage 1987. In Vorbereitung.

FRITZ KNAPP VERLAG · Postfach 11 11 51 · 6000 Frankfurt/Main 11

Forfaitierung — Exportfinanzierung für Investitionsgüter
Forfaiting — Export Financing of Capital Goods

Charles J. Gmür

Gliederung

	Seite
Forfait bedeutet Verzicht auf den Regreßanspruch	195
Forfaitierung der Finanzierung von Investitionsgüterverkäufen	197
Forfaitierung ist in mehreren Währungen möglich	197
Forfaitierung bedeutet Abgabe der Kreditrisiken	198
Die Kosten der Forfaitierung entsprechen der Risikobewertung	199

Factoring und Forfaitierung sind zwei Finanzierungsarten, die nicht nur aufgrund ihres ähnlich klingenden Namens, sondern auch aufgrund ihres Einsatzes zur Finanzierung von Forderungen aus Handelsgeschäften leicht verwechselt werden. Jede Finanzierungsart hat jedoch ihr ganz spezielles Einsatzgebiet. Forfaitierung stellt keine Alternative zum Factoring dar, sondern bietet dort eine Lösung, wo Factoring nicht möglich ist.

Auf einen kurzen Nenner gebracht, versteht man unter Forfaitierung den Ankauf von bestehenden mittelfristigen Forderungen (6 Monate bis 5 Jahre) unter Verzicht auf den Regreßanspruch gegen Aussteller und Indossanten. Forfaitiert werden Forderungen aus Investitionsgüterverkäufen, meist Exporten, nicht aber aus dem Vertrieb von Konsumgütern.

Mit nachstehender Tabelle wird die Abgrenzung zwischen der Forfaitierung und dem Factoring beim Einsatz im Exportgeschäft veranschaulicht.

FORFAIT BEDEUTET VERZICHT AUF DEN REGRESSANSPRUCH

Der Forfaiteur übernimmt die Forderungen eines Exporteurs durch Kauf, das heißt, er wird alleiniger Forderungsinhaber. Die Übernahme des Delkredererisikos ist keine Dienstleistung, die er wie ein Factor dem Lieferanten anbietet, sondern entsteht als Verpflichtung aus dem käuflichen Erwerb. Ebenso stellen seine Inkassotätigkeit und die Bereitstellung der Finanzierung keine anbietbaren Dienstleistungen dar, sondern ergeben sich zwangsläufig durch den Vorgang der Forfaitierung.

Merkmale	Export-Factoring	Forfaitierung
Wesen	Forderungskauf i. d. R. mit teilweiser Risikoübernahme durch Factoring-Gesellschaft	Kauf von Exportforderungen ohne Rückgriff auf den Exporteur (Forderungsverkäufer)
Eignung zur Finanzierung	Konsum- und kurzlebige Investitionsgüter, Dienstleistungen	Investitionsgüter
Laufzeit	meist 30–120 Tage	6 Monate bis 5 Jahre
Währungen	alle möglich	i. d. R. Sfr., DM, US$ sowie andere Währungen, in denen kongruente Refinanzierung möglich
Finanzierungsausmaß	i. d. R. in Sfr. bis zu 95% des Forderungsbetrages	Nominalwert der Forderung abzüglich Diskont
Delkredererisiko zu Lasten	i. d. R. Factoring-Gesellschaft	Forfaiteur
Auslandsrisiko (politisches und Transferrisiko) zu Lasten	i. d. R. Exporteur	Forfaiteur
Voraussetzungen für einzelne Finanzierungsarten	Ausreichende Bonität des Lieferanten, des ausländischen Importeurs und des Importlandes	erstklassige Schuldneradresse oder gutes Bankaval, ausreichende Bonität des Importlandes
Kosten	Dienstleistungsgebühren + Geldkosten	Kosten der kongruenten Refinanzierung + Zuschlag
Besonderheiten der einzelnen Finanzierungsarten	häufig verbunden mit zusätzlichen Dienstleistungen, wie Buchhaltung, Mahnwesen, Inkasso, Statistiken	keinerlei Eventualengagement des Exporteurs aus der Finanzierung

Der Forfaiteur verzichtet durch den Zusatz „ohne Regreß" (à forfait) im Kaufvertrag auf das ihm wechselrechtlich zustehende Recht der Regreßnahme auf den Wechselaussteller und Indossanten. Er verpflichtet sich ausdrücklich, bei Nichteingehen der Zahlung, sei es wegen Zahlungsunfähigkeit oder -unwilligkeit des Schuldners oder des Schuldnerlandes, keine Ansprüche an den Verkäufer der Forderung zu stellen. Für das Einhalten dieses Regreßverzichtes im Schadensfall haftet dem Forderungsverkäufer nur der gute Ruf des Forfaiteurs, da die wechselrechtlichen Bestimmungen im Fall von gezogenen Wechseln das Ausschließen der Ausstellerhaftung nicht vorsehen. Die meisten Forfaitierungsinstitute sind Tochtergesellschaften großer Banken und daher vertrauenswürdige Partner eines Exporteurs.

FORFAITIERUNG GILT DER FINANZIERUNG VON INVESTITIONSGÜTERVERKÄUFEN

Während Factoring in der Regel Forderungen mit Laufzeiten von 30 bis 120, gelegentlich 180 Tagen übernimmt, liegt die Finanzierungsdauer bei der Forfaitierung zwischen 6 Monaten und 5 bis 7 Jahren. Für diese längerfristigen Kreditziele eignen sich nur Güter, die wirtschaftlich langlebig sind und zur Einkommenserzielung eingesetzt werden, also Investitionsgüter. Auch gewisse Dienstleistungen, die zum Beispiel mit der Errichtung von Wasserkraftwerken, Fabrikanlagen usw. verbunden sind, können unter Umständen forfaitiert werden. Hingegen unterliegt die Forfaitierung von reinen Finanztransaktionen, die „Ohne-Regreß-Finanzierung", eigenen Anforderungen, die hier nicht behandelt werden.

Der Forfaiteur wird sich vom Forderungsverkäufer bestätigen lassen, daß den ihm eingereichten Wechseln ein Verkauf von Investitionsgütern zugrunde liegt, es sich also um Waren- und nicht um Finanzwechsel handelt. Ohne ein Recht auf Eigentumsvorbehalt zu besitzen, bedeutet der Eingang von langlebigen Gütern beim Schuldner doch eine gewisse Sicherheit, da diese Waren erstens produktiv eingesetzt werden und zweitens notfalls verkauft werden können.

FORFAITIERUNG IST IN MEHREREN WÄHRUNGEN MÖGLICH

Da die Forfaitierung hauptsächlich im Exportgeschäft eingesetzt wird, steht sie auch dem Problem der Finanzierungsgewährung gegenüber. Während im Factoring jede Währung akzeptierbar ist, solange es sich um eine reine Inkassotätigkeit handelt oder bei einer Bevorschussung das Währungsrisiko zu Lasten des Exporteurs geht, wird der Forfaiteur einige wenige Währungen akzeptieren können. Es sind dies neben seiner eigenen Landeswährung die Währungen des Euromarktes, über den er sich gewöhnlich refinanziert. Euromarktwährungen sind US-$, DM und SFr. Doch auch andere konvertible Währungen, in denen der Forfaiteur eine

Refinanzierung findet, sind für Forfaitierungen meist möglich, zum Beispiel FF, Ecu und £-Sterling.

Der Forfaiteur wird dem Forderungsverkäufer, der ihm für gewöhnlich Wechsel einreicht, den Nominalwert der Forderung abzüglich vereinbartem Diskont in der Forderungswährung auszahlen. Der Factor dagegen wird die Bevorschussung der eingereichten Forderungen in der Regel in landeseigener Währung vornehmen. Die Finanzierung durch den Factor reicht ohne Berücksichtigung der Kosten in der Regel höchstens bis 95% der abgetretenen Forderungen. Die restlichen 5% gelten als Deckung für mögliche Kundenrabatte oder Preisnachlässe.

FORFAITIERUNG BEDEUTET ABGABE DER KREDITRISIKEN

Der Exporteur, der seinem Kunden eine Zahlungsfrist einräumt, geht neben dem Schuldnerrisiko auch ein politisches, ein Transfer-, ein Zinsveränderungs- und ein Währungsrisiko ein. Der Forfaiteur nimmt ihm diese Risiken durch das à forfait-Geschäft ab.

Das Schuldnerrisiko geht durch die Klausel „ohne Regreß" auf den Forfaiteur über. Da für ihn der Warenkäufer unbekannt und als ausländisches Unternehmen schwer prüfbar ist, wird er in der Regel ein Bankaval oder eine Bankgarantie verlangen. Damit garantiert eine ausländische Bank, gewöhnlich die Hausbank des Schuldners, die Zahlung der Forderung. Die Zahlungsfähigkeit dieser Bank ist für den Forfaiteur prüfbar.

Das Länderrisiko umfaßt das politische und das Transferrisiko. Wird das Land politisch und wirtschaftlich stabil bleiben, werden Devisen keinen Ausfuhrrestriktionen unterworfen? Gemäß einer Länderbeurteilung wird der Forfaiteur für diese Risiken Rückstellungen machen müssen. Die Länderbeurteilung spiegelt sich auch in den Kosten der Forfaitierung wider. Ein Factor wird nicht bereit sein, solche Risiken einzugehen. Da sein Geschäft kurzfristige Forderungen betrifft und selten Millionenbeträge, ist die Notwendigkeit für die Abdeckung des Länderrisikos auch geringer.

Das Zinsveränderungsrisiko wird durch die Forfaitierung zu einem am Beginn des Geschäftes vereinbarten fixen Kostensatz ausgeschaltet. Die sofortige Auszahlung von diskontiertem Forderungswert schließt spätere Kosten aus. Auf Anfrage können die Kosten bereits vor Abschluß des Geschäftes indikativ angegeben oder gegen Zahlung einer Bereitstellungskommission festgelegt werden, damit der Exporteur seine Lieferpreise entsprechend anpassen und die Forfaitierungskosten auf seinen Importeur überwälzen kann.

Durch die volle Auszahlung des diskontierten Forderungsbetrages bei Einreichung der Forderungsdokumente kann der Exporteur den eventuellen Fremdwährungsbetrag in Landeswährung konvertieren. Zwischen Preisvereinbarung mit dem Käufer und Forfaitierung läßt sich das Wechselkursrisiko entweder durch eine Preisgleitklausel oder über den Terminmarkt decken.

DIE KOSTEN DER FORFAITIERUNG ENTSPRECHEN DER RISIKOBEWERTUNG

Der Forfaiteur ist nicht nur Finanzier, sondern Versicherer zugleich. Zusätzlich zu seinen Refinanzierungskosten (täglich variierender Eurosatz zur fristenkongruenten Refinanzierung) wird er einen Aufschlag gemäß seiner Risikoeinschätzung erheben. Diese Marge richtet sich vornehmlich nach der Güte der garantierenden bzw. avalierenden Bank, der Einschätzung der Länderbonität und seinen Erwartungen bezüglich künftiger Zinsentwicklungen. Ein harter Wettbewerb auf dem Forfaitierungsmarkt hat in den letzten Jahren diese Margen sehr schrumpfen lassen, so daß heute bereits von offiziellen Seiten vor zu geringen Risikorückstellungen gewarnt wird. Angesichts der hohen Verschuldung vieler Länder der sozialistischen und der Dritten Welt sind die Forfaiteure zurückhaltender in der Übernahme von Forderungen geworden. Dennoch bietet sich dem Exporteur langlebiger Investitionsgüter durch die Forfaitierung und damit verbundene Risikoabgabe und Sofortauszahlung des Barwertes eine sehr interessante Möglichkeit der Exportfinanzierung.

Literatur

Die Forfaitierung: Manual der Finanz AG Zürich, Zürich, 6. Auflage Feb. 1985 (erste Veröffentlichung 1977)

Forfaitierungsgeschäfte im Dienste der mittelfristigen Exportfinanzierung von Dr. B.T. Häusermann, Bankwirtschaftliche Forschungen, Bd. 9, Verlag Paul Haupt Bern und Stuttgart

Forfaiting: Artikel in Trade Financing, co-ordinated by Ch. J. Gmür, published 1981 by Euromoney Publications, London

Forfaitierung – ein Mittel zur finanziellen Unternehmenssicherung. Artikel von Ch. J. Gmür im Jahrbuch für Betriebswirte 1983 S. 235 (Verlag Taylorix, Stuttgart)

Forfaitierung als Sonderform der Exportfinanzierung von Ch. J. Gmür in „Der Schweizer Treuhänder" 12/1979

Summary

Factoring and forfaiting are often confused with each other, but they are indeed different. Forfaiting is concernced with accounts receivable deriving from sales of capital goods with a credit term 5–7 years. The forfaiter will require promissory notes. When drafts have been forfaited the forfaiter enters into an agreement to waive his rights of recourse to the drawer. For that reason it is very important to assess the quality of the forfaiter (today most forfaiting companies are subsidiaries of big banks). The promissory note or the draft, as a rule issued in US-Dollars, Swiss Francs or Deutschmarks, but also in French Francs, Ecu and Pound Sterling, will be accepted at a discount without any further deduction. The discount rate is based on the daily floating Euro-Market rates and the country risk involved. The risk on the debtor himself will be sometimes limited by the guaranty of a bank.

LITERATURHINWEISE

– zum Teil in Ergänzung der bei den einzelnen Artikeln angegebenen Literatur

Bette, Klaus: Das Factoring-Geschäft, Stuttgart/Wiesbaden 1972
Biscoe, Peter M.: Law and Practice of Credit Factoring, London 1975
Blaurock, Uwe: Die Factoring-Zession – Überlegungen zum Abtretungsverbot und zur Kollision mit anderen Vorausabtretungen, Heidelberg 1978
Cassandro, Bianca: Collaborazione alla gestione e finanziamento d'impresa il factoring in Europa, Mailand 1981
Cox, Anthony, und Mackenzie, John A.: International Factoring, London 1986
Ehling, Heinrich: Zivilrechtliche Probleme der vertraglichen Ausgestaltung des Inland-Factoring-Geschäfts in Deutschland, Berlin 1977
Engelen, Klaus: Die Finanzierung und das Factoring von Buchforderungen in den Vereinigten Staaten von Amerika, Köln 1965
Fischoeder, Peter: Factoring in Deutschland – Inaugural-Dissertation zur Erlangung des Doktorgrades der Wirtschafts- und Sozialwissenschaftlichen Fakultät der Universität zu Köln, Köln 1963
Gavalda, Christian: Encyclopédie Dalloz Droit Commercial V° FACTORING, Paris
Gavalda/Stoufflet: Droit de la banque, Paris 1976
Moskowitz, Louis A.: Modern Factoring and Commercial Financing, New York 1977
Livijn, Claes-Olof: Studies in Financial History, Stockholm o. J. Privatdruck Svenska Finans
National Commercial Finance Conference: Glossary of Asset-Based Financial Terms, New York 1981
Peter, Eugen W.: Factoring als Treuhand-, Finanzierungs- und Sicherungsinstrument offener kurzfristiger Buchforderungen in der Schweiz, Bern/Stuttgart 1973
Ruozi, Roberto und Oliva, Gian Guido: Il factoring, Mailand 1981
Salinger, F. R.: Factoring: Are the True Benefits still to come? in The Company Lawyer (1981) Vol. 2 No. 6, London 1981
Salinger, F. R.: Factoring, Croydon/Surrey 1986
Schmitt, Robert Maria: Das Factoring-Geschäft, Frankfurt 1968
Serick, Rolf: Eigentumsvorbehalt und Sicherungsübertragung Bd. IV, Heidelberg 1976
Sommer, Heinrich Joh.: Factoring in Trade Finance, herausgegeben von Charles J. Gmür, London 1986
Westlake, Melvyn: Factoring, London 1975

VI.
ANHANG
APPENDIX

Inhalt

	Seite
1. Autoren- und Mitarbeiterverzeichnis	203
2. Anschriften internationaler Factoring-Gruppierungen und nationaler Factoringverbände	204
3. Anschriften der Mitgliedsfirmen des Deutschen Factoring-Verbandes e.V. und von Factoringgesellschaften in Österreich, Luxemburg und der Schweiz	205
4. Vertragsmuster und Formulare	
– Factoring-Vertrag Deutschland	206
– Export-Factoring-Vertrag Deutschland	210
– Code of International Factoring Customs (IFC)	218
– Formulare	
– Financing Statement Form USA	229
– Kreditgenehmigungsantrag	229
– Direktzahlungsmeldung	230
– Abtretungsanzeige	230
– Zahlungsmeldung	231
– Anzeige und Übertragung von Forderungen	232
– Mitteilung über beanstandete Rechnungen	233
– Text eines Entwurfs einer Convention über Internationales Factoring	234
Sachregister	238

1. Autoren- und Mitarbeiterverzeichnis

Prof. Dr. Karl Friedrich Hagenmüller, Frankfurt am Main

Dipl.-Volkswirt Heinrich J. Sommer,
Diskont und Kredit AG, Düsseldorf

Rechtsanwalt Dr. Klaus Bette, Mainz

Dipl.-Kaufmann Mag. Dr. Leo Binder-Degenschild,
Factor-Bank Gesellschaft mbH., Wien

Dipl.-Kaufmann L. Bernh. Bjørnstad,
ASF A.S. Factoring Finans, Oslo

Prof. Dr. Uwe Blaurock, Universität Göttingen

Prof. Dr. Christian Gavalda, Universität Paris I

Charles J. Gmür, Finanz AG, Zürich

Prof. Royston M. Goode OBE. LLD., Universität London

Jereon Kohnstamm MBA., Amsterdam

Monroe R. Lazere LL.B.
Lazere Financial Corporation, New York

Hans Volker Mayer, Süd-Factoring GmbH, Stuttgart

Carroll G. (Peter) Moore JD., New York

Michael Müller, Diskont und Kredit AG, Düsseldorf

Dipl.-Kaufmann Nils Otto Nielsen,
ASF A.S. Factoring Finans, Oslo

Frederick R. Salinger FCA.,
Security Pacific Business Finance (Europe) LTD., Brighton

Georg Schepers, DG Diskontbank AG, Mainz

Dipl.-Kaufmann Siegfried Schindewolf, Wirtschaftsprüfer,
Dr. Wollert − Dr. Elmendorff KG, Wirtschaftsprüfungsgesellschaft,
Düsseldorf

Magister Dr. Harald Schranz,
Intermarket Factoring Gesellschaft mbH, Wien

Rechtsanwalt Gerhard Stoppok,
Diskont und Kredit AG, Düsseldorf

Gerhard Vink, Diskont und Kredit AG, Düsseldorf

Charles E. Vuksta, Jr., JD.,
The CIT Group/Factoring Meinhard Commercial Inc., New York

2. Anschriften internationaler Factoring-Gruppierungen

Factors Chain International
Keizersgracht 559
1017 DR Amsterdam
Niederlande

International Factors Group
Kortenberglaan 71
1040 Brüssel
Belgien

Holdinggesellschaft der nationalen
Heller Gesellschaften
Walter E. Heller
Overseas Corporation
Chicago
USA

2a Anschriften nationaler Factoringverbände

Belgien
Belgische Vereniging der
Factormaatschappijen
p/a International Factors
Kortenberglaan 7
1040 Brüssel

Großbritannien
The Association of
British Factors Limited
att: Mr. M. J. Burke
Cameron & Markby
Moor House London Wall
London EC2Y 5HE

Italien
A.TE.FI. Associazione delle Societa
Finanziarie di Leasing e Factoring
Via Durindi 16
20122 Mailand

USA
National Commercial Finance
Association (NCFA)
1 Penn Plaza
New York, N.Y. 10001

New York Credit and Financial
Management Association
71 West 23rd Street
New York, N.Y. 10010

2b Factoring als Abteilung eines anderen Verbandes

Finnland
Finnish Finance Houses Association
P.O. Box 125
00531 Helsinki 53

Frankreich
Association Française des Societes
Financieres (A.S.F.)
Avenue d'Eylau 12
F-75116 Paris

Norwegen
The Norwegian Association
of Finance Houses
Lang Kala 1
0150 Oslo

Schweden
Finansbolagens Foerening
Stockholm

3. Anschriften der Mitgliedsfirmen des Deutschen Factoring Verbandes e.V. und der Factoringgesellschaften in Österreich, Luxemburg und der Schweiz

Deutscher Factoring Verband e.V., Sitz Frankfurt am Main
Geschäftsführer: Rechtsanwalt Dr. Klaus Bette, Rechtsanwalt Dr. Ulrich Brink
Rheinallee 3 d, 6500 Mainz 1

1. Bertelsmann Distribution GmbH
   An der Autobahn, 4830 Gütersloh
2. Clark Credit Bank GmbH
   Friedrich-Ebert-Str. 120, 4330 Mühlheim/Ruhr
3. Credit Factoring International GmbH
   Zeil 81, 6000 Frankfurt am Main 1
4. Deutsche Factoring Bank, – Deutsche Factoring GmbH & Co. –
   Langenstr. 15–21, 2800 Bremen 1
5. DG Diskontbank AG
   Wiesenhüttenstr. 10, 6000 Frankfurt am Main
6. Diskont und Kredit AG
   Couvenstraße 6, 4000 Düsseldorf
7. GEFA Gesellschaft für Absatzfinanzierung mbH
   Laurentiusstraße 19–21, 5600 Wuppertal-Elberfeld
8. Heller Factoring Bank AG
   Wallaustraße 111, 6500 Mainz
9. Procedo Gesellschaft für Exportfactoring
   D. Klindworth mbH
   Abraham-Lincoln-Straße 12, 6200 Wiesbaden
10. SEL Finanz GmbH
    Lorenzweg 5, 1000 Berlin 42
11. Süd-Factoring GmbH
    Lautenschlager Str. 20, 7000 Stuttgart 1

Factoring Gesellschaften

Österreich:
1. Factor-Bank
   International Factors-Austria Ges.m.b.H., Wien
2. Intermarket Factoring Gesellschaft mbH, Wien
3. Helleer Factoring, Österreich A6

Luxemburg
1. ELFA
   Eurolease-Factor, Luxembourg
2. Banque Internationale à Luxembourg
   Service des Crédits Spécialisés, Luxembourg

Schweiz
1. Factors AG, Zürich
2. Aufina Leasing + Factoring AG, Brugg

4. Vertragsmuster und Formulare

Factoring-Vertrag

DISKONT UND KREDIT AG
Partner der KG Allgemeine Leasing GmbH & Co.

zwischen der

| Diskont und Kredit |
| Aktiengesellschaft |
| Couvenstraße 6 |
| |
| 4000 Düsseldorf 1 |
| |
| Telefon (0211) 3676-0, Telefax (0211) 3676-300 |
| Telex 8587857, Teletex 2114 194 |

– nachstehend Disko genannt –

und der

| Firma |
| |
| |
| |
| |
| Telefon ( ) |
| Telex |

– nachstehend Firma genannt –

§ 1
Gegenstand des Vertrages

Die Disko kauft hiermit von der Firma alle nach Abschluß des Vertrages entstehenden Forderungen aus Warenlieferungen gegen deren inländische Käufer.

Der Ankauf der Forderungen erfolgt nach Maßgabe der Bestimmungen dieses Vertrages, und zwar unabhängig davon, ob die Disko die Haftung für die Zahlungsfähigkeit der Käufer übernimmt.

Der Kaufpreis wird in einer besonderen Vereinbarung zu diesem Vertrag festgesetzt.

§ 2
Spezifizierung der Forderungen

Die Firma verpflichtet sich, für die Dauer dieses Vertrages der Disko laufend die Forderungen im Sinne von § 1 mitzuteilen und durch Übersendung von Rechnungskopien zu spezifizieren.

§ 3
Haftungszusage

Durch die Haftungszusage übernimmt die Disko für die angekauften Forderungen das Risiko der Zahlungsunfähigkeit des jeweiligen Käufers bis zum genehmigten Betrag (Haftungszusage).

Soweit Disko die Haftungszusage übernimmt, erfolgt dies in Form einer Einzelgenehmigung oder eines Limits aufgrund eines schriftlichen Formularantrages für jeden einzelnen Käufer. Die Firma hat den schriftlichen Formularantrag sorgfältig und vollständig auszufüllen.

Sofern nicht eine ausdrückliche Haftungszusage der Disko erfolgt ist, verbleibt das Risiko der Zahlungsunfähigkeit des Käufers bei der Firma.

Für Forderungen, bei denen der Firma Umstände bekannt sind, die gegen die Kreditwürdigkeit der Käufer sprechen, sowie für Forderungen gegen verbundene Unternehmen ist eine Haftungszusage der Disko ausgeschlossen.

Soweit die Ware noch nicht versandt ist, kann die Disko die Haftungszusage nach eigenem Ermessen jederzeit widerrufen oder herabsetzen, wenn ihr Umstände bekannt werden, die eine Aufrechterhaltung der Einzelgenehmigung oder des Limits insgesamt oder teilweise nicht mehr rechtfertigen.

Der Widerruf der Haftungszusage betrifft nicht Forderungen oder Forderungsteile, die aus Warenlieferungen begründet sind, die vor Widerruf erfolgten.

Der Warenversand nach Widerruf oder nach Reduzierung der Haftungszusage erfolgt ausschließlich auf Risiko der Firma.

Ist die Ware bei Widerruf oder Reduzierung der Haftungszusage bereits versandt, aber noch nicht ausgeliefert, ist die Firma verpflichtet, sofort alle erforderlichen Maßnahmen zu treffen, damit diese Ware nicht mehr ausgeliefert wird, und die Disko sofort hiervon durch Telefon, Fernschreiben oder Telegramm zu unterrichten. Über die Ware darf nur nach den Weisungen der Disko verfügt werden. Ist die Ware bereits ausgeliefert, müssen der Disko sofort alle Unterlagen — wie Versandnachweis, Rechnungskopie, Transport- und Versicherungsdokumente, Spezifikationsliste und eventuelle sonstige Unterlagen — herausgegeben werden, damit die Ansprüche auf Herausgabe der Ware bzw. Schadens- und Versicherungsansprüche geltend gemacht werden können.

Haftungszusagen gelten nur für Forderungen aus Warenlieferungen, die unter Warengattungen fallen, die in einer separaten Vereinbarung ausdrücklich benannt sind.

Weichen die mit dem Käufer vereinbarten Zahlungsbedingungen von den Angaben im Formularantrag ab, entfällt die Haftungszusage.

Haftungszusagen in Form eines Limits gelten nur für Warenlieferungen, die nach dem Datum des Formularantrages erfolgt sind, soweit nicht schriftlich etwas anderes vereinbart worden ist.

§ 4
Haftung der Firma für die Zahlungsfähigkeit des Käufers

Soweit die Disko eine Haftungszusage nicht erteilt hat, sind die Forderungen mit der Maßgabe angekauft, daß die Firma über die Regelung in § 438 BGB hinaus auch die Haftung für die Zahlungsfähigkeit des Käufers bis zur Tilgung der Forderung übernimmt. Die Disko ist berechtigt, aber nicht verpflichtet, solche Forderungen jederzeit auf die Firma zurückzuübertragen; der Kaufpreis oder die Vorauszahlungen sind sofort zurückzuzahlen.

Soweit eine Haftungszusage der Disko widerrufen ist, werden Forderungen entsprechend ihrer Fälligkeit von der Haftungszusage im Sinne von § 3 nicht erfaßt, sobald ältere Forderungen durch Zahlung erloschen sind.

Werden demgemäß Forderungen nur zum Teil von der Haftungszusage der Disko abgedeckt, so erhält der von der Haftungszusage abgedeckte Teil den Vorrang vor dem nicht abgedeckten Teil.

§ 5
Abtretungen der Forderungen

Die Firma tritt hiermit der Disko in Erfüllung des Kaufvertrages alle Forderungen aus Warenlieferungen, die ihr gegen ihre sämtlichen Käufer im Sinne des § 1 zustehen, ab. Die Disko nimmt die Abtretung hiermit an.

Mit den Forderungen überträgt die Firma alle für sie haftenden Sicherheiten und Nebenrechte, insbesondere die gemäß ihren Lieferungsbedingungen mit dem Käufer vereinbarten Sicherheiten. Die Firma ist verpflichtet, einen wirksamen Eigentumsvorbehalt mit den Käufern zu vereinbaren. Die Disko ist berechtigt, jedoch nicht verpflichtet, diese Rechte geltend zu machen.

Die Kaufverträge, auf die sich die einzelnen Lieferungen beziehen, sind der Disko auf Verlangen herauszugeben.

Demgemäß sind die Parteien darüber einig, daß mit Übertragung der Forderungen auch alle Nebenrechte auf die Disko übergehen. Die Disko und die Firma sind insbesondere darüber einig, daß Vorbehalts- und Sicherungseigentum der Firma auf die Disko übergehen. Die Übergabe der Waren wird dadurch ersetzt, daß die Firma diese für die Disko unentgeltlich verwahrt. Sie ist berechtigt, die Waren dem entsprechenden Käufer auszuhändigen. Soweit sich die Waren im Besitz des Käufers oder eines Dritten befinden, tritt die Firma hiermit ihren Herausgabeanspruch gegen den Käufer bzw. den Dritten an die Disko ab.

Werden die der Disko übereigneten Gegenstände an die Firma aus irgendwelchen Gründen zurückgesandt oder von der Firma Gutschriften erteilt, so hat die Firma die Disko umgehend hiervon zu benachrichtigen und den Kaufpreis für die Forderung oder gewährte Vorauszahlungen an die Disko zurückzuzahlen. Die Firma ist verpflichtet, die Gegenstände unentgeltlich zu verwahren und kenntlich zu machen, daß diese sich im Eigentum der Disko befinden. Die Firma kann über diese Waren im ordentlichen Geschäftsgang verfügen, sobald die offenen Rechnungsbeträge bei der Disko ausgeglichen sind.

§ 6
Dokumente

Die Firma hat sämtliche Ausfertigungen der Rechnungen nach den Weisungen der Disko auf der Vorderseite mit einem Abtretungsvermerk zu versehen, dessen Text der Firma mitgeteilt wird, und unverzüglich zu versenden. Eine Rechnungsdurchschrift sendet die Firma als Nachweis des Forderungsübergangs und der Lieferung an die Disko. Wird der Abtretungsvermerk auf der Original-Rechnung oder auf den Rechnungsdurchschriften nicht angebracht, gilt die Haftungszusage als nicht erteilt.

Auf Verlangen übergibt die Firma der Disko die Versand- und Versicherungsdokumente. Die Parteien sind darüber einig, daß sämtliche Ansprüche gegen die Transportfirma und gegen den Versicherer sowie gegen einen Schadenverursacher bzw. dessen Versicherer hiermit an die Disko abgetreten sind.

Die Firma hat alle Dokumente, die zur Durchsetzung der abgetretenen Ansprüche erforderlich sind, der Disko zu übergeben sowie alle notwendigen Auskünfte zu erteilen.

§ 7
Laufzeit der Forderungen

Die Firma darf ihren Käufern nur im Einvernehmen mit der Disko ein längeres Zahlungsziel als 90 Tage einräumen. Sofern nicht von der Disko schriftlich ausdrücklich bestätigt, werden Forderungen mit längeren Zahlungszielen von der Haftungszusage nicht erfaßt.

§ 8
Gewährleistung der Firma für den Bestand und die Übertragbarkeit der Forderungen

Die Firma haftet für den Bestand und die Übertragbarkeit der Forderungen. Sie haftet ferner dafür, daß die Forderungen nicht nachträglich in ihrem Bestand verändert oder gefährdet werden, insbesondere nicht durch Aufrechnung, Anfechtung, Verfügungsbeschränkungen, Provisionsansprüche Dritter oder Einwendungen welcher Art auch immer.

Die Firma steht dafür ein, daß die den Forderungen zugrunde liegenden Waren nicht mit Mängeln behaftet sind und der Käufer insbesondere nicht Wandlung, Minderung, Schadensersatz wegen Nichterfüllung, Nachleistung, Nachbesserung, Ansprüche wegen positiver Vertragsverletzung oder ein Zurückbehaltungsrecht geltend machen kann. Die Firma muß die Disko sofort informieren, wenn vom Käufer oder von Dritten irgendwelche Einwendungen, Einreden oder irgendwelche Rechte an der Forderung behauptet werden.

§ 9
Auszahlung des Kaufpreises

Die Disko wird den Kaufpreis für die angekaufte Forderung bezahlen, sobald der vom Käufer geschuldete Kaufpreis bei ihr eingegangen ist, bei Forderungen, die mit Haftungszusage angekauft wurden, spätestens jedoch 90 Tage nach Fälligkeit.

Die Disko ist nicht zur Zahlung verpflichtet, wenn die Regulierung des Kaufpreises durch den Käufer aus anderen Gründen als der Zahlungsunfähigkeit unterbleibt, z. B. wegen erhobener Sach- oder Rechtsmängel oder sonstiger Einreden und Einwendungen, Warenretouren und in allen Fällen höherer Gewalt.

Die Disko ist nicht verpflichtet, die Zulässigkeit und Begründetheit der Einreden und Einwendungen zu prüfen.

Die Disko kann ihr obliegende Leistungen an die Firma wegen eigener Ansprüche zurückstellen, auch wenn diese befristet sind, oder nicht auf demselben rechtlichen Verhältnis beruhen. Die Firma kann Forderungen gegen die Disko nur aufrechnen, soweit diese unbestritten oder rechtskräftig festgestellt sind.

In allen diesen Fällen hat die Disko das Recht, den von ihr für die Warenforderungen geleisteten Kaufpreis oder etwaige Vorauszahlungen sofort zurückzufordern.

§ 10
Vorauszahlungen
Die Disko ist bereit, Vorauszahlungen auf den Kaufpreis der angekauften Forderungen bis zur Höhe eines gesondert zu vereinbarenden Prozentsatzes des Gegenwertes der Brutto-Rechnungsbeträge zu gewähren.

Die Disko ist befugt, den Prozentsatz der Vorauszahlung jederzeit veränderten Verhältnissen anzupassen.

Die Vorauszahlungen werden einem bei der Disko geführten Sonderkonto belastet. Die in Anspruch genommenen Beträge auf dem Sonderkonto sind mit einem in besonderer Vereinbarung festgelegten Satz kontokorrentmäßig zu verzinsen, und zwar für die Zeit von der Inanspruchnahme bis zum Zahlungseingang bei der Disko bzw. 90 Tage nach Fälligkeit der Kaufpreisschuld (§ 9 Abs. 1).

Factoring-Vorauszahlungen dienen zur Finanzierung des Umlaufvermögens der Firma, insbesondere zur Bezahlung der Lieferanten-Verbindlichkeiten unter Skontoausnutzung. Die Firma wird der Disko auf Anforderung Aufstellungen ihrer Lieferanten- und Wechselverbindlichkeiten sowie jede andere gewünschte Unterlage zur Verfügung stellen.

Im Falle der Kündigung oder sonstigen Beendigung dieses Vertrages sind die geleisteten Vorauszahlungen zurückzuerstatten; weitere Vorauszahlungen erfolgen nicht; eingehende Beträge werden dem Vorauszahlungskonto gutgeschrieben.

§ 11
Eingang von Forderungsbeträgen bei der Firma, Zahlungen des Käufers
Die Firma verpflichtet sich, sämtliche bei ihr eingehenden Zahlungen auf die der Disko abgetretenen Forderungen am Tage des Eingangs an die Disko mit allen Originalbelegen weiterzuleiten und die Disko unverzüglich von dem Eingang zu unterrichten.

Absatz 1 gilt entsprechend für Wechsel, Schecks und alle sonstigen zahlungshalber oder an Zahlungs Statt erfolgten Leistungen. Firma und Disko sind darüber einig, daß diese Zahlungsmittel oder zum Zweck der Zahlung empfangenen Leistungen im Zeitpunkt des Eingangs bei der Firma in das Eigentum bzw. in den Verfügungsbereich der Disko übergehen, wobei die Firma sie bis zur Übersendung an die Disko für diese als Treuhänder unentgeltlich verwahren wird. Die durch Wechsel und Schecks verbrieften Ansprüche tritt die Firma schon jetzt an die Disko ab und wird diese Papiere an die Disko indossieren.

Zahlungen des Käufers der Ware oder Gutschriften der Firma werden auf unausgeglichene Forderungen gegen den Käufer der Ware in der Reihenfolge ihrer Fälligkeit verrechnet; zunächst jedoch für angekaufte Forderungen, bei denen die Firma für die Zahlungsfähigkeit des Käufers keine Gewähr leistet.

Die Firma ist verpflichtet, die Käufer schriftlich auf die ordnungsgemäße Zahlungsweise hinzuweisen und Disko eine Kopie zukommen zu lassen; unbeschadet hiervon ist die Disko berechtigt, die Käufer darauf nochmals hinzuweisen, daß Zahlungen mit schuldbefreiender Wirkung nur an Disko erfolgen können.

§ 12
Guthaben des Käufers
Entstehen auf einem Käuferkonto durch Erteilung von Käufergutschriften, Überzahlung des Käufers usw. Guthabenbeträge, so ist die Disko berechtigt, aber nicht verpflichtet, solche Beträge an den Käufer zu Lasten der Firma auszuzahlen. Die Disko ist berechtigt, für solche Beträge eine Sicherheitsleistung der Firma zu verlangen.

§ 13
Beanstandungen des Käufers
Werden vom Käufer vor oder nach der Fälligkeit der Forderung aus der Warenlieferung Sach- oder Rechtsmängel oder sonstige Einreden oder Einwendungen gegen die Forderung geltend gemacht oder unterbleibt die Regulierung des Kaufpreises aufgrund von Warenretouren und in allen Fällen von höherer Gewalt, so ist die Disko von ihrer Haftungszusage befreit. Dies gilt auch dann, wenn sich nachträglich herausstellt, daß sich die vorgebrachten Einreden oder Einwendungen sowie Sach- oder Rechtsmängel als unzulässig oder unbegründet erwiesen haben oder die Berufung auf Warenretouren nicht berechtigt war.

Die Firma ist in diesen Fällen verpflichtet, sofort die Disko zu benachrichtigen und auf erste Anforderung den Kaufpreis für die Forderung oder die erhaltene Vorauszahlung an die Disko zurückzuzahlen. Zahlt die Firma nicht binnen Wochenfrist nach Abgabe der ersten Anforderung, ist die Disko berechtigt, 1,5% pro Monat Verzugszinsen zu verlangen. Eine Rückerstattung der Factoring-Gebühr erfolgt nicht.

Die Firma verpflichtet sich, bei vom Käufer vorgebrachten Beanstandungen, die sich auf seine Zahlungsverpflichtung auswirken können, sich schnellstens um eine Klärung zu bemühen. Soweit die Firma in der Lage ist, derartige Beanstandungen innerhalb von 60 Tagen zu beseitigen, und zwar begleitet von der uneingeschränkten Verpflichtungserklärung des Käufers zur Zahlung, wird die ursprüngliche Haftungszusage auf die jeweilige Forderung von der Disko wieder übernommen. Dabei wird vorausgesetzt, daß weder die Fälligkeit der Forderung durch Vereinbarung zwischen der Firma und dem Käufer hinausgeschoben wird, noch daß die Disko einen Widerruf ihrer Haftungszusage erklärt hat.

§ 14
Außergerichtliche und gerichtliche Maßnahmen
Die Disko ist berechtigt, aber nicht verpflichtet, die nach Maßgabe von § 4 angekauften Forderungen durch ihren Beauftragten außergerichtlich und durch gerichtliche Maßnahmen einzuziehen. Die Firma trägt sämtliche in diesem Zusammenhang entstehenden Auslagen, zum Beispiel Anwaltsgebühren, Gerichtskosten etc.

Diese Regelung gilt auch für Forderungen, bei denen nachträglich die Haftungszusage der Disko entfallen ist.

§ 15
Unterrichtung der Disko
Die Firma ist verpflichtet, die Disko sofort zu benachrichtigen, wenn ihr oder ihren Repräsentanten oder Vertretern Umstände bekannt sind oder bekannt werden, die für eine Beeinträchtigung der Kreditwürdigkeit des Käufers sprechen und damit die Einziehung der auf die Disko übergegangenen Forderungen oder etwaige sonstige auf die Disko übergegangenen Sicherheiten gefährden könnten.

Die Disko ist von Verhandlungen der Firma mit dem Käufer über die Regulierung von Forderungen zu informieren. Werden von der Firma ohne Einwilligung der Disko Vereinbarungen über von der Disko angekaufte Forderungen getroffen, ist die Disko befugt, die Haftungszusage zu widerrufen und den Kaufpreis oder geleistete Vorauszahlungen zurückzufordern bzw. zurückzubelasten.

Die Firma ist verpflichtet, der Disko unverzüglich nach dem Ende eines jeden Geschäftsjahres ihre Bilanz vorzulegen. Im übrigen sind der Disko alle Auskünfte und Schriftstücke im Zusammenhang mit den zugrunde liegenden Geschäften zur Verfügung zu stellen; die Disko ist befugt, jederzeit Einsicht in die Geschäftsbücher und sonstigen Unterlagen bei der Firma zu nehmen.

§ 16
Forderungsverkauf an Dritte, Abtretung der Ansprüche aus dem Vertrag
Während der Laufzeit dieses Vertrages darf die Firma nur mit Einwilligung der Disko mit Dritten Vereinbarungen über den Verkauf von Forderungen im Sinne dieses Vertrages abschließen. Die Firma ist nur mit schriftlicher Genehmigung der Disko befugt, Ansprüche aus dem Vertrag an Dritte abzutreten.

§ 17
Factoring-Gebühren
Die Factoring-Gebühren werden in einer besonderen Vereinbarung zu diesem Vertrag festgesetzt. Die Disko ist jederzeit befugt, die Höhe der Gebühren veränderten Verhältnissen anzupassen.

§ 18
Vertragsdauer und Nebenabreden
Dieser Vertrag wird vom _____ bis zum _____ geschlossen und verlängert sich jeweils stillschweigend um ein Jahr, wenn er nicht von einer der beiden Parteien drei Monate vor Ablauf gekündigt wird. Nach erfolgter Kündigung sind beide Parteien verpflichtet, die laufenden Geschäfte in der vereinbarten Form abzuwickeln.

Die Disko ist zur fristlosen Kündigung dieses Vertrages berechtigt, wenn die Firma die ihr nach diesem Vertrag obliegenden Verpflichtungen schuldhaft verletzt oder Umstände bekannt werden, die gegen die Kreditwürdigkeit der Firma sprechen. In diesem Fall ist die Firma verpflichtet, den Kaufpreis oder Vorauszahlungen sofort zurückzuzahlen. Mit Zahlungseingang wird die Disko die Forderungen auf die Firma zurückübertragen.

Mündliche Nebenabreden ohne schriftliche Bestätigung der Disko haben keine Gültigkeit.

§ 19
Erfüllungsort und Gerichtsstand
Erfüllungsort und Gerichtsstand für alle sich aus diesem Vertrag ergebenden Streitigkeiten ist Düsseldorf.

§ 20
Gültigkeit der AGB
Es gelten die Allgemeinen Geschäftsbedingungen der Disko.

§ 21
Teilnichtigkeitsklausel
Sollte eine Bestimmung dieses Vertrages nichtig sein oder werden, so soll trotzdem der Vertrag wirksam bleiben; jedoch soll dasjenige gelten, was die Parteien vereinbart hätten, wenn sie die Nichtigkeit oder Anfechtbarkeit dieser Bestimmung bedacht hätten.

Düsseldorf, den _____   _____, den _____

**Diskont und Kredit
Aktiengesellschaft**

_____   _____
(Unterschrift der Firma)

DISKONT UND KREDIT AG
Partner der KG Allgemeine Leasing GmbH & Co.

Export-Factoring-Vertrag

zwischen der

| Diskont und Kredit |
| Aktiengesellschaft |
| Couvenstraße 6 |
| |
| 4000 Düsseldorf |
| |
| Telefon (02 11) 3 67 61 |
| Fernschreiber 08-587 857 |

— nachstehend Disko genannt —

und der

| Firma |
| |
| |
| |
| |
| |
| Telefon (   ) |
| Fernschreiber |

— nachstehend Firma genannt —

§ 1

Gegenstand des Vertrages

Die Disko kauft hiermit von der Firma alle nach Abschluß des Vertrages entstehenden Forderungen aus Warenlieferungen gegen deren ausländische Käufer.

Der Ankauf der Forderungen erfolgt nach Maßgabe der Bestimmungen dieses Vertrages, und zwar unabhängig davon, ob die Disko die Haftung für die Zahlungsfähigkeit der Käufer übernimmt.

Der Kaufpreis wird in einer besonderen Vereinbarung zu diesem Vertrag festgesetzt.

Die Disko ist befugt, diese Forderungen an ihre Factoring-Korrespondenten (Import-Factor) im Ausland zu übertragen.

Der Vertrag umfaßt Forderungen aus Warenlieferungen gegen ausländische Käufer in den nachfolgend genannten Ländern:

§ 2

Spezifizierung der Forderungen

Die Firma verpflichtet sich, für die Dauer dieses Vertrages der Disko laufend die Forderungen im Sinne von § 1 mitzuteilen und durch Übersendung von Rechnungskopien zu spezifizieren.

§ 3

Haftungszusage

Durch die Haftungszusage übernimmt die Disko für die angekauften Forderungen das Risiko der Zahlungsunfähigkeit des jeweiligen Käufers bis zum genehmigten Betrag (Haftungszusage).

Soweit Disko die Haftungszusage übernimmt, erfolgt dies in Form einer Einzelgenehmigung oder eines Limits aufgrund eines schriftlichen Formularantrages für jeden einzelnen Käufer. Die Firma hat den schriftlichen Formularantrag sorgfältig und vollständig auszufüllen.

Sofern nicht eine ausdrückliche Haftungszusage der Disko erfolgt ist, verbleibt das Risiko der Zahlungsunfähigkeit des Käufers bei der Firma.

Für Forderungen, bei denen der Firma Umstände bekannt sind, die gegen die Kreditwürdigkeit der Käufer sprechen, sowie für Forderungen gegen verbundene Unternehmen ist eine Haftungszusage der Disko ausgeschlossen.

Soweit die Ware noch nicht versandt ist, kann die Disko die Haftungszusage nach eigenem Ermessen jederzeit widerrufen oder herabsetzen, wenn ihr Umstände bekannt werden, die eine Aufrechterhaltung der Einzelgenehmigung oder des Limits insgesamt oder teilweise nicht mehr rechtfertigen.

In dringenden Fällen kann der Widerruf des Limits auch direkt vom Import-Factor erfolgen. Dieser Widerruf durch den Import-Factor erfolgt mit Zustimmung der Disko und ist mit Zugang bei der Firma wirksam. Eine schriftliche Bestätigung der Disko erfolgt ohne Verzug. Der Name des jeweiligen Import-Factors ist der Firma aus dem Aufkleber oder Stempel mit dem Abtretungsvermerk bekannt.

Der Widerruf der Haftungszusage betrifft nicht Forderungen oder Forderungsteile, die aus Warenlieferungen begründet sind, die vor Widerruf erfolgten.

Der Warenversand nach Widerruf oder nach Reduzierung der Haftungszusage erfolgt ausschließlich auf Risiko der Firma.

Ist die Ware bei Widerruf oder Reduzierung der Haftungszusage bereits versandt, aber noch nicht ausgeliefert, ist die Firma verpflichtet, sofort alle erforderlichen Maßnahmen zu treffen, damit diese Ware nicht mehr ausgeliefert wird, und die Disko sofort hiervon durch Telefon, Fernschreiben oder Telegramm zu unterrichten. Über die Ware darf nur nach den Weisungen der Disko verfügt werden. Ist die Ware bereits ausgeliefert, müssen der Disko sofort alle Unterlagen — wie Versandnachweis, Rechnungskopie, Transport- und Versicherungsdokumente, Spezifikationsliste und eventuelle sonstige Unterlagen — herausgegeben werden, damit die Ansprüche auf Herausgabe der Ware bzw. Schadens- und Versicherungsansprüche geltend gemacht werden können.

Haftungszusagen gelten nur für Forderungen aus Warenlieferungen, die unter Warengattungen fallen, die in einer separaten Vereinbarung ausdrücklich benannt sind.

Weichen die mit dem Käufer vereinbarten Zahlungsbedingungen von den Angaben im Formularantrag ab, entfällt die Haftungszusage.

Haftungszusagen in Form eines Limits gelten nur für Warenlieferungen, die nach dem Datum des Formularantrages erfolgt sind, soweit nicht schriftlich etwas anderes vereinbart worden ist.

§ 4
Haftung der Firma für die Zahlungsfähigkeit des Käufers

Soweit die Disko eine Haftungszusage nicht erteilt hat, sind die Forderungen mit der Maßgabe angekauft, daß die Firma über die Regelung in § 438 BGB hinaus auch die Haftung für die Zahlungsfähigkeit des Käufers bis zur Tilgung der Forderung übernimmt. Die Disko ist berechtigt, aber nicht verpflichtet, solche Forderungen jederzeit auf die Firma zurückzuübertragen; der Kaufpreis oder die Vorauszahlungen sind sofort zurückzuzahlen.

Soweit eine Haftungszusage der Disko widerrufen ist, werden Forderungen entsprechend ihrer Fälligkeit von der Haftungszusage im Sinne des § 3 nicht erfaßt, sobald ältere Forderungen durch Zahlung erloschen sind.

Werden demgemäß Forderungen nur zum Teil von der Haftungszusage der Disko abgedeckt, so erhält der von der Haftungszusage abgedeckte Teil den Vorrang vor dem nicht abgedeckten Teil.

§ 5
Abtretungen der Forderungen

Die Firma tritt hiermit der Disko in Erfüllung des Kaufvertrages alle Forderungen aus Warenlieferungen, die ihr gegen ihre sämtlichen Käufer im Sinne des § 1 zustehen, ab. Die Disko nimmt die Abtretung hiermit an.

Mit den Forderungen überträgt die Firma alle für sie haftenden Sicherheiten und Nebenrechte, insbesondere die gemäß ihren Lieferungsbedingungen mit dem Käufer vereinbarten Sicherheiten. Die Firma ist verpflichtet, einen wirksamen Eigentumsvorbehalt mit den Käufern zu vereinbaren. Die Disko ist berechtigt, jedoch nicht verpflichtet, diese Rechte geltend zu machen.

Die Kaufverträge, auf die sich die einzelnen Lieferungen beziehen, sind der Disko auf Verlangen herauszugeben.

Demgemäß sind die Parteien darüber einig, daß mit Übertragung der Forderungen auch alle Nebenrechte auf die Disko übergehen. Die Disko und die Firma sind insbesondere darüber einig, daß Vorbehalts- und Sicherungseigentum der Firma auf die Disko übergehen. Die Übergabe der Waren wird dadurch ersetzt, daß die Firma diese für die Disko unentgeltlich verwahrt. Sie ist berechtigt, die Waren dem entsprechenden Käufer auszuhändigen. Soweit sich die Waren im Besitz des Käufers oder eines Dritten befinden, tritt die Firma hiermit ihren Herausgabeanspruch gegen den Käufer bzw. den Dritten an die Disko ab.

Die Firma ist mit der Disko darüber einig, daß sich die Rechtsgültigkeit vorstehender Vereinbarungen ausschließlich nach deutschem Recht bestimmt oder doch von den Beteiligten so behandelt wird, als ob sie diesem Recht unterständen und daher nicht davon abhängen soll, daß sie auch den Vorschriften eines ausländischen Rechts, z. B. des im Land des Käufers geltenden Rechts, entspricht.

Unabhängig hiervon verpflichtet sich die Firma gegenüber Disko, auf Verlangen jederzeit alle Erklärungen abzugeben, Handlungen vorzunehmen oder Urkunden beizubringen, die erforderlich sind, damit die Abtretung der Forderung, die Übertragung des Eigentums und sonstige Rechte und Sicherheiten den besonderen Formvorschriften des ausländischen Rechts gerecht werden.

Werden die der Disko übereigneten Gegenstände an die Firma aus irgendwelchen Gründen zurückgesandt oder von der Firma Gutschriften erteilt, so hat die Firma die Disko umgehend hiervon zu benachrichtigen und den Kaufpreis für die Forderung oder gewährte Vorauszahlungen an die Disko zurückzuzahlen. Die Firma ist verpflichtet, die Gegenstände unentgeltlich zu verwahren und kenntlich zu machen, daß diese sich im Eigentum der Disko befinden. Die Firma kann über diese Waren im ordentlichen Geschäftsgang verfügen, sobald die offenen Rechnungsbeträge bei der Disko ausgeglichen sind.

§ 6
Dokumente

Die Firma hat sämtliche Ausfertigungen der Rechnungen nach den Weisungen der Disko auf der Vorderseite mit einem Abtretungsvermerk zu versehen, dessen Text der Firma mitgeteilt wird, und unverzüglich zu versenden. Eine Rechnungsdurchschrift sendet die Firma als Nachweis des Forderungsübergangs und der Lieferung an die Disko. Wird der Abtretungsvermerk auf der Original-Rechnung oder auf den Rechnungsdurchschriften nicht angebracht, gilt die Haftungszusage als nicht erteilt.

Auf Verlangen übergibt die Firma der Disko die Versand- und Versicherungsdokumente. Die Parteien sind darüber einig, daß sämtliche Ansprüche gegen die Transportfirma und gegen den Versicherer sowie gegen einen Schadenverursacher bzw. dessen Versicherer hiermit an die Disko abgetreten sind.

Die Firma hat alle Dokumente, die zur Durchsetzung der abgetretenen Ansprüche erforderlich sind, der Disko zu übergeben sowie alle notwendigen Auskünfte zu erteilen.

§ 7
Laufzeit der Forderungen

Die Firma darf ihren Käufern nur im Einvernehmen mit der Disko ein längeres Zahlungsziel als 90 Tage einräumen. Sofern nicht von der Disko schriftlich ausdrücklich bestätigt, werden Forderungen mit längeren Zahlungszielen von der Haftungszusage nicht erfaßt.

§ 8
Gewährleistung der Firma für den Bestand und die Übertragbarkeit der Forderungen

Die Firma haftet für den Bestand und die Übertragbarkeit der Forderungen. Sie haftet ferner dafür, daß die Forderungen nicht nachträglich in ihrem Bestand verändert oder gefährdet werden, insbesondere nicht durch Aufrechnung, Anfechtung, Verfügungsbeschränkungen, Provisionsansprüche Dritter oder Einwendungen welcher Art auch immer.

Die Firma steht dafür ein, daß die den Forderungen zugrunde liegenden Waren nicht mit Mängeln behaftet sind und der Käufer insbesondere nicht Wandlung, Minderung, Schadensersatz wegen Nichterfüllung, Nachleistung, Nachbesserung, Ansprüche wegen positiver Vertragsverletzung oder ein Zurückbehaltungsrecht geltend machen kann. Die Firma muß die Disko sofort informieren, wenn vom Käufer oder von Dritten irgendwelche Einwendungen, Einreden oder irgendwelche Rechte an der Forderung behauptet werden.

§ 9
Auszahlung des Kaufpreises
Die Disko wird den Kaufpreis für die angekaufte Forderung bezahlen, sobald der vom Käufer geschuldete Kaufpreis bei ihr eingegangen ist, bei Forderungen, die mit Haftungszusage angekauft wurden, spätestens jedoch 90 Tage nach Fälligkeit.

Die Disko ist nicht zur Zahlung verpflichtet, wenn die Regulierung des Kaufpreises durch den Käufer aus anderen Gründen als der Zahlungsunfähigkeit unterbleibt, z. B. wegen erhobener Sach- oder Rechtsmängel oder sonstiger Einreden und Einwendungen, Warenretouren, Zoll-, Devisen-, Export- oder Importbestimmungen sowohl in der Bundesrepublik Deutschland als auch im Lande des Käufers oder in allen Fällen höherer Gewalt. Ein Währungs- und Transferrisiko wird von der Disko nicht übernommen.
Die Disko ist nicht verpflichtet, die Zulässigkeit und Begründetheit der Einreden und Einwendungen zu prüfen.
Die Disko kann ihr obliegende Leistungen an die Firma wegen eigener Ansprüche zurückstellen, auch wenn diese befristet sind, oder nicht auf demselben rechtlichen Verhältnis beruhen. Die Firma kann Forderungen gegen die Disko nur aufrechnen, soweit diese unbestritten oder rechtskräftig festgestellt sind.
In allen diesen Fällen hat die Disko das Recht, den von ihr für die Warenforderungen geleisteten Kaufpreis oder etwaige Vorauszahlungen sofort zurückzufordern.

§ 10
Vorauszahlungen
Die Disko ist bereit, Vorauszahlungen auf den Kaufpreis der angekauften Forderungen bis zur Höhe eines gesondert zu vereinbarenden Prozentsatzes des Gegenwertes der Brutto-Rechnungsbeträge zu gewähren.
Die Disko ist befugt, den Prozentsatz der Vorauszahlung jederzeit veränderten Verhältnissen anzupassen.
Die Vorauszahlungen werden einem bei der Disko geführten Sonderkonto belastet. Die in Anspruch genommenen Beträge auf dem Sonderkonto sind mit einem in besonderer Vereinbarung festgelegten Satz kontokorrentmäßig zu verzinsen, und zwar für die Zeit von der Inanspruchnahme bis zum Zahlungseingang bei der Disko bzw. 90 Tage nach Fälligkeit der Kaufpreisschuld (§ 9 Abs. 1).
Sofern die Rechnungen auf ausländische Währungen lauten, kann die Disko die Gutschriften zum jeweils gültigen Tageskurs (Geldkurs) in DM vornehmen. Ein Kursrisiko übernimmt die Disko nicht.
Factoring-Vorauszahlungen dienen zur Finanzierung des Umlaufvermögens der Firma, insbesondere zur Bezahlung der Lieferanten-Verbindlichkeiten unter Skontoausnutzung. Die Firma wird der Disko auf Anforderung Aufstellungen ihrer Lieferanten- und Wechselverbindlichkeiten sowie jede andere gewünschte Unterlage zur Verfügung stellen.
Im Falle der Kündigung oder sonstigen Beendigung dieses Vertrages sind die geleisteten Vorauszahlungen zurückzuerstatten; weitere Vorauszahlungen erfolgen nicht; eingehende Beträge werden dem Vorauszahlungskonto gutgeschrieben.

§ 11
Eingang von Forderungsbeträgen bei der Firma, Zahlungen des Käufers
Die Firma verpflichtet sich, sämtliche bei ihr eingehenden Zahlungen auf die der Disko abgetretenen Forderungen am Tage des Eingangs an die Disko mit allen Originalbelegen weiterzuleiten und die Disko unverzüglich von dem Eingang zu unterrichten.
Absatz 1 gilt entsprechend für Wechsel, Schecks und alle sonstigen zahlungshalber oder an Zahlungs Statt erfolgten Leistungen. Firma und Disko sind darüber einig, daß diese Zahlungsmittel oder zum Zweck der Zahlung empfangenen Leistungen im Zeitpunkt des Eingangs bei der Firma in das Eigentum bzw. in den Verfügungsbereich der Disko übergehen, wobei die Firma sie bis zur Übersendung an die Disko für diese als Treuhänder unentgeltlich verwahren wird. Die durch Wechsel und Schecks verbrieften Ansprüche tritt die Firma schon jetzt an die Disko ab und wird diese Papiere an die Disko indossieren.
Zahlungen des Käufers der Ware oder Gutschriften der Firma werden auf unausgeglichene Forderungen gegen den Käufer der Ware in der Reihenfolge ihrer Fälligkeit verrechnet; zunächst jedoch für angekaufte Forderungen, bei denen die Firma für die Zahlungsfähigkeit des Käufers keine Gewähr leistet.
Die Firma ist verpflichtet, die Käufer schriftlich auf die ordnungsgemäße Zahlungsweise hinzuweisen und Disko eine Kopie zukommen zu lassen; unbeschadet hiervon sind die Disko und der Import-Factor berechtigt, die Käufer darauf nochmals hinzuweisen, daß Zahlungen mit schuldbefreiender Wirkung nur gemäß den Weisungen des Abtretungsvermerkes erfolgen können.

§ 12
Guthaben des Käufers
Entstehen auf einem Käuferkonto durch Erteilung von Käufergutschriften, Überzahlung des Käufers usw. Guthabenbeträge, so ist die Disko bzw. der jeweilige Import-Factor im Ausland berechtigt, aber nicht verpflichtet, solche Beträge an den Käufer zu Lasten der Firma auszuzahlen. Die Disko ist berechtigt, für solche Beträge eine Sicherheitsleistung der Firma zu verlangen.

§ 13
Beanstandungen des Käufers
Werden vom Käufer vor oder nach der Fälligkeit der Forderung aus der Warenlieferung Sach- oder Rechtsmängel oder sonstige Einreden oder Einwendungen gegen die Forderung geltend gemacht oder unterbleibt die Regulierung des Kaufpreises aufgrund von Warenretouren, Zoll-, Devisen-, Export- oder Importbestimmungen, sowohl in der Bundesrepublik Deutschland als auch im Lande des Käufers oder in allen Fällen höherer Gewalt, so ist die Disko von ihrer Haftungszusage befreit. Dies gilt auch dann, wenn sich nachträglich herausstellt, daß sich die vorgebrachten Einreden oder Einwendungen sowie Sach- oder Rechtsmängel als unzulässig oder unbegründet erwiesen haben oder die Berufung auf Warenretouren, Zoll-, Devisen-, Export- oder Importbestimmungen nicht berechtigt war.
Die Firma ist in diesen Fällen verpflichtet, sofort die Disko zu benachrichtigen und auf erste Anforderung den Kaufpreis für die Forderung oder die erhaltene Vorauszahlung an die Disko zurückzuzahlen. Zahlt die Firma nicht binnen Wochenfrist nach Abgabe der ersten Anforderung, ist die Disko berechtigt, 1,5% pro Monat Verzugszinsen zu verlangen. Eine Rückerstattung der Factoring-Gebühr erfolgt nicht.

Die Firma verpflichtet sich, bei vom Käufer vorgebrachten Beanstandungen, die sich auf seine Zahlungsverpflichtung auswirken können, sich schnellstens um eine Klärung zu bemühen. Soweit die Firma in der Lage ist, derartige Beanstandungen innerhalb von 60 Tagen zu beseitigen, und zwar begleitet von der uneingeschränkten Verpflichtungserklärung des Käufers zur Zahlung, wird die ursprüngliche Haftungszusage auf die jeweilige Forderung von der Disko wieder übernommen. Dabei wird vorausgesetzt, daß weder die Fälligkeit der Forderung durch Vereinbarung zwischen der Firma und dem Käufer hinausgeschoben wird, noch daß die Disko oder der Import-Factor einen Widerruf der Haftungszusage erklärt haben.

§ 14
Außergerichtliche und gerichtliche Maßnahmen
Die Disko ist berechtigt, aber nicht verpflichtet, die nach Maßgabe von § 4 angekauften Forderungen durch ihren Beauftragten außergerichtlich und durch gerichtliche Maßnahmen einzuziehen. Die Firma trägt sämtliche in diesem Zusammenhang entstehenden Auslagen, zum Beispiel Anwaltsgebühren, Gerichtskosten etc.
Diese Regelung gilt auch für Forderungen, bei denen nachträglich die Haftungszusage der Disko entfallen ist.

§ 15
Unterrichtung der Disko
Die Firma ist verpflichtet, die Disko sofort zu benachrichtigen, wenn ihr oder ihren Repräsentanten oder Vertretern Umstände bekannt sind oder bekannt werden, die für eine Beeinträchtigung der Kreditwürdigkeit des Käufers sprechen und damit die Einziehung der auf die Disko übergegangenen Forderungen oder etwaige sonstige auf die Disko übergegangenen Sicherheiten gefährden könnten.
Die Disko ist von Verhandlungen der Firma mit dem Käufer über die Regulierung von Forderungen zu informieren. Werden von der Firma ohne Einwilligung der Disko Vereinbarungen über von der Disko angekaufte Forderungen getroffen, ist die Disko befugt, die Haftungszusage zu widerrufen und den Kaufpreis oder geleistete Vorauszahlungen zurückzufordern bzw. zurückzubelasten.
Die Firma ist verpflichtet, der Disko unverzüglich nach dem Ende eines jeden Geschäftsjahres ihre Bilanz vorzulegen. Im übrigen sind der Disko alle Auskünfte und Schriftstücke im Zusammenhang mit den zugrunde liegenden Geschäften zur Verfügung zu stellen; die Disko ist befugt, jederzeit Einsicht in die Geschäftsbücher und sonstigen Unterlagen bei der Firma zu nehmen.

§ 16
Forderungsverkauf an Dritte, Abtretung der Ansprüche aus dem Vertrag
Während der Laufzeit dieses Vertrages darf die Firma nur mit Einwilligung der Disko mit Dritten Vereinbarungen über den Verkauf von Forderungen im Sinne dieses Vertrages abschließen. Die Firma ist nur mit schriftlicher Genehmigung der Disko befugt, Ansprüche aus dem Vertrag an Dritte abzutreten.

§ 17
Factoring-Gebühren
Die Factoring-Gebühren werden in einer besonderen Vereinbarung zu diesem Vertrag festgesetzt. Die Disko ist jederzeit befugt, die Höhe der Gebühren veränderten Verhältnissen anzupassen.

§ 18
Vertragsdauer und Nebenabreden
Dieser Vertrag wird vom _____ bis zum _____ geschlossen und verlängert sich jeweils stillschweigend um ein Jahr, wenn er nicht von einer der beiden Parteien drei Monate vor Ablauf gekündigt wird. Nach erfolgter Kündigung sind beide Parteien verpflichtet, die laufenden Geschäfte in der vereinbarten Form abzuwickeln.
Die Disko ist zur fristlosen Kündigung dieses Vertrages berechtigt, wenn die Firma die ihr nach diesem Vertrag obliegenden Verpflichtungen schuldhaft verletzt oder Umstände bekannt werden, die gegen die Kreditwürdigkeit der Firma sprechen. In diesem Fall ist die Firma verpflichtet, den Kaufpreis oder Vorauszahlungen sofort zurückzuzahlen. Mit Zahlungseingang wird die Disko die Forderungen auf die Firma zurückübertragen.
Mündliche Nebenabreden ohne schriftliche Bestätigung der Disko haben keine Gültigkeit.

§ 19
Erfüllungsort und Gerichtsstand
Erfüllungsort und Gerichtsstand für alle sich aus diesem Vertrag ergebenden Streitigkeiten ist Düsseldorf.

§ 20
Gültigkeit der AGB
Es gelten die Allgemeinen Geschäftsbedingungen der Disko.

§ 21
Teilnichtigkeitsklausel
Sollte eine Bestimmung dieses Vertrages nichtig sein oder werden, so soll trotzdem der Vertrag wirksam bleiben; jedoch soll dasjenige gelten, was die Parteien vereinbart hätten, wenn sie die Nichtigkeit oder Anfechtbarkeit dieser Bestimmung bedacht hätten.

Düsseldorf, den _____   _____, den _____

**Diskont und Kredit
Aktiengesellschaft**

(Unterschrift der Firma)

Agreement

between

and

William Iselin & Co., Inc.
357 Park Avenue South
New York, N. Y. 10010

DATED _____

Gentlemen:

We are pleased to confirm the terms on which we shall purchase from you and you shall sell to us the accounts receivable ("the Accounts") arising from the following sales of goods or rendition of services:

1. All orders obtained by you from customers will be submitted to our Credit Department and we will assume the credit risk on the shipments it approves in writing. On approved shipments, we will bear the credit loss on the uncollected invoice if a customer, after receiving and accepting delivery, fails to pay any Account in full solely because of its financial inability to pay at maturity, but we are not to be responsible where non-payment results from any other cause. Credit approvals may be withdrawn prior to but not after shipment.

2. We will, on your request, remit to you at once the Net Proceeds of Accounts after goods are shipped and the invoice and shipping documents are submitted to us, subject to a reserve which will vary with our experience with your account and which is to provide for possible returns, claims or defenses of customers or any sums owing by you to us, and for possible credit losses on any shipments made without our credit approval. If not so requested, your credit balance less reserves will be remitted to you at reasonable intervals.

3. Should any disputes with customers arise, we will cooperate in their adjustment, but we reserve the right at any time to charge back to you the full amount of any Account which may remain unpaid for any reason (other than the financial inability of the customer to pay as to those Accounts upon which we have assumed the credit risk) including, but not by way of limitation, the assertion of an alleged claim, defense or setoff whether relating to such Account or any other Account owing or theretofore paid by the customer involved, or should there be a breach of warranty to us relating to such Account. You agree to notify us promptly of all disputes and, subject to our approval, to issue credits immediately (with duplicates to us) upon the acceptance of returns or granting of allowances.

4. You hereby sell and assign to us in absolute ownership all Accounts whether now in existence or created from time to time hereafter and which are created by your sales of goods or your rendition of services. The execution of this agreement shall by itself, without the necessity of further formality or writing, constitute the creation of a security interest in all of such Accounts, all present and future general intangibles and chattel paper, the cash and non-cash proceeds thereof, and all goods relating to such Accounts including returned or repossessed goods, as security for any advances, indebtedness or obligations now or hereafter owing by you to us.

In confirmation of the purchase and security interest herein contained you shall, as Accounts are created, render invoices to customers containing instructions to make payment directly to us, or adopt such other practice as we may require. We hereby agree to purchase all of your Accounts in accordance with the terms of this agreement and, in payment, to remit to you the Net Proceeds of Accounts as herein provided or to apply or retain such Net Proceeds in payment of any advances which we may have made to you prior to the date of shipment or to secure any indebtedness or obligations which you may now or hereafter owe to us, whether fixed or contingent, or whether related to our purchase of such accounts.

Any amounts owing by you to us for merchandise purchased from any concern factored by us will be chargeable to your account current at our option as of maturity date. Should a debit exist in your account, you agree to pay the amount involved upon demand.

5. The "Net Proceeds of Accounts" means the gross amount of Accounts purchased by us less our commission and discounting, after deducting all credits and discounts granted to customers on the shortest terms indicated on each invoice. Our commission will be charged to your account as of the fifteenth of the month, and the Net Proceeds of Accounts will be credited as of the end of the month. Our discounting is computed at the rate specified herein from the end of the month to the average due date of all Accounts billed during the month, adding ten days for collection and clearance of checks.

We will render an extract of your various accounts as of the end of each month, and a closing thereof as of June 30 and December 31 of each year, with interest debited and credited at the rate of interest specified herein. Each accounting shall be deemed correct and shall constitute an account stated between us unless we receive, within thirty days after each account is rendered, a written statement of your exceptions.

In the event you, in your discretion, should leave the net proceeds of any month's Accounts with us beyond the tenth day prior to the average due date relating thereto, the credit balances relating to such net proceeds shall be transferred to a separate account, and shall thereafter draw interest at one-half of the discounting rate applicable to such Accounts. Any remittances to you shall first be charged to this special account.

The interest and discounting rate hereunder shall be   % per annum. Such rate is based upon the present   % "prime rate" of the New York banks. In the event of any change in the prime rate, the rate hereunder shall be increased or decreased so as to maintain the rate hereunder   % above the prime rate but in no event shall the rate of interest and discounting hereunder be less than 6% per annum. Any change in the foregoing rate shall take effect on the first business day of the month following the month in which the prime rate changes.

6. In assigning your Accounts to us you represent and warrant that each Account is based on an actual and bona fide sale and delivery of merchandise, or the rendition of services in the regular course of business; that your merchandise inventory and the Accounts created by the sale thereof shall not be subject to any liens, encumbrances or security interest other than in our favor during the period this agreement is in effect, and that no notices or financing statements with respect thereto are outstanding of record other than those filed in our name; that the customer is liable for the payment of the amount stated in the invoice according to its terms without offset, defense or counterclaim, and that the original invoice bears notice of assignment to us. Should you for any reason defer the shipment of merchandise which you have sold and invoiced to a customer, you will submit all pertinent details to us and comply with such conditions and formalities as we may require as a prerequisite to our placing the Account involved on our books. You agree to maintain your books and records in such detail and scope as we shall require, to make them available to us on request, and we may visit your premises at any time during normal business hours for the purpose of examining such books and records, to make extracts and copies thereof, and to conduct such audits as we consider necessary.

As owners of the Accounts, we shall have the right of bringing suit and of endorsing customers' remittances in your name or ours, and generally shall have all rights which you may have had in the Accounts, and to the extent permitted by law, any collateral security or guarantees you may have had relating to such Accounts. The purchases of Accounts include the rights of replevin, reclamation and stopping in transit, and your rights to the merchandise which, if returned by customers, you agree to sell on our behalf with the proceeds payable to us unless otherwise directed. If any checks, drafts, notes, acceptances or other money instruments or cash in payment of any of the Accounts purchased by us hereunder should come to you, they shall be received in trust by you as our property, and shall be turned over promptly to us, with proper endorsements. Should you be in default hereunder, we shall have the right, in our name or your name, to accelerate or extend the time of payment, to accept notes or other evidences of debt, to grant allowances, issue credits, adjust disputes, enter into compromises, issue releases, grant indemnities, file proofs of claim, commence or maintain arbitration proceedings, suits or other legal proceedings and to otherwise deal with, enforce, or dispose of such Accounts as the absolute owner thereof and any and all action we may take in good faith with respect to such Accounts shall be binding and conclusive upon you and any expenses and legal fees we may incur may be charged to your account. You agree to comply with the requirements of all state and federal laws in order to perfect the absolute transfer to us of all Accounts purchased by us from you hereunder, and in this connection you authorize us to file of public record such financing statements and notices, executed by us alone, as local law may require or permit. The cost of all record searches and filing fees will be charged to your account.

7. This agreement, together with all assignments of Accounts hereunder, is to be construed according to the laws of the State of New York. Although this agreement contemplates a true purchase and sale of accounts as distinguished from a security interest in Accounts, the terms and provisions of the Uniform Commercial Code, as adopted in New York, are incorporated herein by reference, for such statute shall, to the extent that it is not inconsistent with the purchase and sale of Accounts, determine our respective rights and obligations hereunder. Termination of this agreement shall not affect any of your obligations with respect to Accounts purchased by us, or any advances made by us, or any other indebtedness to us, incurred prior to the effective date of such termination, and pending final accounting, our security interest in your Accounts shall continue until all indebtedness and obligations owing by you to us have been paid in full and we may withhold payment of any credit balance in your account unless supplied with an adequate indemnity. Should either party be in default hereunder, become insolvent, fail to meet its debts as they mature, or should a proceeding be filed by or against either of us under the federal bankruptcy code or under a state statute seeking comparable relief, this agreement will be terminable by the other at any time; otherwise, this agreement goes into effect as of the date hereof and will continue until terminated by either party on nonety (90) days' prior notice in writing. Each of us hereby waives the right to trial by jury in any action or proceeding arising out of or relating to this contract.

8. For our services as described herein, we shall be entitled to charge and receive the following commission(s):

The foregoing commission(s) apply to your domestic sales. Should we now or in the future mutually agree to handle your sales to customers in foreign countries, such sales will be handled under a separate agreement between us subject to the commission(s) to be specified therein.

This agreement shall take effect when dated, signed and accepted by one of our officers in New York State. If the foregoing is in accordance with your understanding, please so indicate by signing and returning to us the original and one copy of this agreement. After acceptance by us as aforesaid, we will forward the original to you with signatures completed for your files.

Very truly yours,

WILLIAM ISELIN & CO., INC.

By: _____ By _____
       President   Vice President

By _____   By _____
       Secretary   Secretary

Accepted at New York, N.Y.,

on _____, 19____.   WILLIAM ISELIN & CO., INC.

By _____
       Vice President

ARF 36-B

Code of INTERNATIONAL FACTORING CUSTOMS (IFC)

promulgated by Factors Chain International
(latest revision May 1987)

General provisions

Article 1   The parties taking part in international factoring transactions are:

   the seller: the party who invoices for the supply of goods or the rendering of services and whose accounts receivable are factored by the Export Factor.

   the debtor: the party who is liable for payment of the accounts receivable arising from the supply of goods or rendering of services.

   the Export Factor: the party who factors the seller's accounts receivable under an agreement to that effect.

   the Import Factor: the party who agrees to collect the accounts receivable invoiced by the seller and assigned to the Export Factor, and who, subject to these customs, is bound to pay such accounts receivable assigned to him for which he has assumed the credit risk.

Article 2   a) All disagreements arising between an Export Factor and an Import Factor in connection with international factoring transactions shall be settled under the Rules of Arbitration of Factors Chain International provided that both are members of Factors Chain International at the time of the request for arbitration.
   b) Any such disagreements may be so settled if only one of the parties is a member of Factors Chain International at the time of the request for arbitration provided that the other party accepts such arbitration.
   c) The award shall be final and binding.

Article 3   The Export Factor agrees to use his best efforts to ensure that the seller assists in fulfilling these customs as far as transactions from the seller are concerned.

Article 4   The transactions to be covered by this Code shall be limited to accounts receivable arising from sales on credit terms of merchandise and/or services provided by sellers who have agreements with an Export Factor to or for debtors located in a country in which an Import Factor provides a factoring service. Excluded are sales based on letter of credit, cash against documents or any kind of sales for cash.

Article 5   An agreement in writing made between an Export Factor and an Import Factor which conflicts with, differs from or extends beyond the terms of this Code, shall take precedence over and supersede any other or contrary condition, stipulation or provision in the Code relating to the subject matter thereof, but in all other respects shall be subject to and dealt with as part of this Code.

Assumption of credit risk

Article 6   Requests for approval, containing the information to enable the Import Factor to appraise the credit risk, may refer to individual transactions or lines for current transactions. The Import Factors must, without delay, and not later than 14 days from receipt of the request, advise the Export Factor of his decision.
If within the said period, the Import Factor cannot make a decision he must, at the earliest, and before the expiry of the period, advise the Export Factor hereof, possibly with a further statement about the facts upon which such a decision is to be based and when it can be made.

Article 7   The assumption by the Import Factor of the credit risk on accounts receivable assigned to him is conditional upon his approval of such accounts receivable.
Each such approval shall be given by cable or telephone (either one subsequently confirmed in writing) or by telex or letter.
Unless otherwise agreed the approval shall apply (up to the amount approved) to the following accounts receivable owing by the debtor:
a)   those on the IF's records on the date of the approval
b)   those arising from shipments made on or after the date of the request for approval
and shall be conditional in each case, upon the receipt by the Import Factor of the copy of the invoice and other documents as stipulated in Article 10 without undue delay and in any event before the due date of the account receivable.

219

Article 8   a) Approval in full or in part of an individual transaction binds the Import Factor to assume the approved credit risk, provided that the shipment of the merchandise takes place not later than the time of shipment stated in the request for approval.
Approval of a line for current transactions binds the Import Factor to assume the credit risk on accounts receivable up to the approved amount for shipments made before cancellation of the line in accordance with this Article.

b) If the Import Factor obtains adverse credit information before shipment he shall have the right to cancel the approval of the individual transaction or the line for current transactions. Such cancellation must take place by cable or telephone (either one subsequently confirmed in writing) or telex.
Upon receipt of such notice of cancellation from the Import Factor, the Export Factor shall immediately notify the seller and such cancellation shall be effective as to shipments made after the seller's receipt of such notice.
On or after the sending of any such notice of cancellation to the Export Factor, the Import Factor shall have the option to send such notice also direct to the seller; but he shall inform the Export Factor of such action.
The Import Factor shall have the right to the cooperation of the seller to stop any goods in transit and thus minimise the Import Factor's loss. The Export Factor undertakes to give the Import Factor all assistance possible in such circumstances.

c) The Import Factor may cancel a credit line for reasons other than adverse credit information on such terms as may be agreed with the Export Factor.

Article 9   Subject to the provision in the last paragraph of this Article the Export Factor must offer to the Import Factor all accounts receivable sold to the Export Factor by the seller. In particular when the Import Factor has given an approval all subsequently created accounts receivable of that seller in respect of the same debtor must be assigned to the Import Factor, even when the accounts receivable are only partly approved or not approved at all. When the Import Factor is not prepared to approve the credit risk on further individual transactions or when the Import Factor decides to cancel the credit line, the obligation for the Export Factor continues to exist until all approved accounts receivable have been paid or otherwise provided for, in other words, until the IF is "out of risk".
After cancellation of the contract between the EF and the seller, further assignments of accounts receivable to the IF cannot be expected.

The Export Factor may withhold from the Import Factor accounts receivable in respect of any debtor (other than such a debtor as is referred to in the foregoing paragraph) for which the Import Factor is not prepared to assume a substantial part of the credit risk or is prepared to do so only at a factoring commission unacceptable to the Export Factor.

Article 10   The Import Factor must receive as proof of any account receivable assigned to him an exact copy of the invoice issued to the debtor, and at the request of the Import Factor any or all of the following documents;
a) evidence of shipment such as non-negotiable copy of the bill of lading or of any other acceptable shipping document showing that the merchandise has actually been despatched;
b) evidence of fulfillment of contract of sale and/or service where applicable;
c) any other documents which have been requested before shipment.

The Import Factor may at any time require that the original documents evidencing title including the negotiable shipping documents and/or insurance certificate are forwarded through him.

All invoices relating to accounts receivable assigned to the Import Factor must bear a notice of assignment in a form prescribed by the Import Factor.

Article 11   Accounts receivable or parts thereof, which are not within approved lines and which do not relate to an approved transaction, shall be on a collection basis only, but the Import Factor will use his best endeavours to collect such receivables promptly and in full provided that:
a) he shall obtain the consent of the Export Factor before incurring costs and/or expenses (other than the Import Factor's own administrative costs) relating to the collection of such receivables;
b) such costs and/or expenses shall be the responsibilities of the Export Factor; and
c) he shall not be responsible for any loss and/or costs which are attributable to any delay in the giving of such consent by the Export Factor.

Obligation to pay

Article 12   In the case of credit granted to the debtor by the seller in excess of a line approved by the Import Factor, the Import Factor's obligations under Article 13 shall relate to the amount(s) first falling due at any time up to the approved amount.

While the line remains in force, accounts receivable (or parts thereof) in excess of the line will succeed amounts within the line which are paid by or credited to the debtor. The succession of such accounts receivable (or parts thereof) shall take place in the order in which they are due for payment and shall be limited at any time to the amounts then so paid or credited.
The right of succession ceases when the line is cancelled and thereafter any payment or credit may be applied by the Import Factor in satisfaction of approved receivables in priority to unapproved.

Article 13
a) Except as provided in Article 14:
   (i) the Import Factor shall bear the risk of loss arising from the failure of the debtor to pay in full any approved account receivable on the due date in accordance with the terms of the relevant contract of sale or service; and
   (ii) to the extent that any such account receivable shall not be paid by the 90th day after the due date as described above the Import Factor shall on such 90th day make payment to the Export Factor.
b) For the purposes of this Article payment by the debtor shall mean payment to any one of the Import Factor, the Export Factor, the seller or the seller's agent.
c) Except as provided in d), if the Import Factor does not initiate a payment to the Export Factor according to the foregoing requirements, the Import Factor shall:
   (i) be liable to pay to the Export Factor interest calculated for each day from the date on which such payment shall be due until actual payment at twice the 90 day LIBOR rate quoted on such due date in the relevant currency; and
   (ii) reimburse the Export Factor with the equivalent of any currency exchange loss suffered by him and caused by the delay in payment.
   If there shall be no LIBOR quotation for the relevant currency, twice the lowest lending rate for such currency available to the Export Factor on such date shall apply.
d) If as a result of circumstances beyond his control the Import Factor is unable to make any such payment when due:
   (i) he shall give immediate notice of that fact to the Export Factor;
   (ii) he shall pay to the Export Factor interest at a rate equivalent to the lowest lending offer rate available to the Export Factor in the relevant currency calculated for each day from the day when his payment shall be due until actual payment.

Article 14   a)   In consequence of the warranties in Article 15 a) to e) the following shall apply:
                   (i) if a defence or counterclaim is raised by the debtor within the time prescribed in this Article, the Import Factor shall not be required to make payment (in accordance with Article 13 a)(ii)) of the amount withheld by the debtor by reason of such defence or counterclaim;
                   (ii) if the Import Factor shall have justified to the Export Factor his assertion that a substantial breach of such a warranty has occurred in relation to any account receivable the Import Factor shall not be required to make such payment in respect of that account receivable.
              b)   Upon notification by the debtor to the Import Factor of a defence or claim, the Import Factor shall immediately send to the Export Factor a dispute notice on which shall be recorded details of such account receivable and all information known to the Import Factor regarding the defence or claim.
              c)   On receipt of such dispute notice by the Export Factor at any time within 270 days from the due date of the invoice the account receivable to which it relates shall be deemed to be unapproved notwithstanding any previous approval, approved credit limit or payment under guarantee in accordance with Article 13.
                   If a defence or counterclaim shall have been raised within the time prescribed in this paragraph and after payment in accordance with Article 13 a) (ii), the Import Factor shall be entitled to reimbursement of the amount withheld by the debtor by reason of such defence or counterclaim.
              d)   The Import Factor shall cooperate with and assist the Export Factor in the settlement of any such defences and claims.
              e)   The Import Factor shall again accept as approved any account receivable as described in (c) and which was previously approved to the extent that the defence or counterclaim is settled in favour of the seller within 365 days of the date of the receipt of the dispute notice by the Export Factor provided that:
                   (i) the Export Factor and the seller have showed that, despite their best efforts, a quick settlement of the defence or counterclaim was not possible, and
                   (ii) the Import Factor has been kept fully informed about the status of the negotiations or proceedings at regular intervals.

If however, during such period, the debtor becomes officially insolvent or makes a general declaration or admission of his insolvency, the Import Factor shall remain at risk until the defence or counterclaim has been settled.

f) In case the settlement in favour of the seller occurs more than 75 days after the original due date of the account receivable, the Import Factor shall have 14 days to collect from the debtor and if not successful, he must pay the Export Factor as if it were a normal payment under guarantee.

In case settlement occurs before a 75 day period has passed since the original due date, the Import Factor's obligations are as described in Article 13.

In either case, late payment by the Import Factor will be subject to the same obligations as described in Article 13.

g) If the seller and/or the Export Factor do not act in accordance with paragraph e) of this Article, the Import Factor has the right to reassign to the Export Factor the disputed account(s) receivable in question.

Representations, warranties and additional obligations of the Export Factor and the Import Factor.

Article 15   The Export Factor warrants and represents for himself and on behalf of his seller

a) that each account receivable represents an actual and bona fide sale and shipment of merchandise or provision of service made in the regular course of business and in conformity with the description of the seller's business and the terms of payment (with a permissable occasional variation of 100% or 45 days whichever period is shorter) contained in the pertinent information upon which such approval was granted;

b) that the debtor is liable for the payment of the amount stated in each invoice in accordance with the terms without defence or claim;

c) that the original invoice bears notice that the account receivable to which it relates has been assigned and is payable only to the Import Factor as its owner or that such notice has been given otherwise in writing before the due date of the invoice, any such notice of assignment being in the form prescribed by the Import Factor;

d) that both have the unqualified right to assign and transfer to the Import Factor full ownership of each account receivable including any interest and other costs relating to such account receivable which are recoverable from the debtor;

- e) that he will inform the Import Factor of any indirect payment received by the seller or himself; and
- f) that he is factoring all the accounts receivable arising from sales as defined in Article 4 of any one seller to any one debtor for which the Import Factor has given approvals and that, as long as the Import Factor is on risk, he will recognise his obligation to inform in general or if requested in detail the Import Factor about the existence of the excluded transactions as defined in Article 4.

  In the event of a breach of this warranty the Import Factor shall be entitled to recover from the Export Factor
  - (i) the commissions and/or charges as agreed for that seller on the accounts receivable withheld, and
  - (ii) compensation for other damages, if any.

Article 16
- a) By reason of the assignment to the Import Factor of full ownership of each account receivable, the Import Factor shall have the right of bringing suit and otherwise enforcing collection either in his own name or jointly with that of the Export Factor and/or that of the seller and the right to endorse debtor's remittances for collection in the Export Factor's name or in the name of such seller, and the Import Factor shall have the benefit of all rights of lien, stoppage in transit, and all other rights of the unpaid seller to merchandise which may be rejected or returned by debtors.
- b) If any cash, cheque, draft, note or other instrument in payment of any accounts receivable assigned to the Import Factor hereunder is received by the Export Factor or any of his sellers, the Export Factor must immediately inform the Import Factor of such receipt. It shall be held in trust by the Export Factor or such seller on behalf of the Import Factor and shall – if requested by the Import Factor – be duly endorsed and delivered promptly to him.
- c) If the sales contract contains a prohibition of assignment the Import Factor shall have the same rights as set forth in paragraph a) of this Article as agent for the Export Factor and/or seller.

Article 17 Whenever a debtor has failed to pay his indebtedness to the Import Factor in accordance with Article 13, and such indebtedness includes unapproved amounts:
- a) the Import Factor shall have the right to full repayment from the Export Factor of any advance payment made to the Export Factor in respect of any unapproved account receivable owing by that debtor; and

	b)	any subsequent monies received by the Import Factor resulting from a general distribution from the estate of the debtor in respect of accounts receivable assigned by the Export Factor or the relevant seller shall be shared between the Import Factor and the Export Factor proportionally to their interests in the indebtedness.
Article 18	a)	If, before approval of any account receivable, the Import Factor shall have advised the Export Factor that special documentation relating to the assignment of that account receivable is required for the enforcement of its payment to the Import Factor, the Export Factor undertakes to obtain such documentation at the request of the Import Factor.
	b)	The Import Factor may re-assign any such account receivable, which he has approved, and may recover from the Export Factor any amount paid in accordance with Article 13(a) in respect of it if the Export Factor shall fail to provide such documentation in relation to that account receivable within 14 days of the receipt of the Import Factor's request, or
	c)	The Import Factor may similarly reassign any account receivable and may recover from the Export Factor any amount paid in accordance with Article 13(a) in respect of it if the Import Factor has been prevented from obtaining a judgement in respect of that account receivable in the courts of the debtor's country by reason only of a term relating to jurisdiction in the contract of sale between the seller and the debtor which gave rise to that account receivable.
Article 19		The Export Factor undertakes to assist the Import Factor to the best of his ability in obtaining any document that may assist the Import Factor in his recovery of amounts paid under his obligation to pay and which has not previously been requested.
Article 20		Each of the Import Factor and the Export Factor warrant that each will inform the other immediately of any fact or matter which comes to his attention and which may adversely affect the collection of any account receivable or the credit worthiness of any debtor.

Validity of assignment

Article 21   It is hereby agreed between Export Factor and Import Factor that the law applicable to the assignment to the Import Factor shall be the law of the Import Factor's country.
Accordingly the Import Factor is obliged to inform the Export Factor about the wording of the notice of assignment and the procedure of the assignment.
If the Export Factor requests an assignment enforceable against third parties, the Import Factor is obliged to act accordingly as far as he is able to do so in accordance with the applicable law, at the expense of the Export Factor.

Indemnification

Article 22   As between the Export Factor and the Import Factor, the Export Factor shall pay all duties, forwarder's fees, storage and shipping charges and such other expenses that are the responsibility of the seller under the contract of sale. The Export Factor shall likewise be responsible for the payment of all expenses of collection, attorney's fees and other charges relating to the enforcement, settlement or other disposition of claims arising from accounts receivable assigned to the Import Factor which remain unpaid otherwise than as described in Article 13 a). The Import Factor shall not take any action likely to incur other than routine expenses without the prior consent of the Export Factor.

Article 23   In rendering his services, the Import Factor shall be deemed to be acting on behalf of the Export Factor and shall have no responsibility whatsoever to the Export Factor's sellers.
The Export Factor agrees to indemnify the Import Factor and to hold him harmless against all suits, claims, losses, or other demands which may be made or asserted against the Import Factor by any such seller by reason of any action that the Import Factor may take or fail to take in good faith in the performance of his services. The Export Factor shall reimburse the Import Factor for all costs, damages and expenses, including legal fees, which the Import Factor may incur by reason of any suits, claims, losses or other demands which may be asserted against him by any such seller.

Advance payments

Article 24   Advance payments on accounts receivable assigned to the Import Factor may be made on the request of the Export Factor and at the discretion of the Import Factor on such terms and conditions as are bilaterally agreed.

Time limits

Article 25   The time limits set forth in this Code shall be understood as calendar days. Where a time limit expires on a Sunday or on any other public holiday or on days which are not working days of the Export Factor or the Import Factor, the period of time in question is extended until the first following working day with the factor concerned.

Accounts, reports and remuneration

Article 26   a)   Each of the parties shall render accountings at least once a month to the other with respect to all transactions conducted by such party as Import Factor and such monthly accountings shall be deemed approved and accepted by the parties except to the extent that written exceptions are taken by the party to whom the accounting is rendered within a reasonable time.
b)   Any Import Factor which reaches in one calendar year a total volume of FCI import factoring business exceeding ten million U.S. Dollars, or the counter-value thereof, is obliged to implement the latest version of the FCI Standardised Reporting System during the following year.
Exceptions can be made for those Import Factors which can give a satisfactory explanation to the Secretariat for the non compliance in the prescribed time.
c)   The Import Factor shall be entitled to commissions and/or charges for his services on the basis of the structure as promulgated by the FCI Council from time to time.

Infringement of the Code

Article 27   If any of the parties infringes the provisions of this Code, the party becoming aware of such infringement shall notify the Secretariat who will investigate the case and possibly make a protest. Should the Secretariat establish that there is a question of gross infringement, or repeated infringements, the Secretariat must bring the case before the Executive Committee which may in the ultimate case decide upon cancellation of the membership.

Amendments in the Code

Article 28   If one or more of the Articles of this Code should be or become invalid, either fully or partly, the parties shall be governed by what they would have agreed if they had foreseen the invalidity or uncertainty of such article(s).

* * *

STANDARD FORM
UNIFORM COMMERCIAL CODE – FINANCING STATEMENT – FORM UCC-1

JULIUS BLUMBERG, INC.
80 EXCHANGE PLACE, N. Y. C.

INSTRUCTIONS:
1. PLEASE TYPE this form. Fold only along perforation for mailing.
2. Remove Secured Party and Debtor copies and send other 3 copies with interleaved carbon paper to the filing officer. Enclose filing fee.
3. If the space provided for any item(s) on the form is inadequate the item(s) should be continued on additional sheets, preferably 5" x 8" or 8" x 10". Only one copy of such additional sheets need be presented to the filing officer with a set of three copies of the financing statement. Long schedules of collateral, indentures, etc., may be on any size paper that is convenient for the secured party. Indicate the number of additional sheets attached.
4. If collateral is crops or goods which are or are to become fixtures, describe generally the real estate and give name of record owner.
5. When a copy of the security agreement is used as a financing statement, it is requested that it be accompanied by a completed but unsigned set of these forms, without extra fee.
6. At the time of original filing, filing officer should return third copy as an acknowledgment. At a later time, secured party may date and sign Termination Legend and use third copy as a Termination Statement.

This **FINANCING STATEMENT** is presented to a filing officer for filing pursuant to the Uniform Commercial Code: | 3. Maturity date (if any):

| 1. Debtor(s) (Last Name First) and address(es) | 2. Secured Party(ies) and address(es) | For Filing Officer (Date, Time, Number, and Filing Office) |

4. This financing statement covers the following types (or items) of property:

5. Assignee(s) of Secured Party and Address(es)

This statement is filed without the debtor's signature to perfect a security interest in collateral. (check [X] if so)
☐ already subject to a security interest in another jurisdiction when it was brought into this state.
☐ which is proceeds of the original collateral described above in which a security interest was perfected:

Check [X] if covered: ☐ Proceeds of Collateral are also covered. ☐ Products of Collateral are also covered. No. of additional Sheets presented:

Filed with:

By: _____
Signature(s) of Debtor(s)

By: _____
Signature(s) of Secured Party(ies)

(1) Filing Officer Copy - Alphabetical   **STANDARD FORM - FORM UCC-1.**

Diskont und Kredit
Aktiengesellschaft
Couvenstraße 6, Postfach 2440
D-4000 Düsseldorf 1
Telex 858 7857, Teletex 2114191
Telefon (02 11) 36 76 - 0, Telefax (02 11) 36 76 - 300

KREDITGENEHMIGUNGSANTRAG
APPLICATION FOR A CREDIT APPROVAL

FCI. 3. A. 69

Nr. 41888

MEMBER OF FACTORS CHAIN INTERNATIONAL

Teil 1 (Durch Verkäufer auszufüllen)			Teil 2 (Durch Factor auszufüllen/For factor's use)	
Name des Verkäufers / Seller's name	Nr. No.		IF	
			genehmigter Betrag: Amount approved:	gültig bis: Expiry date:
Verkäufer Nr. No.	Disko Nr. No.		L 1	
			L 2	
Name und Adresse des Käufers	Debtor's name and adress		Specific order genehmigter Betrag/Amount approved	latest shipment date letzte Auslieferung bis
			☐ genehmigt approved ☐ noch nicht entschieden pending ☐ nicht genehmigt unapproved	
Bankverbindung	Bankreferences		☐ reduziert auf reduced	
Zahlungsbedingungen	Payment terms		☐ Zusage gestrichen per Approval withdrawn to	
☐ Kreditlinie Credit line	Währung Currency	angefragter Betrag Amount applied for	Die vorliegende Genehmigung annulliert und ersetzt jede andere in Ihren Händen befindliche Genehmigung für den gleichen Debitor. The present form cancels and substitutes every other approval of the same debtor in your hand.	
☐ Verlängerung Prolongation			Bemerkungen Remarks	
☐ Erhöhung Increase				
☐ Einmalgeschäft Specific order	Liefermonat Delivery month	Order no.		
			Datum Date	
Stempel und Unterschrift Verkäufer			Diskont und Kredit Aktiengesellschaft	

Fac 200 5fach   3.86

Diskont und Kredit
Aktiengesellschaft
Couvenstraße 6, Postfach 2440
D-4000 Düsseldorf 1
Telex 8587857, Teletex 2114194
Telefon (0211) 3667-0

MEMBER OF FACTORS CHAIN INTERNATIONAL 24

Notice of indirect payment/Direktzahlungsmeldung
FCI-FORM 8. A. 69

Name, Anschrift und Nr. des Verkäufers

Hiermit informieren wir Sie von Zahlungen unseres(r) Kunden, die wir erhalten haben.

Name und Nr. des Käufers	Re.-Nr.	Re.-Datum	Re.-Betrag	eingegang. Betrag	Abzüge genehmigt	nicht genehmigt
Gesamtsummen						

Datum: Original Eingangsbelege sind als Anlage beigefügt. Datum:

Diskont und Kredit
Aktiengesellschaft

Stempel und Unterschrift Verkäufer

S · EF
Fac 201 3fach 1.85

Aus organisatorischen Gründen haben wir die Diskont und Kredit AG mit der Zahlungsabwicklung zwischen Ihnen und uns beauftragt.
Die Forderung aus dieser Rechnung ist einschließlich aller Nebenrechte im Rahmen eines Factoring-Vertrages an die Diskont und Kredit AG, Couvenstraße 6, Düsseldorf, abgetreten worden.
Wir bitten um Vormerkung, daß nur Zahlungen an die Diskont und Kredit AG, (Konto Nr. 02 020 701 00 bei der Dresdner Bank AG, Düsseldorf, BLZ 300 800 00) schuldbefreiende Wirkung haben.
Das Eigentum an der gelieferten Ware geht erst nach vollständiger Bezahlung des Kaufpreises auf Sie über. Im Falle von Einwendungen ist die Diskont und Kredit AG unverzüglich zu benachrichtigen.

DISKONT UND KREDIT AG

Einschreiben

Diskont und Kredit
Aktiengesellschaft
Postfach 24 40

4000 Düsseldorf 1

Factoring-Vertrag Nr.:

Sehr geehrte Damen und Herren,
beiliegend erhalten Sie folgende bei uns eingegangene Zahlung/en:

Name und Nr. des Käufers	Re.-Nr.	eingegang. Betrag	Abzüge	
			genehmigt	nicht genehmigt

☐ Originalscheck/s über insgesamt DM .... anbei.
☐ Überweisungsbeleg/e anbei — über den Gegenwert erhalten Sie Scheck über .... anbei.

.............................., den ....
(Ort)   (Stempel u. Unterschrift)

Fac 214 2fach

Diskont und Kredit
Aktiengesellschaft
Couvenstraße 6, Postfach 24 24
4000 Düsseldorf 1
Telefon 36 76 - 0, Telex 8 587 857
Teletex 2114194
Telefax (0211) 36 76 - 300

MEMBER OF FACTORS CHAIN INTERNATIONAL 24

Notification and Transfer of Receivables
Anzeige und Übertragung von Forderungen
FCI. 4. A. 69

Country / Land:

Currency / Währung:

Seller / Verkäufer:　　　　F-NR.

Diskont und Kredit
Aktiengesellschaft
Postfach 24 24

4000 Düsseldorf　1

Unter Bezugnahme auf den mit Ihnen abgeschlossenen Factoring-Vertrag überreichen wir Ihnen Rechnungskopien über bereits durch den Factoring-Vertrag an Sie mit allen Nebenrechten abgetretenen Forderungen. Gutschriften sind separat aufgeführt.

Debtor / Käufer	Invoice no. Rechn.-Nr.	Invoice date Rechn.-Datum	Terms Zahlungsbed.	Invoice amount Rechn.-Betrag	A	LA	NA

Total number of invoices / Anzahl der Rechnungen: _____
Total amount / Gesamtbetrag

Amount approved / Betrag genehmigt
Amount being approved as soon as limits allow / Betrag genehmigt, sobald Limite frei werden
Amount not approved / Betrag ohne Haftungszusage

Credit notes / Gutschriften	No./Nr.	Date/Datum		Amount/Betrag			

Datum

Stempel und Unterschrift

Fac 203 6fach 03.87

Diskont und Kredit
Aktiengesellschaft
Couvenstraße 6, Postfach 2440
D-4000 Düsseldorf 1
Telex 8587857, Teletex 2114194
Telefon (0211) 3676-0
Telefax (0211) 3676-300

DISPUTE NOTICE
FCI-form No 7.89

24

MEMBER OF FACTORS CHAIN INTERNATIONAL

EF's name and No	Seller's name and No	Debtor's name and No

PART I: To be filled in by IF

The above debtor ☐ in his remittance, has deducted the amount stated below			☐ claims against invoices mentioned below for reason stated			Currency	
Line No	Invoice No	Invoice date	Invoice amount	Date of Remittance	Amount of Remittance	Amount subject to objection	Reason No*
1							
2							
3							
4							

*Reason

① Settlement direct to seller   ④ Dating as under "Reason No"   ⑦ Delivery late/Goods not received   ⑩ Terms changed to those stated under "Reason No"

② Merchandise returned   ⑤ Invoice not received   ⑧ Delivery not complete

③ Return freight   ⑥ Allowance   ⑨ Credit note to debtor, but not to us

Date _____ Diskont und Kredit AG _____ Ref _____

PART II: To be filled in by EF

Line No	*	Comments
1		
2		
3		
4		

*Reply

1 Charge back   2 Credit note will be issued.   3 Terms changed, for new terms, see "comments".   4 Abide outcome of negotiations between seller and debtor.

Other information

Date _____ Authorized signature _____ Ref _____

Fac 202 3fach 4.86

Text eines Entwurfs
einer Convention über Internationalen Factoring

Stand 24. April 1987

Text of the draft Convention on International Factoring
(adopted by the committee of governmental experts for the preparation of a draft Convention on certain aspects of international factoring at its third session held in Rome from 22 to 24 April 1987)

THE STATES PARTIES TO THIS CONVENTION,

CONSCIOUS of the importance of providing a legal framework that will facilitate international factoring, while maintaining a fair balance of interests between the different parties involved in factoring transactions,

AWARE of the need to make international factoring more available to developing countries,

RECOGNIZING therefore that the adoption of uniform rules which govern certain aspects of international factoring and take into account the different social, economic and legal systems would contribute to the removal of legal barriers in international trade and promote the development of international trade,

HAVE AGREED as follows:

Article 1

1. For the purpose of this Convention, "factoring contract" means a contract concluded between one party (the supplier) and another party (the factor) pursuant to which:

(a) the supplier may or will assign to the factor receivables arising from contracts of sale of goods made between the supplier and his customers (debtors) other than those for the sale of goods bought for their personal, family or household use;

(b) the factor is to perform at least two of the following functions:
- finance for the supplier, including loans and advance payments;
- maintenance of accounts (ledgering);
- collection of receivables;
- protection against default in payment by debtors;

(c) notice of the assignment of the receivables is to be given in writing to debtors.

2. In this Convention references to "goods" and "sale of goods" shall include services and the supply of services.

3. In this Convention "writing" includes any form of writing, whether or not signed.

Article 2

1. This Convention applies whenever the receivables assigned pursuant to a factoring contract arise from a contract of sale of goods between a supplier and a debtor whose places of business are in different States:

(a) when the supplier, the debtor and the factor have their places of business in Contracting States; or

(b) when both the contract of sale of goods and the factoring contract are governed by the law of a Contracting State.

2. For the purpose of this Convention, if a party to the contract of sale of goods or the factoring contract has more than one place of business, the place of business is that which has the closest relationship to the contract and its performance, having regard to the circumstances known to or contemplated by the parties at any time before or at the conclusion of that contract.

Article 3

1. The parties to the factoring contract may exclude the application of this Convention.

2. The parties to the contract of sale of goods may exclude the application of this Convention only in respect of receivables arising at or after the time when the factor has received notice in writing of such exclusion.

3. Where the application of this Convention is excluded in accordance with the preceding paragraphs of this article, such exclusion may be made only as regards the Convention as a whole.

Article 4

As between the parties to the factoring contract:

(a) a contractual provision for the assignment of existing or future receivables shall not be rendered invalid by the fact that the contract does not specify them individually, if at the time of conclusion of the contract or when they come into existence they can be identified to the contract;

(b) a provision in the factoring contract by which future receivables are assigned operates to transfer the receivables to the factor when they come into existence without the need for any new act of transfer.

Article 5

1. The assignment of a receivable by the supplier to the factor shall be effective notwithstanding any agreement between the supplier and the debtor prohibiting such assignment.

2. However, such an assignment shall not be effective against the debtor when he has his place of business in a Contracting State which has made a declaration under Article X of this Convention.

Article 6

A factoring contract may validly provide as between the parties thereto for the transfer, with or without a new act of transfer, of all or any of the supplier's rights deriving from the sale of goods, including the benefit of any provision in the contract of sale of goods reserving to the supplier title to the goods or creating any security interest.

Article 7

1. The debtor is under a duty to pay the factor if, and only if, the debtor does not have knowledge of any other person's superior right to payment and notice of the assignment:

   (a) is given to the debtor in writing by the supplier or by the factor with the supplier's authority;

   (b) reasonably identifies the receivables which have been assigned and the factor to whom or for whose account the debtor is required to make payment; and

   (c) relates to receivables arising under a contract of sale of goods made at or before the time the notice is given.

2. Irrespective of any other ground on which payment by the debtor to the factor discharges the debtor from liability, payment shall be effective to discharge his liability <u>pro tanto</u> if made in accordance with paragraph 1 of this article.

Article 8

1. In a claim by the factor against the debtor for payment of a receivable arising under a contract of sale of goods the debtor may set up against the factor all defences of which the debtor could have availed himself under that contract if such claim had been made by the supplier.

2. The debtor may also assert against the factor any other defences, including any right of set-off, in respect of claims existing against the supplier in whose favour the receivable arose, and available to the debtor at the time the debtor received a notice of assignment conforming to Article 7 of this Convention.

Article 9

1. Without prejudice to the debtor's rights under Article 8 of this Convention, non-performance or defective or late performance of the contract of sale of goods by the supplier shall not alone entitle the debtor to recover money paid by the debtor to the factor if the debtor has a claim against the supplier for recovery of the price.

2. The debtor who has such a claim against the supplier shall nevertheless be entitled to recover money paid to the factor:

(a) to the extent that the factor has not paid the purchase price of the receivable to the supplier ; or

(b) where at the time the factor paid such purchase price he knew of the supplier's non-performance as regards the goods to which the debtor's payment relates.

Article 10

1. Where a receivable is assigned by a supplier to a factor pursuant to a factoring contract governed by this Convention:

(a) the rules set out in Articles 3 to 9 of this Convention shall, subject to paragraph (b) of this article, apply to any subsequent assignment of the receivable by the factor or by a subsequent assignee;

(b) the provisions of Articles 7 and 8 of this Convention shall apply as if the subsequent assignee were the factor.

2. Notice to the debtor of the subsequent assignment may also constitute notice of the assignment to the factor.

3. This Convention shall not apply to an assignment which is prohibited by the terms of the factoring contract.

Article 11

1. In the interpretation of this Convention, regard is to be had to its object and purpose as set forth in the Preamble, to its international character and to the need to promote uniformity in its application and the observance of good faith in international trade.

2. Questions concerning matters governed by this Convention which are not expressly settled in it are to be settled in conformity with the general principles on which it is based and in conformity with the law applicable by virtue of the rules of private international law.

....

Article X

A Contracting State may at any time make a declaration in accordance with Article 5, paragraph 2 of this Convention that an assignment under Article 5, paragraph 1 shall not be effective against the debtor when he has his place of business in that State.

Sachregister

Deutsch:

Abtretung 101, 130, 139
- Abtretungsanzeige 37, 45, 101, 105, 133, 159, 230, 234
- Abtretungsverbot 117, 158, 236

AGB-Gesetz 119
Aufrechnung 159

Bankrecht, s. Kreditwesengesetz
Bilanzierung und Buchhaltung 47, 71

Code of International Factoring
Customs 105, 150, 218
Convention über International Factoring 156, 234

Dailly-Gesetz 144
Datenerfassung und -verarbeitung 73, 83
Dauerschuldverhältnis 97
Delkredere funktion 56, 63, 88
Dienstleistungsfunktion 56, 86

Eigentumsvorbehalt
- des Vorlieferanten 99, 101, 109
- Übertragung auf den Factor 207, 211

Einreden 98, 102, 159
Einziehungsermächtigung 112

Factoringarten
- back-to-back factoring 180
- direktes (internationales) Factoring 67, 176
- echtes Factoring 28, 45, 65, 66, 95
- Exportfactoring 66, 76, 104, 165, 196, 210
- Fälligkeitsfactoring 37, 64
- Importfactoring 67, 76, 104, 165
- old line-factoring 65
- unechtes Factoring 28, 45, 67, 95, 99
- mit Rückgriff 28, 67, 95
- ohne Rückgriff 28, 65

Factoring Organisationen 150, 185, 204, 205
Factoringvertrag 45, 93, 206, 210
Finanzierungsfunktion 43, 56, 58, 88, 101
Forderungsverkauf 21, 93
- zukünftige Forderungen 98, 132, 130, 157
Forfaitierung 195

Geschichte des Factoring 13, 26, 35, 128, 185
Gewährleistungspflichten 98, 224

Informationen für den Anschlußkunden 74, 87
Interfactor Agreement 150, 157, 218

Konkurs 103, 104, 133, 134
Kosten des Factoring 48, 49, 94, 102
Kreditversicherung 50, 96
Kreditwesengesetz 29, 72, 76, 96, 139

Pfandrecht des Factors 16, 128
Priorität 110, 131, 157

Rechtsmängel 98, 102, 232
Registrierung der Forderungsabtretung 38, 129, 229

Sachmängel 98, 102, 232
Statistiken und statistische Hinweise 40, 165
Subrogation 139

Unidroit 155, 234
Uniform Commercial Code 37, 127, 133, 158

Vertragsbruchtheorie 99, 109

Zessionskredit 37, 50

Englisch:

accounting 47, 71
accounts receivable financing 37, 50
advance payment 43, 56, 58, 88, 101
assignment 101, 103, 130
- notification of assignment 37, 45, 101, 105, 133, 159, 230, 234
- prohibition of assignment 117, 158, 236

bank law 29, 72, 76, 96, 139
bank ruptcy 103, 104, 133, 134
breach of contract, theory of ~ ~ ~ 99, 109

code of International Factoring
Customs 105, 150, 218
commission 48, 49, 94, 102
conditions, standard business conditions 119
convention on International Factoring 156, 234
collection, right of collection 112
credit insurance 50, 96

Dailly-law 144
data processing 73, 83

defect in title and of quality 98, 102, 232
defences 98, 102, 159
delcredere function 56, 63, 88

factoring
- back-to-back factoring 180
- direct (international) factoring 67, 171
- export factoring 66, 76, 104, 165, 196, 210
- import factoring 67, 76, 104, 165
- maturity factoring 37, 64
- old line-factoring 65
- true factoring 28, 45, 65, 66, 95
- untrue factoring 28, 45, 67, 95, 99
- with recourse 28, 67, 95
- without recourse 28, 65
factor's lien 16, 128
filing of assignment 38, 129, 229
financing 43, 56, 58, 88, 101
forfaiting 195

history of factoring 13, 26, 35, 128, 185

Interfactor Agreement 150, 157, 218
interest for advance payments 48, 49, 94, 102

obligation, continuous obligation 97
priority 110, 131, 157
purchase of accounts receivable 21, 93
- future accounts 98, 130, 132, 157

reporting to the client 74, 87
retention of property title
- of the supplier 99, 101, 109
- transfer to the factor 207, 210

service function 56, 86
set-off 159
statistics 40, 165
subrogation 139

Unidroit 155, 234
Uniform commercial Code 37, 127, 133, 158

warranties 98, 224

239